国外民间组织
参与国际援助研究

Participation of
Foreign NGOs in
International Aid

邓国胜　王猛　南方　宋天琪
——————▎等著

图书在版编目(CIP)数据

国外民间组织参与国际援助研究/邓国胜等著. —北京:北京大学出版社,2022.8
ISBN 978-7-301-33293-1

Ⅰ.①国… Ⅱ.①邓… Ⅲ.①社会团体—参与管理—对外援助—对比研究—世界 Ⅳ.①C231 ②D822.2

中国版本图书馆 CIP 数据核字(2022)第 159507 号

书　　　名	国外民间组织参与国际援助研究 GUOWAI MINJIAN ZUZHI CANYU GUOJI YUANZHU YANJIU
著作责任者	邓国胜　等著
责 任 编 辑	尹　璐
标 准 书 号	ISBN 978-7-301-33293-1
出 版 发 行	北京大学出版社
地　　　址	北京市海淀区成府路 205 号　100871
网　　　址	http://www.pup.cn　　新浪微博:@北京大学出版社
电 子 信 箱	sdyy_2005@126.com
电　　　话	邮购部 010-62752015　　发行部 010-62750672 编辑部 021-62071998
印 　刷 　者	北京溢漾印刷有限公司
经 销 者	新华书店
	730 毫米×980 毫米　16 开本　19.5 印张　300 千字 2022 年 8 月第 1 版　2022 年 8 月第 1 次印刷
定　　　价	69.00 元

未经许可,不得以任何方式复制或抄袭本书之部分或全部内容。
版权所有,侵权必究
举报电话: 010-62752024　电子信箱: fd@pup.pku.edu.cn
图书如有印装质量问题,请与出版部联系,电话: 010-62756370

前言

　　进入 21 世纪以来，随着中国经济的快速发展和综合国力的不断提升，一方面，国际社会期待中国在联合国可持续发展目标的实现和在全球治理体系中发挥更大的作用；另一方面，面对气候变化、粮食安全、传染性疾病流行、国际难民等全球非传统安全问题对国际秩序和人类生存构成的严峻挑战，2012 年 11 月，中共十八大明确提出要倡导"人类命运共同体意识"。2013 年，中国国家主席习近平进一步提出了建设"丝绸之路经济带"和"21 世纪海上丝绸之路"的合作倡议。依靠中国与有关国家既有的双多边机制，借助既有的和行之有效的区域合作平台，"一带一路"倡议旨在借用古代丝绸之路的历史符号，高举和平发展的旗帜，积极发展与沿线国家的经济合作伙伴关系，共同打造政治互信、经济融合、文化包容的利益共同体、命运共同体和责任共同体。①

　　在这一背景下，中国政府加大了对外援助工作的力度。根据《新时代的中国国际发展合作》白皮书公布的数据，2013—2018 年，中国对外援助金额为 2702 亿元人民币，包括无偿援助、无息贷款和优惠贷款。其中，提供的无偿援助金额为 1278 亿元人民币，占对外援助总额的 47.30%，主要用于帮助其他发展中国家建设中小型社会福利项目以及实施人力资源开

---

① 资料来源：https://baike.baidu.com/item/%E4%B8%80%E5%B8%A6%E4%B8%80%E8%B7%AF/13132427? fromtitle=%E4%B8%80%E5%B8%A6%E4%B8%80%E8%B7%AF%E5%80%A1%E8%AE%AE&fromid=22401317&fr=aladdin，2021 年 10 月 8 日访问。

发合作、技术合作、物资援助、南南合作援助基金和紧急人道主义援助项目；提供的无息贷款金额为 113 亿元人民币，占对外援助总额的 4.18%，主要用于帮助其他发展中国家建设社会公共设施和民生项目；提供的援外优惠贷款金额为 1311 亿元人民币，占对外援助总额的 48.52%，用于帮助其他发展中国家建设有经济社会效益的生产型项目和大中型基础设施，提供成套设备、机电产品、技术服务以及其他物资等。①

为更好适应新形势发展，中国改革对外援助体制机制，不断提升管理水平，推动新时代国际发展合作工作展现新气象。2018 年 4 月，中国成立国家国际发展合作署，作为国务院直属机构，专司国际发展合作事务。这是中国维护世界和平、促进共同发展的重大举措，有利于加强国际发展合作的统筹协调，形成工作合力。国家国际发展合作署的成立是中国对外援助史上的里程碑，标志着中国对外援助事业踏上了新征程。②

值得一提的是，2016 年，中共中央办公厅、国务院办公厅印发了《关于改革社会组织管理制度促进社会组织健康有序发展的意见》，提出要发挥社会组织在对外经济、文化、科技、教育、体育、环保等交流中的辅助配合作用，以及在民间对外交往中的重要平台作用。2021 年，国家国际发展合作署、外交部和商务部颁布了《对外援助管理办法》。该办法有很多亮点，例如，第 17 条规定通过南南合作援助基金等方式创新对外援助形式，这有助于推动中国对外援助体制机制的创新；再如，第 19 条明确指出对外援助项目包括选派志愿者到受援方从事公益性服务的项目，也包括使用南南合作援助基金，支持国际组织、社会组织、智库等实施的项目。这是中国对外援助管理办法首次将社会组织列入对外援助项目的实施者之列，为中国社会组织参与对外援助、提供志愿服务提供了重要的政策依据。这预示着中国对外援助将从过去的"政府＋市场"机制逐步向"政府＋市场＋社会组织"机制转型，中国社会组织参与对外援助将成为新百年的新趋势。

事实上，发达国家的官方发展援助（Official Development Assis-

---

① 《〈新时代的中国国际发展合作〉白皮书》，http：//www.cidca.gov.cn/2021-01/10/c_1210973082.htm，2021 年 10 月 8 日访问。

② 同上。

tance，ODA）也经历了从政府与市场机制主导的模式向政府、非政府组织（Non-Governmental Organization，NGO）与市场机制并重的模式转变。第二次世界大战之后，由发达国家出资的官方发展援助快速发展。早期发达国家的 ODA 主要通过受援国政府实施，同时注重发挥市场机制的作用，这种政府对政府的援助模式一开始效果显著，但随着时间的推移，其负面效果日益显现：一是政府对政府的援助容易助长受援国的腐败行为，援助效率低下；二是通过市场机制提供的援助项目与援助国的商业利益捆绑，援助反而容易加剧南北半球的贫富分化，使发展中国家及其困难群体处境更为恶化，违背了援助的初衷。因此，20 世纪 80 年代以来，发达国家的 ODA 转而注重发挥 NGO 在对外援助中的作用。尽管政府通过 NGO 实施官方发展援助的效果与传统模式相比，其绩效仍有待进一步验证，但研究表明，多元化的援助机制能够更好地满足受援国不同利益群体的多样化需求。特别是 NGO 的参与可以弥补政府与市场的不足，提高援助的透明性和问责性，且更容易被国际社会所接受。正因为如此，虽然人们对 NGO 参与官方发展援助的批评不断，但发达国家 ODA 项目部分通过 NGO 来实施仍然是主流的方向之一。

随着中国对外援助体制机制的改革，中国社会组织走出去并参与对外援助将是未来发展的趋势之一。特别是"一带一路""健康丝绸之路"建设，离不开企业和社会组织的参与。然而，由于起步较晚，中国社会组织走出去，特别是参与国际援助还缺乏经验，而发达国家 NGO 参与国际援助已经有上百年的历史，NGO 大规模参与官方发展援助也已经有四十年左右的历史，无论是 NGO 参与官方发展援助的扶持与监管体制方面，还是 NGO 参与国际突发事件的策略与路径方面，都有丰富的经验与教训。在这方面，我们可以充分吸取发达国家以往的教训、避免其走过的弯路，同时也可以在批判学习的基础上，构建中国特色的社会组织参与国际援助的体制机制。

邓国胜
2021 年 10 月

目 录

第一部分 国外 NGO 参与官方发展援助的扶持与监管体系

第一章 英国 NGO 参与官方发展援助的扶持与监管体系 003

一、英国 NGO 参与官方发展援助概况 003

二、英国 NGO 参与官方发展援助的支持体系 012

三、英国 NGO 参与官方发展援助的监管与评估体系 020

第二章 德国 NGO 参与官方发展援助的扶持与监管体系 029

一、德国 NGO 参与官方发展援助的国家政策和概况 029

二、德国 NGO 参与官方发展援助的管理和支持体系 037

三、德国 NGO 参与官方发展援助的资质和监测评估 042

第三章 美国 NGO 参与官方发展援助的扶持与监管体系 052

一、美国对外援助政策的背景与现状 052

二、美国对外援助中 NGO 参与的情况 054

三、美国 NGO 参与 USAID 工作的机制 062

四、USAID 项目的执行与评估 072

五、最新发展趋势 077

第四章 日本 NGO 参与官方发展援助的扶持与监管体系 078

一、日本 NGO 参与官方发展援助的背景分析 079

二、日本 NGO 参与官方发展援助的扶持体系 086

三、日本 NGO 参与官方发展援助的监管体系 102

四、日本 NGO 参与官方发展援助面临的困境和挑战 111

第五章 韩国 NGO 参与官方发展援助的扶持与监管体系 115

一、韩国 NGO 参与官方发展援助的历史与现状 115

二、韩国 NGO 参与官方发展援助的扶持体系 126

三、韩国 NGO 参与官方发展援助的监管与评估体系 142

四、经验与挑战 146

第六章 国外 NGO 参与官方发展援助扶持与监管体系比较 149

一、国外官方发展援助体系的比较 149

二、国外 NGO 参与官方发展援助的支持体系比较 153

三、国外 NGO 参与官方发展援助的监管体系
　　比较　　　　　　　　　　　　　　　　　161

第二部分　国外 NGO 参与全球突发公共卫生事件的策略和机制

第七章　美国 NGO 参与全球突发公共卫生事件的策略和机制　　173

一、美国官方发展援助支持 NGO 参与全球公共卫生事件概览　　173

二、美国 NGO 参与全球突发公共卫生事件的策略　　177

三、美国 NGO 参与国际突发公共卫生事件的体制机制分析　　221

第八章　英国 NGO 参与全球突发公共卫生事件的策略和机制　　224

一、英国官方发展援助支持 NGO 参与全球突发公共卫生事件概况　　224

二、英国 NGO 参与全球疫情应对的案例分析　　230

三、英国 NGO 参与全球公共卫生危机应对的启示　　249

第九章　日本 NGO 参与全球突发公共卫生事件的策略和机制　　252

一、日本官方发展援助支持 NGO 参与全球公共卫生事件概况　　252

二、日本 NGO 参与国际公共卫生事件案例分析　　256

三、日本 NGO 参与国际突发事件的体制机制　　273

第三部分 总结与建议	第十章 国外 NGO 参与官方发展援助与全球突发公共卫生事件的经验	279
	一、国外 NGO 参与官方发展援助的经验	279
	二、国外 NGO 参与全球突发公共卫生事件的主要经验	284
	第十一章 对中国社会组织参与对外援助和"健康丝绸之路"建设的建议	289
	一、中国社会组织参与"一带一路"倡议和全球突发公共卫生事件的重要意义	289
	二、中国社会组织参与"一带一路"倡议和全球突发公共卫生事件的策略与机制	293

后记　　300

第一部分

国外NGO参与官方发展援助的扶持与监管体系

20世纪80年代以来，国外NGO参与国际援助的数量、规模均有较大幅度的提升，原因之一就在于这些国家官方发展援助对NGO参与国际援助的支持。可以说，国外官方发展援助政策的调整，即从传统的"政府＋市场"机制转向"政府＋市场＋社会"机制为国外NGO参与国际援助提供了制度保障，这也是国外NGO在国际舞台、在全球治理领域具有越来越大话语权和影响力的原因之一。因此，在我国出台《对外援助管理办法（试行）》，并将社会组织纳入南南合作援助基金项目实施主体之际，有必要深入了解国外NGO参与官方发展援助的体制机制、扶持与监管的政策措施。

本部分选择的国家包括英国、德国、美国、日本和韩国。选择英国是因为该国是NGO参与国际援助最早的国家之一，政府对NGO参与国际援助的扶持和监管政策相对完善。德国是欧洲大陆国家中政府支持NGO参与官方发展援助力度最大的国家之一，有其独特的扶持与监管体系。美国则是世界上国际NGO数量最多、NGO参与官方发展援助资金比例最高的国家之一，也是NGO在全球影响力最大的国家。日本和韩国都属于东亚国家，NGO发育程度远不及欧美，NGO参与国际援助起始于20世纪90年代，比我国大约早十多年。日韩官方发展援助NGO的比例也是发达国家中最低的，另外，两国对NGO的支持和监管策略也有一定的差异。比较而言，日本、韩国无论是历史文化还是NGO发展阶段，都与我国的情况更为相近，具有一定的参考价值。

第一章 英国 NGO 参与官方发展援助的扶持与监管体系

NGO 参与国际援助已经成为各国参与全球治理以及展示国家软实力和国际影响力的重要手段。作为经合组织发展援助委员会主要成员国和第三大官方发展援助贡献国的英国①，在 NGO 参与对外援助方面有着悠久的历史和丰富的经验。

一、英国 NGO 参与官方发展援助概况

（一）英国官方发展援助概况

1. 英国官方发展援助领域的主要政策法规

英国最早的对外援助法律可以追溯到 1929 年的《殖民地开发法》，该法颁布的主要目的是帮助英国实现其国际殖民地的发展。② 现行的对外援助法律主要以《国际发展法案》为主。该法案在近年来先后经历过多次的修订，在一定程度上显现出英国近年来在国际发展援助事业中的发展重点趋势和脉络。《国际发展法案》（2002）主要明确了国际发展署（The Department

---

① Statistics on International Development: Final UK Aid Spend 2017, https://www.gov.uk/government/statistics/statistics-on-international-development-final-uk-aid-spend-2017, visited on 2021-10-08.

② Economic Development for Shared Prosperity and Poverty Reduction: A Strategic Framework, https://www.gov.uk/government/publications?departments%5B%5D=department-for-international-development&page=3, visited on 2021-10-08.

for International Development，DFID）在 ODA 中的主导作用，将减贫确立为英国 ODA 的主要目标，并明确了优先合作的援助策略。① 《国际发展（报告与透明度）法案》（2006）明确了 DFID 每年对援助资金使用情况要向英国议会的汇报机制，强调对外援助的透明度，加强援助工作的问责制建设。② 《国际发展法案》（2015）确定将英国每年国民总收入的 0.7% 用于对外援助的承诺写入条例，以法律的形式保证对 ODA 的贡献规模。③

2. 英国官方发展援助的规模

1970 年，联合国大会首次明确发达国家将国民总收入的 0.7% 确定为 ODA 实施规模标准。④ 2005 年，包括英国在内的欧盟 15 国达成共识，承诺最晚在 2015 年实现该标准。⑤ 2013 年，英国率先实现国民总收入 0.7% 的 ODA 援助额，并在之后各年 ODA 投入总量保持该比例标准。2020 年 11 月，受到全球新冠肺炎疫情的冲击，英国政府计划将 2021 年官方发展援助预算临时下调至国民总收入的 0.5%，以减轻政府债务和经济压力。⑥ 该计划需要英国议会通过新的法案，这引来不少担忧的声音，表示一旦新法案通过，下调的预算不会仅为临时性行为而将成为长期计划。⑦

---

① 薛澜、翁凌飞：《西方对外援助机构的比较与借鉴——改革中国的对外援助模式》，载《经济社会体制比较》2018 年第 1 期。

② 周太东：《英国的对外援助及中英两国对外援助合作关系探讨》，载《国际经济合作》2015 年第 8 期。

③ Statistics on International Development: Final UK Aid Spend 2018, https://www.gov.uk/government/statistics/statistics-on-international-development-final-uk-aid-spend-2018, visited on 2021-10-08.

④ Statistics on International Development: Final UK Aid Spend 2017, https://www.gov.uk/government/statistics/statistics-on-international-development-final-uk-aid-spend-2017, visited on 2021-10-08.

⑤ Official Development Assistance (ODA), http://www.oecd.org/dac/financing-sustainable-development/development-finance-standards/official-development-assistance.htm, visited on 2021-10-08.

⑥ Press Association, UK Foreign Office Minister Resigns over Plans to Slash Aaid Budget, https://www.thejournal.ie/uk-foreign-office-minister-resigns-over-plans-to-slash-aid-budget-5278815-Nov2020/, visited on 2021-10-08.

⑦ Government Set to Pass New Laws to Cut UK Overseas Aid Budget, https://www.rocketnews.com/2020/11/government-set-to-pass-new-laws-to-cut-uk-overseas-aid-budget/, visited on 2021-10-08.

纵观英国ODA资金投入历史，自1970年起，英国ODA资金投入规模基本呈现稳步增长态势。1970年，英国ODA投入规模约占国民总收入的0.36%。在50多年的时间里，英国ODA资金投入经历了两次迅猛增长：第一次是2005—2006年，主要原因在于英国当时实行高水平债务减免；第二次是在2013年，主要原因是为了实现ODA占国民总收入0.7%的目标。据统计，2019年英国ODA投入规模达151亿7400万英镑，与2018年（145亿5100万英镑）相比增长了4.3%。① 2020年，英国ODA投入规模达144.71亿英镑，其中3—9月共投入13.9亿英镑用于新冠肺炎疫情及与其相关的发展中国家健康与人道主义援助。②

英国ODA资金构成中，来自DFID的资金占主要部分，且资金投入较为稳定，虽然DFID的占比在近些年呈现出一定的下降趋势，但整体水平保持在70%以上。另有少量ODA资金来自DFID以外的其他各类机构，包括英国其他政府部门和少量NGO。其他政府部门和NGO投入的资金所占比例近年来有些许增长，但不同部门机构的投入差异较大，连续性和稳定性较低（见图1-1）。英国ODA统计资金估算数据显示，2019年，DFID投入约111.7亿英镑，占ODA总投入的73.2%，其他非DFID部门投入约40.68亿英镑，占比约26.8%，比上一年增长11.3%。③

3. 英国官方发展援助的战略目标与分布

从英国政府在2015年制定并发布的公开信息看，在援助战略方面，为了回应联合国全球可持续发展目标，英国ODA对外宣称的四大新战略目标为：加强全球和平、安全和治理；强化对危机的抵抗能力和回应能

---

① Statistics on International Development: Provisional UK Aid Spend 2019, https://www.gov.uk/government/statistics/statistics-on-international-development-provisional-uk-aid-spend-2019, visited on 2021-10-08.

② Management of the 0.7% ODA Spending Target in 2020: A Rapid Review, https://icai.independent.gov.uk/wp-content/uploads/ICAI-spending-targets-2020-rapid-review.pdf, visited on 2021-10-08.

③ Statistics on International Development: Provisional UK Aid Spend 2019, https://www.gov.uk/government/statistics/statistics-on-international-development-provisional-uk-aid-spend-2019, visited on 2021-10-08.

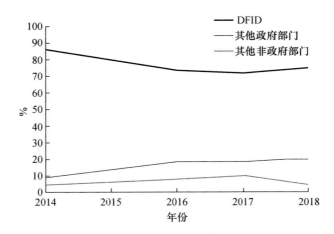

图 1-1　2014—2018 年英国官方发展援助资金来源分布情况

数据来源：Statistics on International Development：Provisional UK Aid Spend 2018，https://assets.publishing.service.gov.uk/government/uploads/system/uploads/attachment_data/file/792687/Statistics-on-International-Development-Provisional-UK-Aid-Spend-2018.pdf，visited on 2021-10-09。

力；推动全球繁荣；解决极端贫困群体，并帮助全球最脆弱的群体。[1]

在地域分布上，英国 DFID 实施的官方发展援助主要在非洲和亚洲地区优先展开，这两个区域的双边援助量超过 53 亿英镑，占双边援助总金额的 90%，援助最多的前五个国家排名依次是巴基斯坦、尼日利亚、埃塞俄比亚、叙利亚和索马里。[2]

在援助领域方面，英国 ODA 在减少贫困的目标指导下，主要集中在人道主义援助、健康与疾病应对、环境保护、人权、地区冲突、和平与安全、教育等领域优先开展援助。

---

[1] HM Treasury & DFID，UK Aid：Tackling Global Challenges in the National Interest，https://assets.publishing.service.gov.uk/government/uploads/system/uploads/attachment_data/file/478834/ODA_strategy_final_web_0905.pdf，visited on 2021-10-08。

[2] Statistics on International Development：Final UK Aid Spend 2017，https://www.gov.uk/government/statistics/statistics-on-international-development-final-uk-aid-spend-2017，visited on 2021-10-08。

4. 英国官方发展援助的实施渠道

英国 ODA 主要有两种实施渠道：双边渠道和多边渠道（见图 1-2）。双边渠道是指针对某个具体国家、地区或项目的援助，援助方对资金的控制力相对较强，具体可再细分为两种方式：一是通过多边组织实现的双边援助渠道，即通过资助多边组织的某个具体项目或在某国的某一项目来实现的双边援助；二是其他双边渠道，即由政府直接援助或通过资助服务递送机构的方式援助，常见的服务递送机构包括 NGO、研究机构、高等教育机构等（其他双边渠道）。多边渠道是指通过政府提供给多边机构的非专项基金来开展援助，主要由多边机构决定资金的使用。主要的多边机构包括欧盟、联合国机构、世界银行、地区性发展银行等。

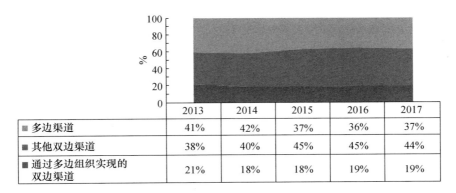

图 1-2　2013—2017 年英国官方发展援助实施渠道分布情况

数据来源：Statistics on International Development：Final UK Aid Spend 2017，https：//assets.publishing.service.gov.uk/government/uploads/system/uploads/attachment_data/file/771136/Statistics-on-International-Development-Final-UK-Aid-Spend-2017-jan-revisions.pdf，visited on 2021-10-09。

2019 年，英国 ODA 通过双边渠道实施资金 101.13 亿英镑，占比 66.6%，与上一年相比增长 9.2%；通过多边渠道实施资金 50.61 亿英镑，占比 33.4%，与上一年比下降 4.3%。[①]

[①] Statistics on International Development：Provisional UK Aid Spend 2019，https：//www.gov.uk/government/statistics/statistics-on-international-development-provisional-uk-aid-spend-2019，visited on 2021-10-08。

英国 ODA 通过双边渠道实施的援助占据绝对主导。其中，通过 NGO、高校及科研机构等服务递送组织来实施的规模近年来呈稳步上升趋势，由 2013 年的 38% 增长到 2017 年的 44%，已取代多边渠道成为目前 ODA 实施的主要途径。

5. 英国官方发展援助的组织架构

1997 年，英国成立了一个独立的内阁部门——国际发展署，专门负责管理英国国际援助事务，是 NGO 参与官方发展援助的主要政府支持和监管机构。英国 DFID 致力于推动英国在减贫、疾病应对、冲突等全球性挑战上发挥作用。DFID "由国际发展事务大臣直接负责，同时受下议院国务部长和政务次官的管理"①。

DFID 总部设立在伦敦，在东基尔布赖德设有一个分支办公室，在世界各地设有 51 个国际办公室，目前雇用近 3000 名员工，其中一半在发展中国家工作。② DFID 的主要职责包括制定英国对外援助的主要议题、管理对外援助项目（包括计划、实施、监测、报告等）、就对外援助工作与其他相关政府部门和 NGO 沟通协调等，DFID 还是英国发展金融机构（CDC）全部股份的持有者，代表英国政府对非洲和南亚部分地区进行股权和债权投资。③ DFID 的有限援助议题主要包括：国际和平、安全与治理、地区危机、减少极度贫困和帮助弱势群体等。

英国在对外援助中非常重视发挥 NGO 的作用。DFID 的包容性社会部下设民间社会工作组（Civil Society Team，CST），雇有全职雇员 17 人，专门负责管理 NGO 相关事务。④ DFID 认为 NGO 工作在援助第一线，

---

① 周太东：《英国的对外援助及中英两国对外援助合作关系探讨》，载《国际经济合作》2015 年第 8 期。
② 与 DFID 包容性社会部民间社会工作组原主任（Head of DFID Inclusive Societies Department Civil Society Team）C 先生的访谈记录。2019 年 6 月 25 日，伦敦。
③ 《英国对外援助框架及相关情况》，http://gb.mofcom.gov.cn/article/i/201406/20140600642781.shtml，2019 年 6 月 11 日访问。
④ 与 DFID 包容性社会部民间社会工作组原主任 C 先生的访谈记录。2019 年 6 月 25 日，伦敦。

已在全世界发展中国家取得了卓越成效。[①] DFID 年度预算中约有 15% 的双边经费由 NGO 执行。[②]

2020 年 6 月，英国宣布对其官方发展援助机构作出重大调整，将 DFID 并入英国外交部，联合组成新的外交、联邦事务及发展部（The Foreign, Commonwealth and Development Office，FCDO）。原先的独立机构 DFID 于 2020 年 9 月 2 日关闭。FCDO 是一个融合发展和外交于一体的新的部级部门，负责英国的国际政策、对外关系和发展政策。新的部门不再像 DFID 一样对外宣称致力于推动英国在减贫、疾病应对、冲突等全球性挑战上发挥作用，而是明确宣布以追求国家利益为首要目的，致力于促进英国公民的利益，维护英国国家的安全，捍卫英国人的价值观，减少全球贫困，并与国际伙伴一道应对全球挑战。可以说，从一个宣称追求全球目标的相对独立部门的组织架构，转为明确宣称追求国家利益的隶属于外交部门的组织架构是这次改革的最大变化之一和新的动态。这可能也预示着英国 NGO 参与官方发展援助将从表面独立、实质上其实施官方发展援助项目会与国家战略一致，全面转向明确以服务英国国家利益和国家战略为主。

当然，DFID 和外交部的合并引发了来自英国社会各界的不同看法。赞成的声音主要认为，两个部门的合并无疑会提高两部门合作的紧密性，为改善英国外交政策和发展政策的连贯性带来可能，从而为提高两部门在外交和发展工作上的效率与影响起到积极作用。然而，此次合并行为也引发了社会各界的质疑。首先，英国官方对外援助的独立性将受损。原本 DFID 作为一个独立机构，在官方发展援助工作中拥有独立分配和管理对外援助资金的预算权和决策权，其多年来开展的对外援助工作在专业性和透明性等方面获得了国际发展领域的认可。合并后的新部门在具体运作上

[①] Civil Society Partnership Review，https://assets.publishing.service.gov.uk/government/uploads/system/uploads/attachment_data/file/565368/Civil-Society-Partnership-Review-3Nov2016.pdf，visited on 2019-06-11.

[②] 《英国对外援助框架及相关情况》，http://gb.mofcom.gov.cn/article/i/201406/20140600642781.shtml，2019 年 6 月 11 日访问。

采取何种机制目前还不得而知，但可以预见的是国际发展援助工作原本的独立性将受到稀释。其次，合并之后英国的对外援助或将从过去的以减少贫困为主要发展目标向外交性目标转移，官方发展援助不论在决策还是执行过程中或将以英国外交利益为首要考虑因素，从而对低发展水平国家产生不利影响。最后，综合前两点因素来看，专业性和管理能力更强的DFID并入外交部，可能最终影响英国官方发展援助的质量。

（二）NGO 参与官方发展援助概况

1. 英国 NGO 概况

英国的 NGO 具有悠久的历史。经过较长时间的发展，英国的第三部门如今已相对发达与成熟。据统计，英国目前共有 163150 家 NGO，雇有 951611 名全职员工，行业年收入 560 亿英镑，年经济贡献值 200 亿英镑，占英国 GDP 的 0.9%，2020 年约有 1630 万人参与志愿服务，新冠肺炎疫情期间，正式志愿服务从 23% 小幅下降至 21%，而非正式志愿服务从 28% 迅速增长至 47%。[①]

2. 英国国际发展领域 NGO 概况

近年来，国际发展援助议题较受英国国民关注。据英国志愿服务组织协会（The National Council of Voluntary Organizations, NCVO）统计，英国 NGO 中开展国际活动的数量约为 6722 个，占英国 NGO 总数的 4.1%，然而该类组织年收入却达到 60 亿 5270 万英镑，占所有 NGO 年收入总额的 10.8%。[②] 这意味着国际发展领域 NGO 的数量虽然不多，但规模相对较大、实力较强。在国际发展领域 NGO 的收入中，33% 的资金来源于政府，31% 来自于民众个人捐款，17% 来自于基金会等非营利部门，11% 来自于组织筹款性、经营性及投资性活动，8% 来自于企业捐赠（见

---

① UK Civil Society Almanac 2021, https://beta.ncvo.org.uk/ncvo-publications/uk-civil-society-almanac-2021/, visited on 2021-10-08.
② Ibid.

图 1-3)。① 在排名第一的政府来源资金中，英国中央政府的资助超过一半，是最主要的政府来源，资助形式以赠款和项目合同两种形式为主，其他的政府资助来源依次是国外政府（以瑞典和美国政府的资助为主）、欧盟国家政府和英国地方政府。② 政府资金对于英国国际发展领域 NGO 来说非常重要，且从近年来的发展趋势看，其占比在不断增长。

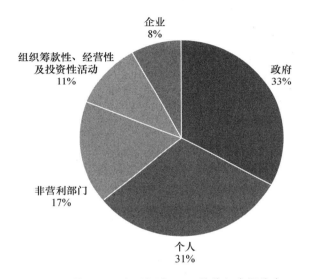

图 1-3　英国国际发展领域 NGO 的收入来源分布

数据来源：Financial Trends for UK-based INGOs：An Analysis of Bond Members' Income Between 2006 and 2016，https：//www.bond.org.uk/sites/default/files/resource-documents/financial_trends_for_uk-based_ingos.pdf，visited on 2021-10-09。

英国国际发展领域 NGO 在国际上从事的领域主要有：教育/培训、减少贫困、国际救援、健康和经济/社区发展/就业，与英国官方发展援助的重点领域基本保持一致，由此也可以看出，自主性高的英国国际发展领域 NGO 其实受英国官方发展援助的国家战略与国家政策的影响很大，

---

① Financial Trends for UK-based INGOs：An Analysis of Bond Memebers' Income Between 2006 and 2016，https：//www.bond.org.uk/sites/default/files/resource-documents/financial_trends_for_uk-based_ingos.pdf，visited on 2021-10-09。

② Ibid.

在对外援助的价值理念与援助内容等方面，两者其实具有较高的一致性。

DFID 认为，NGO 是递送公共服务和实现联合国目标的全球伙伴关系中的重要贡献者。[1] DFID 在对外援助实施中比较重视与 NGO 的合作。英国政府吸纳 NGO 参与国际发展援助，能够产生多方面的积极作用。首先，NGO 的参与能够带来更多政府并不拥有的专业能力与技术，在某些特定的援助领域能够发挥重要作用；其次，NGO 的参与能够吸引和带来更多且更为丰富多元的资源投入英国官方发展援助，帮助英国在国际发展事业中创造更大的影响力；最后，NGO 能够作为一种媒介，为英国公众提供一种参与国际发展事业的途径，联结公众与政府，使民众更有参与感，同时使政府的官方发展援助事业获得更多的民间纳税人的信任与认同。[2]

二、英国 NGO 参与官方发展援助的支持体系

英国 NGO 参与 ODA 的支持体系，从手段上看，具有以资金支持为主、政策支持为辅的特点；从主体上看，则以政府支持为主、以民间支持为辅。随着近年来官方发展援助的资助重点对象由大型 NGO 逐步转向中小型 NGO，主要的支持项目也发生了相应的更替和改变。

（一）政府资助 NGO 参与官方发展援助的主要方式

英国 ODA 资助项目非常多，针对领域多样，资助规模不一，并无统一的开放申请时间。英国政府在扩大影响力方面非常注重品牌意识，在近年来为所有官方发展援助项目冠以统一名称——"英国援助"（UK AID），在项目名称、项目宣传、项目物资等上面均标注"英国援助"标志与字样，向受援方、参与方等各类人群传递和强化英国援助的信息。

---

[1] A. Ledward & R. Trivedy, Review of DFID Support for Civil Society, Paper to DFID Development Committee, 2010.

[2] 与 DFID 包容性社会部民间社会工作组原主任 C 先生的访谈记录。2019 年 6 月 25 日，伦敦。

在众多ODA项目中，政府提供的常规资金支持项目主要有三类。

1. 英国直接援助项目（UK AID DIRECT）

直接援助项目是DFID资助NGO参与ODA的主要途径之一，旨在支持中小型NGO参与对外援助，以实现持续减贫和可持续发展目标。该项目于2010年9月启动，计划于2025年3月结束，总预算约为2.86亿英镑，2018年度预算近2400万英镑，实际资助逾1583万英镑。① 截止到2018年2月，该项目累计资助147个NGO的项目，在31个发展中国家开展发展援助项目，惠及300多万贫困、弱势和边缘群体。②

该基金目前下设三个资金支持子项目，分别是小型慈善机构挑战基金、社区伙伴关系资助金项目和影响力资助金项目。根据资助的NGO规模不同，资助金额从5万英镑到400万英镑不等，差异较大，资助项目多为短期项目。在审核项目申请时，DFID主要考虑三点：第一，该组织是否有足够的财务能力来管理其申请的资助金额规模；第二，申请组织目前或获得DFID资助后的独立性；第三，DFID资助NGO的多元性。

表1-1　英国直接资助项目的分布情况

（单位：英镑）

项目名称	所资助NGO的规模	资助规模	持续时间	配比资金要求
小型慈善机构挑战基金	小型，年收入小于25万	最高5万	2年	无
社区伙伴关系资助金项目	中型，年收入小于1000万	最高25万	3年	无
影响力资助金项目	中型，年收入小于1000万	25万—400万	3—5年	NGO至少提供项目经费的25%作为配对资金，实物不计

资料来源：About UK Aid Direct，https：//www.ukaiddirect.org/about/，visited on 2021-10-09。

除了资金支持外，该项目还为NGO提供一系列针对不同社会议题的

---

① UK Aid Direct Fund，https：//devtracker.dfid.gov.uk/projects/GB-1-202035，visited on 2021-10-09。

② About UK Aid Direct，https：//www.ukaiddirect.org/about/，visited on 2021-10-09。

培训课程,帮助 NGO 了解更多 ODA 知识和掌握更多开展国际发展项目的技能。

2. 英国配资援助项目(UK AID MATCH)

配资援助项目主要资助总部设在英国的 NGO 在国际欠发达地区开展发展援助项目,以协助英国 ODA 努力实现在 2030 年前消除极端贫困和建设美好世界的全球目标。DFID 为参与援助项目的 NGO 筹得的公众个人慈善捐赠提供"一英镑配一英镑"的配比资金,200 万英镑封顶。[1]

配资援助项目和直接援助项目的主要区别有两点:第一,配资援助项目只资助在英国注册的 NGO;而直接援助项目不仅资助英国 NGO,还可资助在联合国人类发展指数(HDI)排名最低的 50 个国家之一或在 DFID 认为的脆弱程度较高或中等的国家之一注册的 NGO。第二,直接援助项目是竞争性基金项目,由 DFID 确定项目需求,公开向 NGO 招标,资助数量有限、竞争激烈;而配资援助项目是由 NGO 先形成自己的项目计划和筹款目标,再向 DFID 申请配比资金,在项目预算允许且符合 DFID 援助领域的情况下,由 DFID 决定是否配资。这种模式给予 NGO 自主权去选择开展什么项目、如何开展项目,既有利于推动英国 NGO 的创新探索,又能够为英国公众提供一个参与国际发展议题并对部分援助预算如何使用发表意见的机会。

该项目第一期于 2013—2016 年执行,三年间共资助 62 个由 NGO 运行的援助项目,总资助额 360 万英镑;第二期于 2016—2020 年执行,总预算为 1.57 亿英镑,截止到 2019 年 7 月累计资助 2500 万英镑,已执行预算的 15.14%。[2]

3. 英国联合援助项目(UK AID CONNECT)

联合援助项目旨在通过联盟与合作的方式,汇集思想、技能和资源,为最复杂的社会问题创造具有创新性的解决方案,以期对贫困人群的生活

---

[1] About UK Aid Match, https://www.ukaidmatch.org/about/, visited on 2021-10-09.
[2] UK AID Match Fund, https://devtracker.dfid.gov.uk/projects/GB-COH-04105827-AIDMATCHII, visited on 2021-10-09.

带来真正的改变。该项目分为两个阶段,第一阶段针对的主要议题包括生育健康、残疾人包容性、全球安全与稳定和市民社会效益,第二阶段的优先议题为社会开放性、童工和现代奴隶问题、同性恋、宗教信仰自由等。①

项目于 2017 年 12 月启动,计划于 2022 年 12 月结束,总预算 1.38 亿英镑。2018 年度预算约 1000 万英镑,实际资助仅实现 495 万英镑。②

4. 其他支持手段

DFID 包容性社会部民间社会工作组主要负责 NGO 的相关事务,但 DFID 并非是唯一一个会跟 NGO 合作的部门,原则上各个部门根据项目需要都可以选择与有能力的 NGO 合作开展国际援助项目。因此,民间社会工作组不仅负责支持主要资金支持项目的运作,还负责与其他各部门沟通协作,帮助其他各部门了解 NGO 工作特点,并努力影响其采用更优的制度规则来规范和管理与 NGO 的合作项目,从 DFID 内部需求端为 NGO 更好地参与 ODA 工作创造更有利的政策环境。

(二)政府资助 NGO 参与对外援助的管理模式

英国在对 NGO 的支持项目中越来越多地采用了"服务外包"的间接管理模式,③ 即雇用第三方专业机构对项目进行全流程管理,这些第三方公司多是在国际发展领域有较多经验和专业能力的权威咨询公司,被称为"基金管理人"(Fund Manager)。政府通过市场招标选拔符合要求的"基金管理人",与其签订商业合同,在合同服务期内基金管理人根据 DFID 的要求和标准为其提供管理服务,通常包括组织专业团队、编写和发布项目招标信息、接收申请材料并完成申请审查与遴选工作、将入选名单交由 DFID 决定最终资助名单、与获选的 NGO 在项目执行期保持密切联系和

---

① UK Aid Connect,https://www.gov.uk/international-development-funding/uk-aid-connect,visited on 2021-10-09.

② Development Tracker,UK Aid Connect Fund,https://devtracker.dfid.gov.uk/projects/GB-GOV-1-300055,visited on 2021-10-09.

③ 蔡礼强、刘力达:《发达国家社会组织参与对外援助的制度吸纳与政策支持——基于美英德日法五国的比较分析》,载《国外社会科学》2019 年第 5 期。

互动并推进资金支持类项目的后续运作和管理。一个"基金管理人"可同时管理多个资金资助项目，但该基金管理人不可参与其管理项目的独立评估活动。

对于选择这种"外包模式"的原因，DFID 包容性社会部民间社会工作组的原负责人认为主要有三方面考量：第一，与第三方公司合作能够引入其在发展领域的专业知识和技能，补充 DFID 部门公务人员在专业上的不足；第二，这种做法能够引入市场机制，发挥竞争优势，在不同领域识别能力最强者并与其合作；第三，DFID 内部的公务人员数量非常有限，应对大量的项目申请筛选和管理工作挑战极大，委托第三方专业公司是比较高效的选择。①

▶ 案例分析：英国 IOD PARC 咨询公司②

英国 IOD PARC 咨询公司是一家在国际发展领域颇具经验的营利性咨询公司，也是 DFID 在评估事务中长期合作的伙伴之一，对 DFID 采取的"服务外包"式的间接管理模式和在项目监管评估过程中雇用外部专家团队的具体事务和流程都比较熟悉。

该咨询公司的创立者是一名 DFID 的前员工，其离开 DFID 后，于 1998 年创立了该咨询公司，并与 DFID 保持着长期的合作关系。公司总部位于英国爱丁堡，目前有 13—14 名全职员工驻守总部办公室，全球共有 30—35 名员工，其中包括 25 名国际发展领域的专业咨询顾问。该公司的工作主要集中在两个方面：第一，帮助参与到国际发展中的各类组织开展组织发展和绩效等方面的能力提升；第二，提供专业的监管与评估服务，特别着重于工作效率、效果和合作绩效等方面的评估。与该公司合作的各类组织不仅包括 DFID 这样的政府部门，还包括联合国体系的各类机构和活跃于国际援助领域的各类国际 NGO 等。其中，DFID 是其重要的合作伙伴，来自 DFID 的服务合作收入占该公司年收入的 25% 左右。

---

① 与 DFID 包容性社会部民间社会工作组原主任 C 先生的访谈记录。2019 年 6 月 25 日，伦敦。

② 与 IOD PARC 创始人及员工座谈。2019 年 6 月 28 日，爱丁堡。

IOD PARC 目前为 DFID 提供过的评估服务主要包括两类：第一类是项目申请书的可行性评估，主要是受 DFID 委托对不同组织提交给 DFID 的申请特定官方发展援助项目资金的申请书的内容质量、可行性、可操作性和机构的能力等方面进行评估，帮助 DFID 在众多申请书中选拔潜在的优秀项目承接方；第二类是对项目执行与结果的评估，这类评估占据 DFID 委托服务中的主要部分，通常包括基线评估、中期评估和终期评估三次正式的独立评估活动。对于第二类评估服务，该公司介绍，主要以绩效评估为主，很少涉及影响力评估。

一般情况下，每一个评估项目，该公司会组织 3—4 名专家组成工作组，以兼职的形式开展评估工作，评估时间平均约为 6—9 个月，较大型的项目全职工作时间可累计达到 200 天，一般的小型项目全职工作时间一般为 60 天左右，其中约有 1/3 的时间会在项目地进行调研考察。据该公司创始人介绍，他们认为好的评估团队应该由不同背景的专业人才混合而成，以同时具备专业能力、不同程度的行业经验以及团队合作能力为宜。

项目评估大致可分为项目启动—数据采集—数据分析—形成报告这几个环节。该公司运用的评估分析方法主要包括五类：第一，访谈，包括与项目各利益相关方的访谈；第二，查阅各类文件和数据资料，开展案头调研；第三，运用问卷调查法，收集关键数据；第四，将初步分析结果反馈给项目相关人员，观察其对结果的反应，收集反馈意见，推进后续评估分析；第五，对多来源数据进行三角验证。评估结果中尤其强调问责性和执行机构可以从项目实施中所学到的经验，因为他们认为其所学效果是项目效果的一大体现，对 DFID 和实施项目的 NGO 未来将要开展的项目具有重大意义。

对于开展此类评估活动所面临的挑战，该公司主要总结了三个方面：第一，只停留在纸面内容，对了解国际项目地项目实施的真实情况具有一定的难度。想要解决好这个问题，要求评估团队的专家具有很好的"软技能"（soft skills），从表面现象观察到本质。第二，有时评估的项目不具备良好的开展评估的条件，能够采集的可用证据非常有限，或者有时项目的质量和效果非常不尽如人意，这时如何形成既符合实际又令资助方（包括

DFID 和其他捐赠人）满意，同时又对未来项目具有启示意义的评估方案是不小的挑战。因此，在评估过程中，该公司会比较重视帮助对方机构建立一种"学习型"的机构文化，以"能够学习到如何能够做得更好"为首要诉求。第三，不同国家语言差异的问题为评估工作带来不小挑战。为了应对这种情况，该公司往往会采取雇用当地研究人员参与数据收集工作的办法，经过当地人员的初步处理后，再将相关数据返回给公司评估团队专家进行进一步的深度分析。

（三）政府支持策略的变化

近年来，英国官方发展援助对 NGO 的支持策略发生了较大的调整。长期以来，英国在对外援助中更多地倾向于选择与较大规模的 NGO 合作[①]，原因不难理解，大型组织往往具有更多的资源、能力和更丰富的经验。对大型 NGO 的主要资助项目是"项目资助协议"（The Programme Partnership Arrangements，PPA），该项目为非限定性资金支持项目，具有资助金额较大、周期长、资金使用的灵活性较高等特点，是针对 NGO 而非特定项目的资助。

2016 年后，英国政府对支持策略作出了较大调整，在继续与大型 NGO 合作的同时，将资助重点逐步转向中小型 NGO，合作模式也从机构拨款、项目资助越来越多地转向了契约合同管理，后者对于项目要求更加明确和严格，相对的灵活度更低。为了适应新的"多样性"发展的资助重点，如今"项目资助协议"项目已经终止，取而代之的是现行的三个常规 UK AID 系列项目及其他诸多专项资助项目。

对于政府作出的这种政策调整，各方的看法和理解不尽相同。作为 DFID 主要与 NGO 打交道的部门官员表示，原来的"项目资助协议"项目是一个相对封闭的循环体系，缺乏竞争，只会帮助大型组织发展得更为

[①] 杨义凤、邓国胜：《发达国家 NGO 参与对外援助的制度比较与经验借鉴》，载《经济社会体制比较》2014 年第 4 期。

壮大，而调整后的策略有助于提高民间社会参与的多样性，吸收更多类型的 NGO 参与对外援助工作。① 一些 NGO 则认为，资助中小型的 NGO 有助于引入在某些特定细分领域的专业技术，且从经济角度上看更能节省成本。② 而英国国际发展 NGO 网络 BOND（British Overseas NGOs for Development）的官员则认为在国际援助中还是大型 NGO 的优势较大，因其所具备的资源、网络和专业技能优势，这种调整可能更多是一种政治性的考量，因为近年来一些大型 NGO 出现了一些影响较大的丑闻，而中小型 NGO 在政策倡导等方面处于弱势地位，因此，从重点资助大型 NGO 转向资助中小型 NGO 的政策调整更能够满足英国普通民众的期待，包括对大型 NGO 丑闻的不满和对中小型 NGO 弱势地位的同情。③

（四）国际发展领域 NGO 的合作网络

英国民间自发形成了多个服务国际发展 NGO 的支持网络型组织，将众多参与国际援助的 NGO 汇集在一起，为其提供一个资源共享的平台，同时能够在政府和 NGO 之间扮演中介桥梁的角色，发挥政策沟通和政策倡导的作用。

目前规模最大且最具代表性的支持性网络型组织为 BOND。该组织于 1993 年成立，截至 2021 年 9 月，BOND 共拥有 435 家会员组织，均为从事国际发展或国际人道主义援助的英国 NGO。根据组织规划，约 59.9% 为小型组织，23% 为中型组织，17.1% 为大型组织。④ BOND 主要为其会员提供三类支持：首先，为国际发展领域 NGO 提供一个交流平台。BOND 目前拥有 42 个工作组，各组由不同领域的国际发展 NGO 和专家组成，不定期组织讨论会，交流专业知识和技能，学习和讨论政策制度，

---

① 与 DFID 包容性社会部民间社会工作组原主任 C 先生的访谈记录。2019 年 6 月 25 日，伦敦。
② 与国际美慈（英国总部）工作人员的座谈。2019 年 6 月 28 日，爱丁堡。
③ 与英国国际发展 NGO 的网络 BOND 传媒部主任 M 的访谈记录。2019 年 6 月 26 日，伦敦。
④ 根据 BOND 的分类标准，小型非营利组织年开支不超过 200 万英镑，中型非营利组织年开支不超过 1000 万英镑，大型非营利组织年开支多于 1000 万英镑。

交换资源信息，以提高行业整体专业性并培育合作机会。其次，为会员组织提供培训、咨询等支持服务。组织技术实操性培训，内容涵盖筹款、项目执行、领导力等核心主题，2018 年共组织 86 个培训课程。提供政策咨询类服务，帮助组织解读新出台政策和制度。此外，还提供一些实用的项目监测评估工具，帮助提高项目执行效率和质量。最后，进行政策倡导，维护国际发展领域 NGO 的权益。通过倡导活动、媒体宣传、举办会议、发布行业报告以及政策游说活动，反映行业问题，争取政策倾斜。新冠肺炎疫情期间，该组织主要通过动员行业资源和提供疫情期间组织管理运作相关信息和要点来为国际 NGO（INGO）提供支持，其专业培训课程与活动也改为线上形式进行，以在疫情艰难期间为会员组织提供更好的服务。

以 BOND 为代表的英国民间支持网络型组织能够发挥平台性功能、媒介性功能以及服务性功能，为英国 NGO 参与国际援助提供从宏观到微观的多层次支持。

三、英国 NGO 参与官方发展援助的监管与评估体系

英国政府对援外资金的管理比较注重透明性与问责性，以求对英国普通纳税人负责。2006 年《国际发展（报告与透明度）法案》的颁布明确了 DFID 每年对援助资金使用情况的汇报机制，进一步从制度层面为提高援助透明度、加强援助问责制建设提供了保障。[①] 对于 NGO 参与执行的 ODA 项目，现行的监管与评估机制包括：第一，由 DFID 在机构内部开展"嵌入式"的监管评估体系，即将评估理念和活动融入项目设计和执行的各个环节，以确保项目质量；第二，由英国援助影响独立委员会（Independent Commission for Aid Impact，ICAI）开展的外部独立监管与评估机制；第三，由政府相应部门对官方发展援助资金的使用开展严格的财

---

① 周太东：《英国的对外援助及中英两国对外援助合作关系探讨》，载《国际经济合作》2015 年第 8 期。

务审计制度，作为监管评估的必要辅助手段。

（一）DFID 内部评估机制

DFID 内部设置评估部（Evaluation Department）负责对外援助项目的监测与评估事务，从宏观层面制定对外援助项目的监测与评估政策。DFID 直接任命项目高级责任官（Senior Responsible Owner，SRO），全面负责项目的推进与目标的实现，主导项目的监测与评估活动。一般情况下，项目高级责任官常驻项目所在国。

1. 评估类型

DFID 开展的评估类型非常多样化。从内容上看，包括项目评估（programme evaluation）、主题评估（thematic evaluation）和影响力评估（impact evaluation）等；从时间节点上看，包括基线评估（baseline evaluation）、中期评估（midline evaluation）和终期评估（endline evaluation）等。此外，在某些资助项目结束之后，DFID 也会对该项目整体资助效果进行评估，对象包含该项目资助的所有援助项目在内，如在民间社会挑战基金项目（Civil Society Challenge Fund）结束后，DFID 聘请第三方咨询机构对该项目多年来整体实施效果作出独立评估。

NGO 在申请官方发展援助项目时，一般会将项目预算的 5%—10% 作为项目评估经费，支持项目期间评估性活动开销。并非所有项目都会开展完整的外部独立评估，但嵌入式评估模式能够在一定程度上保障各项目都有能力开展具有评估功能的审查活动。

2. 评估项目的选择

DFID 并非对所有 NGO 实施的援外项目都进行系统的评估。被评估项目的选择与政府在援助国的战略高度相关，主要以 DFID 的年度评估计划为政策指导，而决策权则在项目执行部门（如国家办公室）。

DFID 每年制订年度评估计划，对每年的评估优先领域和需求作出调整，并以此作为选择被评估项目的依据。DFID 每年会对评估计划作出更新和修订，以决定下一年的评估优先需求和领域。其他影响因素还包括项目规模、捐赠者意愿等。评估项目选择是由评估部协同研究部和政策部一同完成的。具体选择哪些项目进行评估，是由实施部门主管决定的。该决策主要建立在各利益相关方对信息和证据的需求分析上。此外，DFID 还开发了一套评估决策工具，以便在项目选择过程中提供支持。这套工具中的主要影响因素包括评估该项目对于实施部门的战略重要性、DFID 评估战略优先需求的契合性、所具备的证据基础、规模化的潜力、项目规模/风险/创新性、评估需求与用途、评估可操作性和评估时机等。

表 1-2　DFID 项目评估选择决策工具

指标	主要问题
（1）对于项目执行部门的战略重要性	该项目对于执行部门的实施计划结果是否能够做出特别贡献
（2）与 DFID 战略评估优先需求的契合度	该项目是否被 DFID 年度评估计划列为评估优先项目
（3）证据基础	该项目是否能够解决年度评估计划中所列的证据缺口；对该项目的评估是否能够在地方层面达到增进发展效果相关知识和学习的目的
（4）规模化的潜力	该项目是否具有示范性，即其评估结果是否能影响未来的资助或规模化
（5）项目规模/风险/创新性	项目资金投入规模是否很大；是否存在风险或其他问题需要深入调查；干预措施是否具有创新性，或者说是否之前没有尝试过故有较强需求证明其有效性
（6）评估需求与用途	关键伙伴是否有意愿开展评估；评估结果能够从多大程度上满足政策制定或项目改进的需求
（7）评估可操作性	开展评估是否具有实际操作性；项目干预手段是否可被评估
（8）评估的时机	评估是否能够及时完成并用于形成决策

资料来源：DFID Evaluation Strategy 2014—2019, https://assets.publishing.service.gov.uk/government/uploads/system/uploads/attachment_data/file/380435/E-valuation-Strategy-June2014a.pdf, visited on 2019-6-11。

在工具的辅助下，会得到三类项目评判结果：必须被评估、可以考虑评估和不需要一个完整的评估。对于建议必须被评估的项目，一般会雇用第三方专业公司开展外部独立评估，而对于不建议进行完整评估的项目，项目执行部门可以选择其他形式来替代完整评估，如开展独立审查活动或加强执行监督等。在实际操作中，绝大多数项目在项目设计中都包含评估性活动，而开展正式、完整的独立评估的项目数量较少。

3. 项目评估团队与内部评估人才的培养机制

DFID 官方发展援助项目评估团队可以分为内部团队和外部团队。内部团队主要是 DFID 在内部员工中培养出的评估顾问团队，外部团队主要是雇用的外部第三方专业人员或团队。

DFID 在 2011 年提出"嵌入式评估"（Embedded Evaluation）模式，即将评估理念和活动融入项目设计和执行的各个环节中去，以确保项目质量。该模式的主要特点是去评估职责中心化，要求 DFID 内部各政策制定部门、研究部门和项目执行部门等有更多的员工具备评估知识或能力，以便能够在项目设计阶段将评估要素考虑在内，在项目执行过程中注意收集和准备信息和材料为评估做准备，以及在项目尾期协助外部评估执行团队顺利开展独立评估活动。

因此，在"嵌入式评估"理念的指导下，为了培养更多员工的评估能力，DFID 建立了针对内部人员的评估人才培养机制。组织评估专业知识讲座等各类培训活动，并定期组织评定考核。有意往评估方向发展的员工都可以参加培训，通过考核的员工将被组织认证为"评估顾问"，有资格参与项目评估活动。该机制的启用使 DFID 迅速培育起一支内部评估人才队伍。据统计，到 2014 年，DFID 共有 150 名员工在评估能力方面获得了 DFID 认证，其中 25 名评估顾问独立或与他人共同开展过评估工作，另有 12 名评估顾问工作内容中包含部分评估内容，接受过评估基础知识培训的员工更是达到了 700 人次。[①]

外部的评估团队主要是机构雇用的第三方专业人员和团队。外部专业团队主要由聘用的外部专业机构专家组成，一般包括 3—5 名专兼职咨询

---

① Rapid Review of Embedding Evaluation in UK Department for International Development，https：//assets. publishing. service. gov. uk/government/uploads/system/uploads/attachment_data/file/292210/Embedding-Evaluation-Review-exec-summary. pdf，visited on 2021-10-09。

专家主导评估活动，注重专业能力和行业背景。[①] 对于评为优先级的重要评估项目，DFID 评估部将提供资源支持外部评估团队的工作，包括成立专门的评估管理小组并指派 1 名评估顾问与小组成员共同提供评估支持。对于非优先的项目，仍然可以从评估部获得包括政策指导和技术培训等方面支持，项目涉及的具有评估能力或资格的内部员工也可以在外部专家团队评估过程中提供协助。

4. 项目监测与评估

DFID 定期召集审查会议，对项目进行监测和评估，包括季度审查会议和年度审查会议。季度审查会议由项目高级责任官和 DFID 内部其他评估顾问组成的 4—5 人团队参与，多以圆桌会议的方式对项目阶段性进展和问题进行汇报和讨论。年度审查会议则综合项目一年的进展情况，着重对项目实施的细节和目标实现情况进行审查评议，由专家对项目的年度工作表现进行打分。

对于选择开展完整评估的重点项目，通常会选择雇用第三方专业公司开展外部独立评估。评估指标则主要依据 OECD-DAC 评估体系制定，DFID 会对评估框架和问题进行审查。具体指标框架见表 1-3。

表 1-3　OECD-DAC 评估指标体系

指标	定义	主要问题
相关性	衡量援助活动在何种程度上契合目标群体、受援国和捐赠者的优先需求和政策规定	项目目标在何种程度上持续有效；项目活动和产出是否与整体目标和实现具体目标的行为相一致；项目活动和产出是否与预期影响和效果相一致
有效性	衡量援助活动达到其具体目标的程度	项目具体目标达到/可能达到的程度如何；影响具体目标达成与否的主要因素是什么
效率	衡量项目的投入产出，包括定性和定量方面。主要评估援助活动是否使用了尽可能低的成本达到预期目标	项目的成本效益如何；项目目标是否按时实现；与其他方案比，该项目或方案是否以最有效的方式实施

---

① 与英国 IOD PARC 咨询公司主席 J 先生的访谈记录。2019 年 6 月 28 日，爱丁堡。

（续表）

指标	定义	主要问题
影响	衡量发展干预手段（直接或间接、有意或无意）所产生的积极和消极变化	该项目的结果是什么；该项目对目标收益群体产生了哪些真实的改变；有多少人受到影响
可持续性	衡量项目积极影响在捐赠资金撤出后是否能够持续。项目需要在环境和财政方面可持续	在项目资金资助停止后，项目创造的积极影响可能在何种程度上持续；影响项目可持续性的主要因素有哪些

资料来源：OECD-DAC 网站，https://www.oecd.org/dac/，2021 年 10 月 9 日访问。

聘请第三方开展独立评估的援助项目在实际操作中占比并不大，其他大部分项目的监测和评估，主要通过 DFID 日常监管机制和项目执行方自行组织评估性活动等方式来实现，这些评估性活动在项目申请阶段提交项目设计书时均包括在项目设计方案之中。

5. 评估成本

近年来，英国 ODA 项目评估数量和费用均呈现增长态势。评估费用一般包含评估咨询费、人员工资、能力建设费用和行政开支等一切与评估相关的费用。2009—2010 年，DFID 共开展独立评估项目 10 个，花费 310 万英镑，而 2013—2014 年评估项目增长到 40 个，评估经费共 1480 万英镑，评估项目数量增大 300%，评估总成本增长 377%；与此同时，评估一个项目的平均费用在五年间基本保持在 29 万英镑上下浮动，未有明显减少，对此 DFID 认为在嵌入式评估实施早期无法实现规模化经济效应，今后随着评估数量的增加和评估经验的增加，或许评估成本会有所下降。[①]

近年来，DFID 外部评估服务成本也有大幅上涨的趋势。图 1-4 反映了"直接评估合同"成本，即付给外部评估服务提供方的费用，与评估总费用相比，该费用不包括 DFID 员工工资和行政管理费用。由图 1-4 可见，

---

① Rapid Review of Embedding Evaluation in UK Department for International Development，https://assets.publishing.service.gov.uk/government/uploads/system/uploads/attachment_data/file/292208/Embedding-Evaluation-Review.pdf，visited on 2021-10-09.

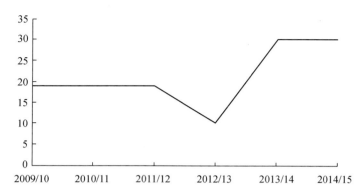

图 1-4　DFID 外部评估服务合同成本中位数分布情况（单位：万英镑）

资料来源：Rapid Review of Embedding Evaluation in UK Department for International Development，https：//assets.publishing.service.gov.uk/government/uploads/system/uploads/attachment_data/file/292208/Embedding-Evaluation-Review.pdf，visited on 2021-10-09。

2011 年前，外部评估合同费用中位数保持在 19 万英镑，2013 年后增长至 30 万英镑。DFID 内部认为其部分原因可能是影响力评估数量的增长，2009 年影响力评估仅 2 例，2015 年增长至 20 例，而影响力评估预算中位数为 50 万英镑，其他评估预算中位数 2013 年后保持在 20 万英镑左右。①

DFID 开展独立评估的费用在项目预算中所占比例水平整体较低。表 1-4 的数据显示，DFID 独立评估成本占项目总费用的平均比例为 3.6%，其中费用较高的影响力评估成本平均占比 4.2%，其他评估成本平均占比仅 3.3%。

表 1-4　DFID 评估成本占项目经费百分比

评估类型	评估成本占比的中位数	评估成本占比的平均数
影响力评估	2.6%	4.2%
其他评估	1.5%	3.3%

---

①　Rapid Review of Embedding Evaluation in UK Department for International Development，https：//assets.publishing.service.gov.uk/government/uploads/system/uploads/attachment_data/file/292210/Embedding-Evaluation-Review-exec-summary.pdf，visited on 2021-10-09。

(续表)

评估类型	评估成本占比的中位数	评估成本占比的平均数
所有评估	1.9%	3.6%

资料来源：Rapid Review of Embedding Evaluation in UK Department for International Development，https：//assets.publishing.service.gov.uk/government/uploads/system/uploads/attachment_data/file/292208/Embedding-Evaluation-Review.pdf，visited on 2021-10-09。

（二）英国援助影响独立委员会的评估机制

除了 DFID 主导开展的评估活动外，英国 ICAI 还对 DFID 开展的 ODA 项目开展外部独立评估。英国援助影响独立委员会是专门为监督英国对外援助资金使用而成立的，属于独立于政府的公共机构，直接通过下议院国际发展委员会或其下属的 ICAI 小组委员会向议会汇报。[①]

英国援助影响独立委员会的工作也主要采取了外包的形式，委托商业服务供应商对 ODA 项目的执行情况，特别是资金的使用效率进行评估。评估结果完全公开，DFID 一般会在英国援助影响独立委员会报告发布后的一段时间内对其观点作出回应，但英国援助影响独立委员会的结论对 DFID 来说没有实质性约束作用，属于外部软压力，主要发挥外部监察人的作用，对英国民众作出交代。

（三）财务审计

英国政府对官方发展援助资金的使用采用严格的财务审计制度，以防控各种资金使用不当行为的发生。

DFID 内部审计部（Internal Audit Department）对援助资金的使用进行内部审计，识别财务欺诈、滥用、腐败等问题，并会在项目申请阶段对 NGO 管理财务风险的能力进行评判，并作为资助决策的一项依据。另外，DFID 自愿加入了"国家反欺诈计划 2016/17"（National Fraud Initiative 2016/17），定期向内阁办公室报告财务数据，进行计算机数据匹配，对

---

① About Us，https：//icai.independent.gov.uk/about-us/，visited on 2019-06-05。

比不同公共机构间的财务电子记录，识别潜在财务问题。

另外，英国国家审计办公室（National Audit Office）每年会对 DFID 的年度财务活动进行审计，并对机构的财务制度和策略进行分析，结果向议会报告。而在项目层面，英国援助影响独立委员会对英国对外援助项目开展独立的项目财务审计。

第二章　德国 NGO 参与官方发展援助的扶持与监管体系

德国的全球发展援助捐赠金额位于全球前列，是经济合作与发展组织（Organization for Economic Co-operation and Development，OECD）发展援助委员会（DAC）的成员国。德国联邦政府中主管对外援助和发展政策合作的部门是经济合作与发展部（简称"经合部"，The Federal Ministry for Economic Cooperation and Development，BMZ）。德国在发展援助领域的巨额捐赠所指向的重点地区和领域，均与本国的经济、外交和国家安全政策有密切联系，在支持 NGO 参与官方发展援助的制度设计和具体策略中，也受到德国政府与社会关切的显著影响。本章力求全面呈现德国 NGO 参与官方发展援助的政策支持和监督评估机制，并提炼德国 NGO 参与发展援助的监管体系模式。

一、德国 NGO 参与官方发展援助的国家政策和概况

（一）近年来德国官方发展援助现状

2020 年，德国官方发展援助总额为 284 亿美元，占该年德国国民总收入（GNI）的 0.73%。[①] 德国在世界各大洲均有官方发展援助的拨款，其中对亚洲和非洲的投入最大。德国经合部成立于 1961 年，其中大部分

[①] OECD 发展援助在线数据库，https://www.oecd-ilibrary.org/sites/0079f636-en/index.html?itemId=/content/component/0079f636-en，2021 年 10 月 9 日访问。

团队在波恩办公,另有小部分团队在柏林办公,其主要职责是:制定多、双边发展政策战略,帮助伙伴国家实施发展计划和项目;支持非官方机构和 NGO 的发展政策合作项目;考察和评估德国对外发展援助的效果,监督援外物资的使用。该部门是德国最主要的负责管理政府对外援助资金的部门,有 51% 的对外援助资金经由经合部负责分配使用。还有一些其他的政府部门也管理着部分官方发展援助资金,其中德国联邦外交部负责资金占 ODA 资金的 12.9% 左右,受联邦政府委托为发展中国家的投资项目提供融资和援助资金管理的德国复兴信贷银行(Kreditanstalt für Wiederaufbau, KfW)掌管 12.3% 左右,以德国国际合作机构(Deutsche Gesellschaft für Internationale Zusammenarbeit, GIZ)为代表的各类中介型组织则掌管 18.5% 左右的 ODA 资金,负责在世界各地执行德国发展援助资金的管理及推动技术合作。另外,德国联邦政府和各州政府也掌握着少量的官方发展援助资金,相应地也有其各自在发展援助上的工作计划和资助项目。图 2-1 呈现了 2019 年德国各部门 ODA 资金管理比例。

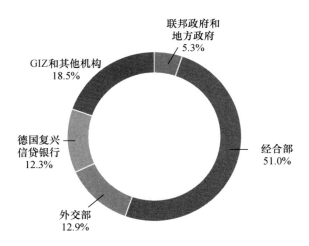

图 2-1 2019 年德国各部门 ODA 资金管理比例

资料来源:OECD 发展援助在线数据库,https://www.oecd-ilibrary.org/sites/0079f636-en/index.html?itemId=/content/component/0079f636-en,2021 年 10 月 9 日访问。

德国 ODA 的双边援助资金中有超过 40% 是通过对受援国提供发展援

助项目（country programmable aid）的形式拨付，另有14.3%的款项用于解决德国国内愈演愈烈的难民问题，人道主义救援和食品援助占11.6%，以及支持NGO发展占5.7%。图2-2呈现了2019年德国双边发展援助的支持领域。

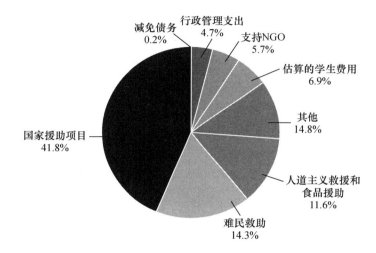

图 2-2　2019年德国双边发展援助的支持领域

资料来源：OECD 发展援助在线数据库，https://www.oecd-ilibrary.org/sites/0079f636-en/index.html?itemId=/content/component/0079f636-en，2021年10月9日访问。

在所有OECD国家当中，德国民众对官方发展援助持有更积极的态度。相比同为欧洲另外两个OECD援助大国的英国和法国，德国公众对该国的发展政策和发展合作策略给予更高的评价和支持，大约90%的公众认为发展合作非常重要，大约40%的人希望德国进一步参与全球减贫工作，约30%的人赞成德国在提供官方发展援助资金时应当更加慷慨，大约20%参与调研的公众（$N=6000$）在2017年为发展援助资金捐款。[①] 与此同时，德国公众也非常关注发展援助政策效果和资金使用效率，担心援

---

① S. H. Schneider & S. H. Gleser, Opinion Monitor Development Policy 2018: Attitudes Towards Development Cooperation and Sustainable Development, http://www.oecd.org/derec/germany/Monitor-development-policy.pdf, visited on 2021-10-09.

助在有效性方面受到腐败等问题的影响。

（二）官方发展援助支持 NGO 参与的国家战略

与其他 OECD 国家相似，德国 ODA 对 NGO 的资金拨付也可分为直接资助 NGO 自主开展发展援助工作（Aid to NGOs），以及资助 NGO 开展政府指定的项目或计划（Aid through NGOs）两种形式。[1] 2015 年以前，德国发展援助资金仅有一种方式，即为 NGO 提供资金由其代表官方开展援助工作，通过定期项目招标对 NGO 进行资助，如 2010 年设立的 1000 万欧元阿富汗 NGO 项目、2012 年设立的 500 万欧元气候变化和生物多样性保护项目等。德国 NGO 在国际发展援助中的作用发挥不足曾受到过 OECD 发展援助委员会的批评。2010 年，OECD 同侪评议[2]报告指出，德国负责发展援助的政府部门与 NGO 之间的联系并不密切，NGO 也需要更多地将其业务活动与德国发展援助受援国的优先领域保持一致。[3] 发展援助委员会还批评德国经合部没有与发展领域的 NGO 合作的具体战略。[4]

近年来，德国政府加强了对 NGO 参与发展援助的支持力度，其中一个引人瞩目的变化就是政府显著增加了对 NGO 参与的资金配置，并出台相应的国家战略以支持和引导 NGO 参与发展援助。从 2015 年开始，德国将 ODA 中用于支持 NGO 的资金的一半以上用于资助 NGO 自行制订计划且自行执行。从 2016 年至 2019 年，支持 NGO 自行开展项目的经费占比逐年递增，到 2019 年，NGO 获得 17 亿美元的官方发展援助资金，占

---

[1] OECD, *Development Assistance Committee Members and Civil Society*, OECD Publishing, 2020, p. 34.
[2] OECD 同侪评议（Peer Review）是 OCED 对每个成员国国际政策和成效的评议机制，一般由两个成员在 5—6 年的周期内联合评估另一个成员国，其目标是以建设性的角度，帮助被评议国改善其政策制定和实施效果。它在很大程度上依赖于参与评议的各国之间的真诚互信，以及它们对该过程的共同信任。
[3] Germany（2010）DAC Peer Review—Main Findings and Recommendations, http://www.oecd.org/dac/peer-reviews/germany2010dacpeerreview-mainfindingsandrecommendations.htm, visited on 2021-10-09.
[4] OECD, *Aid Effectiveness 2005-10: Progress in Implementing the Paris Declaration*, OECD Publishing, 2011.

2019年德国双边官方发展援助的7.8%，其中4%以支持NGO自主开展发展援助工作，另3.8%则通过NGO实施德国政府发起的发展援助项目。值得注意的是，从2015年德国采取新的资助NGO发展援助资助政策后，德国一跃成为全球给予NGO在发展援助领域自主开展工作的最大援助国，而其他国家直接资助NGO在国际开展援助工作的资金一直较少，如英国2018年ODA资金中用于资助NGO的有20亿美元，其中仅有4.74亿美元是直接捐赠给NGO自主设计项目，其他均是执行政府的战略项目。[①]值得注意的是，德国官方发展援助资金绝大部分用于资助在本国注册成立的NGO，近两年来也开始小范围地探索对在受援助的发展中国家的NGO进行资助。

从NGO参与对外援助的主要领域看，人道主义救援是资金投入最多的领域，占到整个德国ODA资金对NGO支持的将近2/3；提供社会建设和相应的服务，也是德国官方发展援助中对NGO的主要资助领域；另外，NGO也是德国应对国内难民问题的主要服务力量之一，因此有9%左右的资金用于难民援助。图2-3呈现了2017—2018年度德国NGO在使用ODA双边援助资金各重点领域的分配情况。

近年来，德国政府开始有针对性地引导NGO开展援助项目的重点地区或优先议题，德国经合部于2014年发布的第5号政策文件《后2015发展议程中加强政府与民间社会合作的战略》[②]中指出，"德国经合部将在与NGO的对话中努力在一定程度上集中于某些领域和地区"，并明确提出德国政府与NGO在发展领域合作的三个目标：一是通过对德国民众进行广泛的发展教育，进一步提升普通民众对国际发展议题的理解和支持，并动员德国民众参与和支持发展援助；二是推动受援助国家或地区的NGO与

[①] Aid for Civil Society Organizations Statistics Based on DAC Members' Reporting to the Creditor Reporting System Database (CRS), 2017 – 2018, https://www.oecd-ilibrary.org/development/development-assistance-committee-members-and-civil-society_51eb6df1-en, visited on 2021-10-09.

[②] Federal Ministry for Economic Cooperation and Development (BMZ), *Strategy on Government-civil Society Cooperation in Post-2015 Development Policy*, http://www.bmz.de/en/publications/type_of_publication/strategies/Strategiepapier343_05_2014.pdf, visited on 2021-10-09.

德国 NGO 开展合作，以提升发展中国家 NGO 的能力；三是积极与 NGO 建立面向未来的全球性合作伙伴关系。

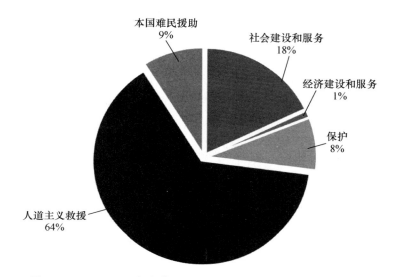

图 2-3　2017—2018 年度德国 NGO 使用双边援助资金的重点领域

资料来源：Aid for Civil Society Organizations：Statistics Based on DAC Members' Reporting to the Creditor Reporting System Database (CRS)，https：//www.oecd-ilibrary.org/development/development-assistance-committee-members-and-civil-society_51eb6df1-en，visited 2021-10-09。

（三）德国 NGO 参与国际发展援助的整体状况

据德国经合部的数据统计，目前德国有数千个从事发展类工作的 NGO，活跃在消除绝对贫困、促进社会参与、推进社会建设、紧急救援、难民救助以及发展政策倡导等领域。德国发展援助资金主要有三个资金用途：一是资助德国政党基金会；二是资助有宗教背景的庞大网络组织；三是资助社会建设、志愿服务和公众教育等工作，图 2-4 呈现了资金的具体分配比例。①

---

① 数据引自德国经济合作与发展部民间社会合作政策处（Division30—Policy issues of cooperation with civil society，private organisations）负责人 Florian Lewerenz 先生与课题组座谈时提供的资料。2018 年 12 月 12 日，波恩。

第一类是德国独有的政党基金会。德国每个党派均有一家获得政府拨款的基金会，代表该党派在德国国内和国际从事发展工作。1973年德国经合部出台文件，正式委托德国政党基金会负责施行德国发展援助政策，开展国际活动。在经合部的引导下，各政党基金会相继设立了国际合作部门，政党基金会的国际活动方式不断丰富，出现了长期系列项目的合作方式。[1]目前，德国共有6个政党基金会，每个基金会获得的政府拨款金额，根据该党派在大选中获得的选票比例每三年一次进行分配。例如，罗莎·卢森堡基金会（Rosa-Luxemburg-Stiftung，RLS）是德国左翼党（Die Linke）支持的政党基金会，在全世界20多个国家和地区设有办事处，并与80多个国家和地区的数百个合作伙伴开展项目，每年的资金主要来自德国联邦政府，包括联邦内政部、经合部和外交部等，主要用在全球推动德国所倡导的社会公正和生态可持续的全球秩序。[2]2019年度罗莎·卢森堡基金会共获得7930万欧元资助，其中3628万欧元来自经合部（45.75%），1404万欧元来自联邦内政部（17.7%），将近2/3的年度预算用于国际合作和发展项目。[3]

第二类为有宗教背景的大型网络组织。主要有两个大的网络：一个是基督教新教服务机构（Evangelischer Entwicklungsdienst，EED），另一个则是天主教的发展援助机构（Misereor-Aid Agency of the Catholic Church），现名为德国米索尔社会发展基金会。给予这两个宗教背景网络组织发展援助资金支持的历史，可以追溯到20世纪60年代。当时，德国援助发展部刚刚成立，德国政府对国际发展援助极度缺乏经验，由于基督教新教教会和天主教教会有非常丰富的在发展中国家或地区，如非洲和拉丁美洲传教时开展人道救济工作的经验，因此政府选择与有宗教背景的网

---

[1] 祝伟伟：《德国外交中的政治基金会：一类特殊的智库》，载《国外社会科学》2018年第3期。

[2] 与罗莎·卢森堡基金会亚洲项目发展部主任S先生的访谈记录。2018年12月10日，柏林。

[3] 2019 Annual Report of the Rosa-Luxemburg-Stiftung with the Focus "Left-Wing Feminism"，https://www.rosalux.de/en/publication/id/42424/2019-annual-report?cHash=d990743fbf7fc8690aaf13cc063b962a，visited on 2021-10-09.

络组织开展合作并延续至今。目前德国经合部仍有一个专门负责教会组织实施发展援助的部门。①

第三类则是数以千计的各类组织,包括协会、社团、基金会、具有公益性质的有限责任公司,以及公益合作社。其中,大型组织如德国明爱(Caritas Germany),不但在德国致力推进公平的生活条件,也积极响应全球各地的救灾和灾后重建援助,提供社会服务,在近80个国家和地区开展600多个项目。2017年度总收入达到9624万欧元,其中4022万欧元来源于德国经合部和外交部提供的官方发展援助资金。②还有诸如科尔平国际(Kolping International)和不来梅国际研究与开发协会(The Bremen Overseas Research and Development Associatio,BORDA)等中等规模机构,年度收入约1000万欧元,其中60%以上的资金来自德国经合部提供的官方发展援助资金。③德国NGO具有很强的统合性,早年自发成立六个伞形组织,以协调公共服务领域的各类组织,当前在德国国内几乎所有NGO都是这六大全国性志愿福利服务联合的会员。④在国际发展援助领域最具影响力的则是德国发展与人道主义援助非政府组织协会(Association of German Development and Humanitarian Aid NGOs,VENRO),其在国际发展合作、人道主义援助和发展教育、国际关系等领域开展活动,并帮助其100多个会员组织共同推进国际合作和发展援助工作。

如图2-4所示,上述三类渠道的资金分配中,政党基金会和有宗教背景的网络组织这两个渠道的政府资金占了政府对德国NGO资助的大部分,2017年共有5.32亿欧元投入这两个渠道,其中2.71亿欧元投向6个政党基金会,另有2.61亿欧元投向有宗教背景的网络组织。在政党基金会和

---

① S. Engel, Germany's Government-Civil Society Development Cooperation Strategy: The Dangers of the Middle of the Road, *Cosmopolitan Civil Societies: An Interdisciplinary Journal*, Vol. 9, No. 1, 2017, pp. 42-59.

② Caritas Germany Internationl Deportment, Annual Report 2017 Ourwork Worldwide, https://www.caritas-germany.org/internationalaid/factsandfigures/factsandfigures.aspx, visited on 2021-10-09.

③ Kolping International, Annual Report 2018, https://www.kolping.net/en/news/annual-report-2018/, visited 2021-10-09.

④ 李楠、马庆钰:《中德政府与社会组织关系比较》,载《行政管理改革》2018年第1期。

有宗教背景网络组织的渠道之外，才是对发展领域 NGO 和人道主义应急的 NGO 的资助，有 2.95 亿欧元的投入。

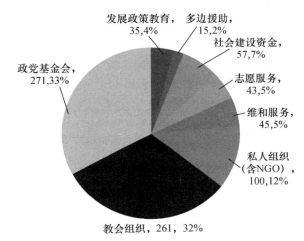

图 2-4 德国经合部 2017 年发展合作领域资金分配（单位：百万欧元）

资料来源：德国经济合作与发展部民间社会合作政策处（Division30—Policy issues of cooperation with civil society, private organisations）负责人 Florian Lewerenz 先生与课题组座谈时提供的资料。2018 年 12 月 12 日，波恩。

二、德国 NGO 参与官方发展援助的管理和支持体系

经过几十年的发展演变，德国逐步形成了一整套针对 NGO 参与官方发展援助工作的管理、支持和评估体系。这套体系根植于德国的政治体制和社会发展的土壤之中，又带有浓厚的德国特色。图 2-5 直观地呈现了在德国官方发展援助中经合部与其他几个主要的实施机构在政策制定和项目执行的角色。德国经合部毋庸置疑起到了全局的管理者角色，以 GIZ 为代表的一批公益性质有限责任公司和研究机构是技术援助的主要实施方，以 KfW 等为代表的发展投资银行和金融机构则是援助资金主要的管理方。

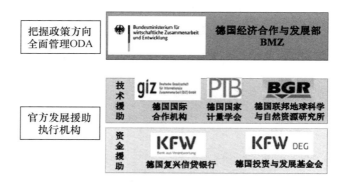

图 2-5 德国官方发展援助中主要负责机构的职能和角色

资料来源：C. Hartmann et al., *Country Portfolio Reviews：A Tool for Strategic Portfolio Analysis in German Development Cooperation*，http：//www.oecd.org/derec/germany/germany-deval-2019-Country-Portfolio-Reviews.pdf，visited on 2021-10-09。

（一）德国经合部是 NGO 参与发展援助的政策制定者

经合部是德国最主要的负责管理政府对外援助资金的部门，也是德国管理、指导和支持 NGO 参与发展援助工作的主责部门。近年有超过 70％ 的对外援助资金经由经合部负责分配使用。德国经合部下设七个司，第五司（Displacement; crisis prevention; civil society）负责移民安置、灾害预防及民间社会合作，其中设有五个处室（Directorate 51, Division 510-514）专门负责民间社会合作政策、各类 NGO 合作管理、全球参与、国际志愿者项目、地方政府与 NGO 的合作关系建设，以及发展政策倡导和教育等具体内容。[①]

（二）专门机构负责对 NGO 参与发展援助提供技术服务和过程监管

德国对外援助项目的实施和监管模式可称为"分包委托制"，即德国经

---

① Organisational Chart of the Federal Ministry for Economic Cooperation and Development，https：//www.bmz.de/resource/blob/35074/103ea679054816adb77fb2a9d1a2676b/Organigramm_englisch.pdf，visited on 2022-05-09。

济合作和发展部承担政策制定者的角色，同时成立专门机构负责具体对外援助项目执行和技术服务，形成了政策制定和执行明确分隔的管理模式。

GIZ 为德国政府全资国有公司，在全世界范围内致力于落实德国的国际发展政策及管理发展援助资金，并推动政府间或商业领域的发展合作。德国经合部是 GIZ 的主要委托人，此外，GIZ 也受德国其他承担对外援助和发展合作的政府部门、其他国家政府，以及国际组织（比如欧盟、世界银行、亚洲开发银行）等委托进行技术合作和发展援助。另外，GIZ 还接受一些来自私营企业委托开展的国际合作项目。GIZ 的发展援助策略中，并没有专门向 NGO 提供资助的项目。但 GIZ 在全球开展发展援助的技术合作和项目运行时，将 NGO 与私营企业、大学和科研机构等众多合作伙伴一样，视作平等的参与主体之一。当 GIZ 公开招标项目时，本着"谁有能力谁获得资助"的原则，NGO 有机会和其他各类商业或公共机构公开竞标。[①]

近年来，德国还进行了一系列机构改革和重组，充分发挥德国 NGO 在发展援助中的角色，提升政府对 NGO 参与的支持效率。2012 年成立的全球参与行动（Engagement Global gGmbH—Service für Entwicklungsinitiativen）[②]，为德国联邦政府发起成立的非营利公益性组织，与 GIZ 并列成为德国经合部在全球推进发展援助工作的两个主要执行机构，其工作人员并非政府公务员，而是由支持和管理 NGO 在全球参与发展援助工作的专业技术人员组织。

全球参与行动由德国经合部主管，具体由 512 处（civic engagement, volunteer and exchange programmes, engagement global）负责协调与管理。这个组织将过去德国经合部通过不同渠道为民间 NGO 提供的各种支持、服务和监管整合起来，同时作为民间社会参与发展合作的中央联络机构，为公众、NGO 和地方当局提供发展合作相关的支持和建议。相比 GIZ 主要关注合作伙伴国家的技术合作和能力建设，全球参与行动则更为关注国内发展政策倡导和教育、鼓励公民参与发展援助工作，以及支持和管理 NGO 运用德

---

① 与 GIZ 中国办公室投资部经理 G 的访谈记录。2016 年 10 月 28 日，北京。

② "Engagement Global"尚未有正式的中文名称，中文名"全球参与行动"为笔者译。

国发展援助资金开展项目。①德国经合部期望将全球参与行动打造为"一个焕发活力和生机的平台,以推动实现民间NGO参与的多元协同"②。

全球参与行动下设部门"Bengo"(advice centre for non-governmental organisations)则在德国经合部的财政支持下,具体承担着为NGO参与发展援助提供技术服务的职责,包括在其官网上披露德国ODA资助计划、申请资格及申请信息;通过组织培训及对拟申请机构提供一对一咨询等能力建设活动,提升德国民间NGO设计和管理国际发展合作项目的能力;评估项目申请书质量并协助NGO进行修改和完善;以及在德国经合部批准资助项目后,管理资金拨付并监督NGO项目实施效果。③目前,全球参与行动对NGO的支持和管理已经全部实现在线化和数字化。所有的资金申请信息、申请过程填报的所有资料,以及资助结果及过程性报告,均可以在全球参与行动的网站和应用上实现。Bengo还在积极推动PAM(Prozess und Antragsmanagement)计划,即无论何类申请机构申请何种项目资助,均需只填写一套申请材料。这一计划的优势在于,对于外部申请者来说缩减了申请不同类型不同规模项目所需时间,对于内部审核者来说,则意味着可以用更为结构化的视角对项目申请材料进行快速评估。

(三)发展领域的网络组织是与政府对话及行业协同的重要力量

从20世纪90年代开始,发展援助中NGO联合与协同的重要性,以及由较大型平台网络或伞状组织代表规模较小组织与政府协调的必要性愈加受到重视和认可。经过近30年的发展,至今德国已有较多在联邦、州和地方层面运作的网络组织。于1995年成立的德国发展与人道主义援助组织协会(VENRO)是代表发展领域NGO的伞形组织,也是代表其会员组织与政府协商的国家级平台机构。截至2020年,VENRO共有138

---

① J. Nepicks, Civil-oriented Administrative Simplification in German Development Cooperation: A Case Study on Engagement Global GGMBH-Service für Entwicklungsinitiativen, 2015.

② Federal Ministry for Economic Cooperation and Development, Participating, Engaging, Making A Difference. Strategy on Working with Civil Society in German Development Policy, http://www.bmz.de/en/publications/publication_date/2013/index.html, visited on 2021-10-09.

③ 与Engagement Global的CEO及主要部门负责人的座谈。2018年12月12日,波恩。

个成员，既包括发展领域的大型 NGO，也包括一些由较小规模 NGO 组成的网络型组织，如德国 NGO 网络和"一个世界"网络等网络型组织①，通过以上渠道，VENRO 覆盖了德国国内近 2000 个发展领域的 NGO。

一方面，VENRO 因其在发展政策和人道主义援助方面的专业能力和在国内外的影响力而受到德国政策制定者的信赖；另一方面，VENRO 带领协会内的会员组织开展了一系列颇有成效的人道主义援助。VENRO 还能很好地利用自身在政府和 NGO 两个阵营中的影响力，促进联邦政府与 NGO 开展对话，制定更有利于 NGO 的资助政策。②但近年来，也有批评指出，VENRO 代表了多数大型 NGO 的声音，而对小型组织的信息反馈不足。③

▶ 案例分析：支持 NGO 参与官方发展援助的伞形组织——VENRO

德国发展与人道主义援助组织协会（VENRO）成立于 1995 年，从成立之初的 57 个组织到今天的 138 个组织，致力于推进全球公平、正义和可持续发展。由成员机构按领域组织的工作小组是 VENRO 运行的核心机制。目前，138 个成员组织共组成包括"2030 议程"、残疾与发展、全球学习、社会性别、儿童权利、卫生与健康、气候变化与发展、全球可持续发展政策等 13 个工作组。在 VENRO 的协助下，各个主题小组的 NGO 成员们能获得及时的战略方向、赠款信息，以及联合起来共同与德国经济合作部、德国外交部、欧盟等官方发展援助资金的主要资助者开展对话。

VENRO 健康和卫生工作组在推动德国联邦政府制定全球卫生战略中发挥了重要的作用。2014 年西非埃博拉疫情暴发后，全球卫生问题成为国际政治议程的重点关注领域。"2030 议程"的可持续发展目标三是关于确保所有人健康生活并促进其福祉的目标。德国联邦议会成立了全球健康

---

① 德国 NGO 网络和"一个世界"网络均为德国国内规模较大的网络型组织，这两个网络型组织代表更多的小规模 NGO 参与到发展援助工作中。

② VENRO Strategy 2017 – 2022, https: // venro.org/fileadmin/user_upload/Dateien/Dateien/Publikationen/VENRO-Dokumente/Strategie2017-2022-eng_02.pdf, visited on 2019-08-30.

③ S. Engel, Germany's Government-Civil Society Development Cooperation Strategy: The Dangers of the Middle of the Road, *Cosmopolitan Civil Societies: An Interdisciplinary Journal*, Vol.9, No.1, 2017, pp. 42-59.

委员会，VENRO 的健康和卫生工作组联合相关领域的 NGO 共同推动和参与了联邦议会全球健康委员会的持续对话和圆桌会议。全球可持续发展工作组与德国环境发展论坛共同协调组织了"面向 2030 年的网络平台"，联动全球 25 个包括环保、社会政策、文化、和平与发展等领域的协会和社会组织，就 NGO 参与"2030 议程"开展政策倡导进行国际交流和对话。2018 年，VENRO 还作为德国政府代表团的一员参加了"2030 议程"高级别对话，在国际舞台上代表所有成员组织发表倡议。

2018 年度 VENRO 的总收入为 200 万欧元，其中 48% 来自德国联邦政府的公共财政预算，包括全球参与行动捐赠的 77.7 万欧元（来自 BMZ 的 ODA 资金）。另外还有欧盟委员会捐赠的 14.3 万欧元，以及德国外交部捐赠的 4.6 万欧元。

资料来源：https：//venro.org/fileadmin/user_upload/Dateien/Daten/Publikationen/Jahresberichte/VENRO_Jahresbericht2018_DIGITAL_Barrierefrei.pdf，2021 年 10 月 12 日访问。

除了 VENRO 以外，德国还有许多规模较小的 NGO 网络，存在于州一级或是更基层，甚至在同一个州有存在竞争关系的多个网络。比如在巴登-符腾堡州，由当地 NGO 发起成立的巴登-符腾堡 NGO 联合会（Dachverbands Entwicklungspolitik Baden-Württemberg），以及于 1991 年由州政府发起成立的巴登-符腾堡州基金会（Stiftung Entwicklungs-Zusammenarbeit Baden-Württemberg）。

三、德国 NGO 参与官方发展援助的资质和监测评估

德国对参与官方发展援助 NGO 的资质要求较高，并设有严格的资金监管和审计，以确保资金在预算和使用全流程的透明和高效。德国还通过第三方独立评估机构和鼓励受援助国的合作伙伴参与效果评估等多种方式，以保障发展援助工作的有效性。

(一) 参与发展援助项目的 NGO 资质认定

德国的《社会法典》对 NGO 提供公共服务有四点明确要求：一是具备提供相关社会服务的必要能力和设施；二是有完善的治理结构、财务状况良好，确保资金的使用效率；三是拥有当地地方政府所不具备的资金或者技术资产；四是确保所提供的公共服务符合德国宪法准则。这些法律条款一直被视为政府委托 NGO 提供公共服务的资质认定标准。① ODA 资助的 NGO 除在满足上述基本要求的基础上，还有一些更为细致具体的要求：

首先，德国政府要求发展援助资金所资助的机构必须是在德国国内注册的 NGO；其次，要求 NGO 开展发展援助项目的服务对象必须是贫穷人群，或是项目主要目标必须与消除贫困相关；再次，要求该 NGO 具备在发展中国家开展项目并与受援国当地 NGO 合作的经验；最后，德国对所资助的 NGO 还有一个特别的要求，即要求申请机构必须提供项目整体预算的 25% 作为配套资金,②以加强 NGO 对所实施项目的拥有感和责任感。另外，如果申请的 NGO 能通过合作伙伴资质评估，则可能较快地获得资助。③

NGO 在二战后的联邦德国更多地被视为民生福利供给的补充提供者，并获得了政府在资源分配上的倾斜。而在政府认为非重要的领域，NGO 的发展在很大程度上取决于社会支持与私营部门的支持，对会费收入和服务收入的依赖程度很高，从而导致德国 NGO 从事社会服务和卫生健康服务的比例要远高于其他国家，且在经费上严重依赖政府公共财政支持。而在文化与娱乐、行业与职业利益代表、国际活动、教育与科研等领域 NGO 的活跃程度远不如其他国家。④德国是由 16 个州组成的联邦共和国，每个州甚至是自治市都有自己的援助计划，由各自的财政支撑。州和自治

---

① 吕孝礼、潘宇舟:《德国非营利组织参与提供公共服务对我国的启示——以社会政策领域为例》，载《中国行政管理》2016 年第 10 期。
② 唐丽霞、武晋:《德国农业援助：战略、机构设置和途径》，载《德国研究》2016 年第 2 期。
③ 蔡礼强、刘力达:《发达国家社会组织参与对外援助的制度吸纳与政策支持——基于美英德日法五国的比较分析》，载《国外社会科学》2019 年第 5 期。
④ 张网成、黄浩明:《德国非营利组织：现状、特点与发展趋势》，载《德国研究》2012 年第 2 期。

市对援助政策的参与，有利于民众更了解、更支持联邦层面的援助政策，起到"面向公众推行发展教育"的作用，也影响了德国对外援助资金更倾向于支持德国本地的 NGO。

（二）德国发展援助的评估体系

近年来，德国对其官方发展援助的评估体系进行了新一轮改革。目前在德国经合部有专职部门负责政策发展援助的数据和有效性监测，但该部门基本停止开展针对某一项目或援助议题的评估，而是把对于具体项目的监测评估的职责分配给了 GIZ、KfW 等援助项目的主要执行方，通过与 GIZ、KfW、OECD-DAC 数据统计处等部门的数据交换和汇集，实现了对核心数据的收集和分析。针对评估体系改革的另一措施，则是加强对德国发展评估研究所（German Institute for Development Evaluation，DEval）的支持，通过机制化设计强化了开展独立评估的重要性和可行性。在目前的设置中，德国发展评估研究所是独立于 BMZ 的实体机构，其咨询委员会包括来自议会、学术界和民间社会的成员，有效保证了德国发展评估研究所开展工作的独立性。GIZ 的评估部独立于 GIZ 的运营业务，可灵活地对 GIZ 开展的技术合作项目的效果、实施过程等开展监测评估工作，结果直接向 GIZ 的董事会报告而无须反馈给接受评估的项目部门。KfW 的评估部主要致力于对项目开展结项评估，同样，评估部主任直接向 KfW 董事会成员报告，这一报告程序的设置在一定程度上保障了评估的独立性，确保了援助项目质量的监控效果。各机构也建立了良好的合作和协同评估机制，德国发展评估研究所在自行开展独立第三方评估以外，会联合 GIZ、KfW 等机构的评估部门共同就某一援助资金效果开展跨区域、跨领域的联合评估，以及通过对 GIZ、KfW 等机构的评估结果开展进一步数据挖掘和荟萃分析（meta-analysis），以获得更为宏观综合的评估结论。GIZ、KfW 等机构的内部评估部门，则主要监督和评价本机构所开展项目的实施效果，但也有义务将本机构的评估报告和项目数据提供给德国发展评估研究所进行分析和比对。

世界经合组织发展援助委员会于 2018 发布的对德国近年来回应 2015

年OECD同侪评估所出问题跟进状况的中期评估报告中，肯定了德国加大对官方发展援助的监测评估的进展，认为德国对德国发展评估研究所与整个官方发展援助评估体系的改革，不但为发展援助注入了崭新的评估理念，更在采用更为严谨而创新评估方法上有重要突破①，特别提到由德国发展评估研究所基于KfW和GIZ开展的513项评估报告的数据开展的一项荟萃分析②，这项着眼"2030议程"评价德国发展合作可持续性的研究，目的是对德国发展合作中评估可持续性的做法进行首次全面而系统的调查，也为德国实施"2030议程"提出一个评估框架。

▶ 案例分析：独立的第三方权威评估机构——DEval

德国发展评估研究所（DEval）是由德国经合部于2011年发起成立的非营利性有限责任公司（gGmbH）。该组织通过对发展合作措施的有效性和可持续性进行战略评估，推进发展领域的科学评估指标和评估方案的运用，在研究和实践领域与国内外行动者建立联系，并以评促建提升受援国政府和民间社会的评估能力。

德国经合部有专门部门负责DEval的日常行政管理和预算审批等管理工作。DEval制定独立的年度预算，由德国联邦议院在年度预算会议中确定，再从德国经合部的部门预算支付给DEval。尽管看起来DEval受到德国经合部的管理，很难体现其独立第三方的角色。但实际上，DEval在评估工作上的专业性和独立性是由其机构章程来保障的。只有当DEval的评估体现出了专业、严谨和独立的时候，经合部才会认可评估的有效性。

DEval每年度的项目评估计划由德国经合部、DEval内部提案，结合社会比较关注的领域来共同确定，所评估的项目也基本上是德国发展援助的重点领域、国家战略方向，以及重大执行机构的合作模式和绩效。如近期正在进行的对德国发展合作中应对气候变化的投资组合效果的战略评估

---

① Germany Mid-term Review，https://www.oecd.org/dac/peer-reviews/Germany-2018-Mid-term-review.pdf, visited on 2021-10-09.

② M. Noltze et al., *Sustainability in German Development Cooperation: Meta-evaluation*, German Institute for Development Evaluation (DEval), 2018.

项目、在脆弱和冲突国家及地区开展的推动性别平等的项目评估、对德国在脆弱国家和地区推动的各项发展合作项目的综合效果评估，以及对全球参与行动成立 5 年来推进民间社会参与国际发展援助的模式有效性评估等。另外，DEval 有时也会对德国发展援助资金在某一受援国的项目效果及援助模式进行评估，比如 2019 年开展的针对缅甸的经济可持续化发展援助项目评估，该评估除了对缅甸"可持续经济发展"具体方案的效果进行考察以外，还着重讨论了如何在"2030 议程"范围内改进德国发展合作项目影响力评估前期指标设计等问题。

资料来源：https://www.bmz.de/en/ministry，https://www.deval.org/en/home.html，2021 年 10 月 12 日访问。

（三）科学严谨的评估工具

1. 确定援助资金重点领域和国别的"前置评估"

德国对发展援助资金在全球范围内的配置采取严格的"前置评估"。这是基于对一个国家的经济和社会发展的研究、德国驻外使馆的报告、国际指标和评估，以及项目官员的知识和工作背景，制定出发展援助战略重点方向。国别资助计划和优先的资助主题则要依据"标准目录"逐项进行严格审查，以确保 ODA 资金配置的价值取向和资助重点符合德国的外交战略。例如，德国经合部制定的消除绝对贫困、解决难民问题、提升部分非洲国家健康服务、促进全球公平发展等重点领域计划，就是经过此类"前置评估"后设定的资助议题和重点国别。

为更为科学、高效地帮助德国经合部及相关实施机构制定国家战略和具体行动策略，确保经合部制定的双边投资和合作发展战略符合双方国家最大利益，DEval 开发了一整套战略投资组织分析工具，其中有专门用以指导如何筛选重点国家、制定国别援助计划的指导流程。[①] 如图 2-6 所示，

---

① C. Hartmann et al., *Country Portfolio Reviews: A Tool for Strategic Portfolio Analysis in German Development Cooperation*, German Institute for Development Evaluation (DEval), 2019.

在制定双边国家援助战略中，经合部负责该地区的部门为主要牵头单位，讨论和起草战略的全过程中邀请各个利益相关方共同参与，除了邀请经合部内部相关部门和经合部国际办事处以外，还将具体的实施机构，包括 GIZ 以及基金会、NGO 等，通过多轮研讨而最终确定下来。在确定国家战略后，还必须制定配套的质量评估机制、与合作伙伴的定期对话机制，以及细化的项目实施目标和流程等操作性方案。

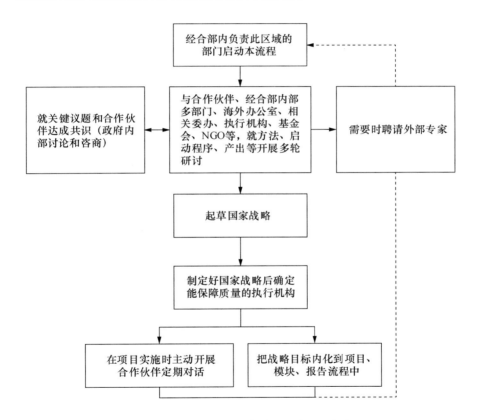

图 2-6　德国国别援助计划制订流程示意图

资料来源：C. Hartmann *et al.*, *Country Portfolio Reviews：A Tool for Strategic Portfolio Analysis in German Development Cooperation*, German Institute for Development Evaluation (DEval), 2019, p. 31。

2. 国别评估的半结构化问题清单

为进一步帮助德国经合部在国别战略制定过程获得真实可信的决策依据，战略投资组织分析工具（Country Portfolio Reviews）中设计了一个半结构化的问题清单。这个问题清单包括三个关键性问题，每个问题之下还有用以拓展和收集更丰富信息的问题子集。通过这种半结构化的问题梳理工具，使得经合部所制定的各个国家之间的战略在技术层面上具有可比性，从而也成为经合部内部制定更宏观的双边援助和多边合作发展战略的重要参考。

表 2-1　国别评估的半结构化问题清单

关键性问题	问题子集
问题 1： 伙伴国（受援国）当前的需求和未来趋势是什么？政府、民间社会和捐赠国在多大程度上解决或回应了这些需求和趋势？	1.1　当前国家的情况如何？伙伴国（受援国）在未来几年中将出现哪些主要的发展趋势？ 1.2　伙伴国（受援国）政府目前最关注哪些领域的优先议题？在多大程度上回应和强调基于"2030 议程"的发展重点？ 1.3　从促进发展的趋势来看，民间社会和私营部门的行动者在伙伴国（受援国）发挥着怎样的作用？ 1.4　捐赠国在发展趋势方面起什么作用？
问题 2： 德国在发展援助方面的角色和作用在伙伴国（受援国）中表现如何？迄今为止，德国在该国的投入中获得了哪些重要的经验和教训？这些经验和教训与"2030 议程"的相关性如何？	2.1　经合部在合作伙伴国家/地区（受援国/地区）的综合表现如何？其战略定位、管理方式是什么？经合部在当地开展的一系列工作是否与德国官方发展援助全球和区域战略相吻合？ 2.2　当前经合部在该合作伙伴国家/地区（受援国/地区）所开展的综合性工作的优势和挑战分别是什么？ 2.3　德国在该合作伙伴国家/地区（受援国/地区）开展的工作与实现"2030 议程"在发展和改革等方面有哪些相关性？
问题 3： 基于实现"2030 年议程"的目标，为德国在伙伴国（受援国）的全面投入战略可以提出哪些结论和建议？	3.1　从以上两个关键问题的回答中，可以提出哪些有关德国在伙伴国（受援国）全面投入策略的结构性的改善建议？ 3.2　对今后制定德国在伙伴国（受援国）的全面双边投资和发展援助战略有哪些建议？还有哪些（潜在的）优先领域？

资料来源：C. Hartmann *et al.*, *Country Portfolio Reviews: A Tool for Strategic Portfolio Analysis in German Development Cooperation*, German Institute for Development Evaluation (DEval), 2019, p.40。

3. 在发展决策中引用新兴科技评估方法

除上述提到的荟萃分析等科学评估以外，近年来，空间信息获取质量和可及性的提高，也为发展领域的战略评估引入新的技术方法。地理数据（Geographic Data, Geodata）成为近年来较受关注的工具之一。地理数据评估方法的使用范围从简单的空间特征映射，使用复杂地理空间影响评估方法（Geospatial Impact Evaluations, GIE），既能体现简单的空间特征，也能呈现出复杂的地理空间因果关系，该评估工具在发展援助领域适用范围较广，涵盖气候变化、基础设施建设、地区冲突、贫困分布等比较广泛的主题。特别是当要评估的对象具有比较清晰的空间维度时，地理数据可为环境变化构建一套完整的客观指标体系，具有明显的优势。另外，地理数据较高的成本效益，还体现在可以对比较偏远的或是危险地区进行评估，并且能够回顾性地收集过往资料以建构起基线数据。并非所有评估都需要引用地理数据，DEval 开发了一套"地理数据决策树"（Geodata Decision Tree）的评估工具，以区分评估中引用地理数据评估的价值与意义，并阐释了推进地理数据评估的关键性步骤。图 2-7 呈现了地理数据决策工具的应用程序，特别提出，要对评估目标和目前掌握的空间信息数据质量进行客观评估后，再决策是否要引入地理空间数据评估方法，切不可冒进。在分析过程中，也要注重对样本空间的采样、配准、建立科学的统计模型以及进行相关性和因果分析。

4. 重视对受援国合作伙伴的评估能力建设

德国的发展援助还特别重视项目合作伙伴的评估能力建设，DEval 认为，监测评估不但可以对项目成效进行客观评估，更重要的是，监测评估还是有效的项目管理工具。因此，通过提升合作伙伴国家在援助项目评估方面的能力，从长远来看可以确保援助项目实施的效果。因此，DEval 的另外一个主要工作领域就是推动伙伴国家评估能力的提升，从当地的专业评估人才培养、合作机构评估能力提升，以及合作伙伴国科学评估理念的倡导等三个维度推进评估能力发展。通过评估项目创造培训机会，使当地合作伙伴先接受关于评估的培训，再有机会参与到评估的设计和实施当

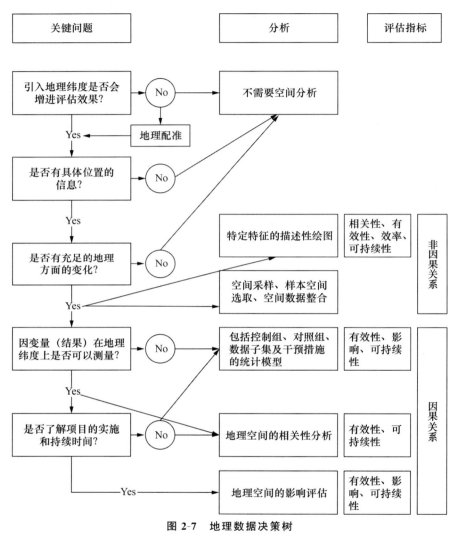

图 2-7 地理数据决策树

资料来源：DEval Policy Brief, The Geodata Decision Tree: Using Geodata for Evaluations, https://www.deval.org/en/publications/policy-brief-the-geodata-decision-tree-using-geodata-for-evaluations, visited on 2021-10-09。

中，提升其评估能力。项目评估中，还通过"参照组"方式，由来自德国的评估专家组与来自项目所在国研究院所的专家组成评估组，在项目的各个环节共同支持项目的评估工作。德国经合部还积极支持伙伴国发展和提升自身的评估能力，并向所在国的政府部门、大学和 NGO 提供能力建设的培训。

DEval 还为伙伴国提供监测评估专业咨询服务，开展以提升评估能力为目标的援助合作项目，实现对该国整体性评估系统的开发和支持。例如，评价能力建设（Fomento de Capacidades en Evaluación，FOCEVAL）项目是由 DEval（在经合部的委托下）与哥斯达黎加国家计划和经济政策部合作开展的援助项目，旨在提升哥斯达黎加和拉丁美洲部分国家的评估能力，加强评估在决策中的作用，并且通过建立与拉丁美洲和加勒比海地区对提升评估能力有浓厚兴趣的多个国家之间的评估网络，促进整个地区评估能力的发展。①

（四）严格的审计监督

德国对于资金审计极为严谨规范，国家审计署、州审计署以及由官方指派的审计事务所等均会对发展援助资金的使用情况进行严格审计。德国联邦预算法明确规定了对所有联邦预算的使用效率（efficiency）及成本收益（costs and benefits）进行监管和评估，其中就包括大多数国际援助资金，而要开展评估的成本收益也包括相对难以量化的社会收益和成本（social benefits and costs）。②

对于发展援助项目的效果评估，特别注重项目关键结点的资金使用情况与项目申请书中的活动计划、预算结点等细节的对应和落实情况。因此，很多获得发展援助资金资助的机构，均成立一个有专业的财务和审计专业人员组成的团队来管理资金的使用和应对政府指定审计部门的检查。

---

① Evaluation Capacity Development in Selected Countries in Latin America—FOCEVAL，https://www.deval.org/en/projekt-foceval.html，visited on 2021-10-09.

② M. Palenberg，Tools and Methods for Evaluating the Efficiency of Development Interventions，http://www.bmz.de/en/what_we_do/approaches/evaluation/Evaluation/methods/index.html，visited on 2021-10-09.

第三章　美国 NGO 参与官方发展援助的扶持与监管体系

美国是国际 NGO 最发达的国家，也是 NGO 参与官方发展援助最活跃的国家之一。根据经济合作与发展组织的统计，2019 年，美国官方发展援助中，有近 20% 的资金是通过 NGO 实施的。[①] 可以说，在对外援助方面，NGO 是美国政府非常重要的合作伙伴。

一、美国对外援助政策的背景与现状

美国对外援助的系统化形成于第二次世界大战结束之后，其以无偿或优惠的条件向受援国（包括发展中国家、对美国具有战略重要性的国家以及从战争中恢复的国家）提供资金、物资等援助，帮助受援国经济和社会发展。美国对外援助可以分为五类：双边发展援助、经济援助、人道主义援助、多边经济发展援助和军事援助。[②]

第二次世界大战结束后，《援助希土法案》（Assistance to Greece and Turkey）、"马歇尔计划"（The Marshall Plan）、"第四点计划"（Point Four Program）相继提出，美国的对外援助体制逐步建立，这一时期的对外援助主要为经济和技术援助。1948 年，经济合作署（Economic Cooper-

---

① Aid for Civil Society Organisations Statistics Based on DAC Members' Reporting to the Creditor Reporting System Database (CRS), https://www.oecd.org/dac/financing-sustainable-development/development-finance-topics/Aid-for-CSOs-2021.pdf，visited on 2021-10-09.

② Curt Tarnoff & Marian Leonardo Lawson, Foreign Aid: An Introductory Overview of U.S. Programs and Policy, Congressional Research Service Report, 2005, p. 38.

ation Administration，ECA）成立，负责执行美国的对外援助项目。

美国于 1951 年通过《共同安全法》（Mutual Security Act，MSA），成立共同安全署（Mutual Security Agency），接管了 ECA 的对外援助工作，此后援外事务管理署（Foreign Operations Administration）、国际合作署（International Cooperation Administration）相继建立并接棒外援事务。① 1961 年，肯尼迪总统签署《对外援助法案》（Foreign Assistance Act，FAA），该法案成为美国实行对外援助的重要依据。同年，美国国际开发署（U. S. Agency for International Development，USAID）成立，全面接管各项美国外援职能。USAID 是美国国务院主管的、独立的联邦机构，作为美国对外援助政策最主要的执行机构之一，至今仍管理着美国大部分对外援助项目，负责美国大部分非军事性对外双边发展援助项目，也包括对美国 NGO 参与对外援助进行资助和管理。② USAID 直接管理的援助项目有："发展援助"（Development Assistance）、"国际灾难援助"（International Disaster Assistance）、"转型计划"（Transition Initiative）、"复杂危机基金"（Complex Crisis Fund）、"发展信贷授权"（Development Credit Authority）以及部分"全球卫生项目"（Global Health Programs）。③

到目前为止，美国对外援助的资金总量依然在全球处于领先地位，根据经济合作与发展组织的数据，2019 年，美国援助发展中国家的资金总量为 1480.83 亿美元，虽然比往年有所下降，但在 28 个发展援助委员会（Development Assistance Committee，DAC）成员国家（欧盟不纳入本文统计）中仍位列第一，约占全球对外援助总量的 36%。④ 其中，美国外援

---

① 桑颖：《美国对外援助中的私人志愿组织》，中共中央党校国际战略研究所 2010 年博士学位论文，第 53 页。
② 邓国胜、王杨：《中国社会组织"走出去"的必要性与政策建议》，载《教育与研究》2015 年第 9 期。
③ Curt Tarnoff & Marian Leonardo Lawson，Foreign Aid：An Introductory Overview of U. S. Programs and Policy，Congressional Research Service Report，2005，p. 38.
④ Total Official and Private Flows，https：//data. oecd. org/drf/total-official-and-private-flows. htm#indicator-chart，visited on 2021-10-09.

资金中的官方发展援助为 314.38 亿美元,[①] 占美国外援总量的 21%,其他官方资金（Other Official Flows,OOF）为 3.11 亿美元,私人资金为 778.869 亿美元,私人资金的 48% 来自私人机构和 NGO,其他来自公众捐赠等。可见,美国 NGO 参与国际援助的途径是多样化的,NGO 参与官方发展援助只是美国 NGO 参与国际援助的一种方式,大量 NGO 参与国际援助工作,并不是依靠 ODA 的资金。实际上美国 NGO 参与国际援助的大部分资金来自公众捐赠、基金会捐赠、企业捐赠、NGO 和其他私人机构的资助。

二、美国对外援助中 NGO 参与的情况

（一）参与概况

NGO 是美国开展对外援助的重要参与机构。通常,这类 NGO 在 USAID 希望援助的领域从事服务提供工作,它们往往具有独特的优势与能力,可以补充政府方面的不足。因此,USAID 与 NGO 的合作是全方位的。2018 年,美国通过 NGO 开展的对外援助资金约达 68.41 亿美元。[②] 美国 ODA 资助 NGO 的比例和金额在 DAC 成员国中居于前列（见图 3-1）。

1. 美国 ODA 资助 NGO 的主要方式及流向

美国 ODA 主要通过两种方式资助 NGO：一是直接补贴 NGO 并由 NGO 决定资金用途（Aid to CSOs）,2012 年这类资金总额为 0.28 亿美元,2015 年下降为 0.01 亿美元,2017 年为 0.02 亿美元,2018 年为 0.05

[①] OECD International Development Statistics,https://www.oecd-ilibrary.org/development/data/creditor-reporting-system/aid-activities _ data-00061-en? parent = http%3A%2F%2Finstance.metastore.ingenta.com%2Fcontent%2Fcollection%2Fdev-data-en,visited on 2021-10-09.

[②] 资料来源：https://stats.oecd.org/Index.aspx? DataSetCode=crs1,2021 年 10 月 9 日访问。

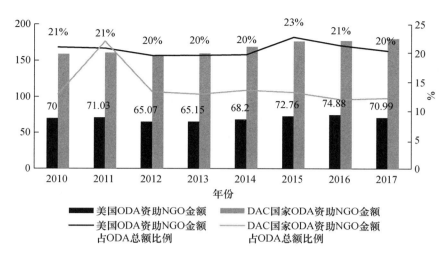

图 3-1　美国 ODA 与 DAC 国家 ODA 资助 NGO 金额及其占 ODA 总量比例（单位：亿美元）

亿美元，到 2019 年又增长到 0.06 亿美元（见图 3-2）。[①]该部分资金也包括捐赠给国际组织（如联合国体系的机构）的资金，在特朗普执政期，该部分资金被大幅削减。

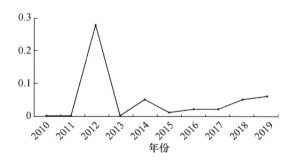

图 3-2　2010—2019 年美国官方发展援助直接补贴NGO 资金变化曲线（单位：亿美元）

二是资助 NGO 开展政府指定的项目或计划（Aid channeled through

[①] 资料来源：https://stats.oecd.org/Index.aspx?DataSetCode＝crs1，2021 年 10 月 9 日访问。

CSOs），2012 年这类资金总额为 67.58 亿美元，2016 年增长为 78.14 亿美元，2017 年为 74.01 亿美元，2018 年为 68.35 亿美元，2019 年为 65.35 亿美元（见图 3-3）。①

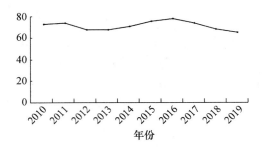

图 3-3　2010—2019 年美国官方发展援助资助 NGO 开展指定项目资金变化曲线（单位：亿美元）

从以上数据可以看出，USAID 有明确的目标和目的，而 NGO 可以申请完成这些目标和目的。一般，这种方式又存在赠款机制和合同机制等。赠款机制就是 USAID 和 NGO 会就一个"共同计划"（shared program）达成一致，双方有共同的目标，USAID 的资金旨在补充 NGO 从私人捐助者、基金会、私营公司等筹集的资金。USAID 会限制其自身在管理方面，包括批准年度工作计划、关键人事岗位的确定以及监督和评估等方面的参与，避免对 NGO 的过多干预，但 NGO 需要将开展活动的进展和效果向 USAID 报告。合同机制则是 USAID 直接通过合同来实施其自身计划的方式。通过合同的方式不仅可以阐明合同双方的目标、权利与责任，而且还可以界定一个项目将如何在 USAID 的直接监督下，以何种具体的方式实施。一般，USAID 会通过公开招投标或竞争性采购的方式来确定合同方，根据预期结果和预算选择能够为政府提供最佳价值的投标人。合同的投标人可以是营利性咨询公司或非营利性 NGO。在实践中，USAID 的经费通过赠款和合同的方式进行分配的比例大概各占一半。

---

① 资料来源：https：//stats.oecd.org/Index.aspx? DataSetCode=crs1，2021 年 10 月 9 日访问。

从被资助 NGO 的类型看，USAID 资助的 NGO 包括：基金会、地方性和区域性社会组织（Local Organizations）①、合作组织（Cooperative Organizations）② 和国际组织（International Organizations）等③。

从被资助组织的国别来看，2017 年美国 ODA 资助 NGO 的资金主要流向了四类组织：美国本土 NGO（52.54 亿美元）、国际 NGO（18.39 亿美元）、发展中国家 NGO（0.07 亿美元）和其他未披露该类资金数据的 NGO（3.01 亿美元）（见图 3-4）。

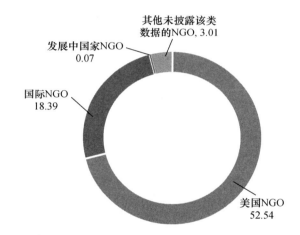

图 3-4　2017 年美国受 ODA 支持的 NGO 组织类型分布（单位：亿美元）

从项目目标来看，2017 年美国 ODA 双边援助资助 NGO 的资金主要流向了五大领域：社会基础设施及服务（54%）、人道主义援助（27%）、生产（14%）、难民援助（3%）和经济基础设施及服务（2%）。其中，资金流向最多的十大类项目分别为：人口政策与生育健康、应急响应、政府

---

① 此处的社会组织通常指受援国家与地区的机构，它们与 USAID 的合作方式是多种多样的。例如，它们可以直接执行或实施 USAID 的目标性任务，或者可以参与地方性工作项目的管理。USAID 会向地方性和区域性社会组织提供能力建设和宣传方案方面的支持，为它们参与 USAID 的项目提供健康的环境。

② USAID 也支持 NGO 通过其合作发展方案（Cooperative Development Program）等机制建立合作组织。

③ Non-governmental Organizations（NGOs），https://www.usaid.gov/partnership-opportunities/ngo，visited on 2021-10-09.

与市民社会、健康、食品援助、教育、农林渔业、难民援助、环境保护、社会基础设施及服务。

在美国，如果本土 NGO 希望参与对外援助，获得 ODA 的资助，需要在 USAID 注册，然后决定它们是否有资格申请 USAID 的资金。这类 NGO 通常也被称为"私人志愿组织"（Private Voluntary Organizations，PVOs）。不过，自 2019 年 8 月 30 日起，除了申请参加有限剩余财产计划（The Limited Excess Property Program，LEPP）和海运报销计划（The Ocean Freight Reimbursement Program，OFR）之外，[①] 私人志愿组织与 USAID 的大部分合作无须再以其注册登记为前提。修改之后的规定提高了私人志愿组织参与 USAID 项目的便利性。[②] 而在 USAID 成立前，私人志愿组织需要在美国国务院注册。因此，这里提及的参与美国对外援助的本土 NGO 可以理解为私人志愿组织。截至 2016 年 9 月 1 日，已有 485 家美国私人志愿组织、106 家国际私人志愿组织和 6 家合作发展组织（Cooperative Development Organizations，CDOs）在美国 USAID 获得了注册。私人志愿组织与政府有密切的联系，长期接受 USAID 资助。截至 2014 年年底，私人志愿组织在受援国广泛开展活动，足迹已遍布全球 186 个国家及地区，已经有 38% 的私人志愿组织收到了美国政府的财政或其他形式的资助，私人志愿组织的收入中，有 28 亿美元来自 USAID，另有 238 亿美元来自私人资金。[③]

[①] 有限剩余财产计划（LEPP）是致力于为私人志愿组织提供获得联邦过剩财产的机会，以支持它们在国外的人道主义援助和发展项目（资料来源：https://www.usaid.gov/local-faith-and-transformative-partnerships/limited-excess-property-program，2021 年 10 月 9 日访问）；海运报销计划（OFR）是致力于帮助获资助者将各种人道主义货物运到海外，是美国历史最久的私人志愿组织支持计划（资料来源：https://www.usaid.gov/work-usaid/get-grant-or-contract/ocean-transportation/ocean-freight-reimbursement-overview，2021 年 10 月 9 日访问）。

[②] Streamlining the Registration Process for Private Voluntary Organizations，https://www.federalregister.gov/documents/2019/07/31/2019-15685/streamlining-the-registration-process-for-private-voluntary-organizations，visited on 2021-10-11.

[③] Report of Voluntary Agencies: Engaged in Overseas Relief and Development Registered with the U.S. Agency for International Development，https://www.usaid.gov/sites/default/files/documents/1866/Volag2016.pdf，visited on 2021-10-09.

2. NGO 参与对外援助的历史演变

美国 NGO 参与对外援助的历史可追溯至第二次世界大战期间对战争幸存者和难民的人道主义援助。第二次世界大战时期，美国政府就发起成立了总统战争救济管制理事会（The President's War Relief Control Board），管理和协调 NGO 的对外援助活动。也就是说，尽管美国 NGO 的内部管理具有自主性，但总体而言，美国 NGO 与政府之间的关系是较为紧密的。第二次世界大战之后的"马歇尔计划"《共同安全法》都提及为 NGO 提供向欧洲运输物资的运费、减免物资进口税等，《农业法》《480 公法》提出将剩余农产品捐赠给 NGO，由其援助受援国。

随着 20 世纪 70 年代发展理论和以人为本发展理念的出现，《对外援助法案》于 1973 年修订，美国外援的主要方向由经济技术援助逐渐转向人类的基本需求，包括食物、人口、健康、教育、人力资源开发等。《对外援助法案》鼓励 USAID 通过 NGO 解决发展中国家贫困人群的问题。20 世纪 80 年代，随着受援国发生经济危机，美国外援又开始侧重于支持自由市场，如保持稳定的货币和金融体系。这一时期，美国 NGO 参与对外援助明显增加，参与外援的 NGO 数量持续增长，美国政府资助 NGO 参与外援也得以制度化。根据《对外援助法案》第 106 条，总统有权根据其决定的条款和条件资助美国私人志愿组织以及区域和国际发展组织的技术援助发展。根据 1985 年通过的《国际安全与发展合作法案》修订案（99-83 公法），1986 和 1987 财政年度的对外援助拨款应用于资助从事世界饥饿问题的私人志愿组织参与的农业、农村发展和营养方案，支持能源、私人志愿组织和选定的发展活动。具体而言，1986—1989 年，各年财政预算的 13.5%—16% 应用于资助私人志愿组织。此外，当《对外援助法案》或其他法案禁止美国向某受援国提供对外援助时，对于该法生效前美国私人志愿组织在该受援国开展的对外援助项目，总统有权在一年之内决定是否禁止该项目。

20 世纪 90 年代，美国对外援助的方向又一次转变，转向可持续性发展和民主。至 2000 年，灾后重建成为对外援助的新主题，美国 NGO 也开始转向重视发展援助，帮助受援国进行能力建设，其参与对外援助的资金来源也日渐丰富。

3. 美国 NGO 参与对外援助发展的趋势

近年来,美国对 NGO 参与官方发展援助进行了一系列改革。以往 NGO 参与 USAID 的官方发展援助项目首先必须注册为私人志愿组织,自 2019 年 8 月 30 日起,为了鼓励更多 NGO 参与对外援助,NGO 只有申请有限剩余财产计划和海运报销计划才需要注册,而且注册程序也有所简化。

与此同时,USAID 的资助战略也发生了一系列变化。如今,USAID 更注重扮演创投者的角色,注重孵化培育和帮助那些与 USAID 战略目标一致的 NGO 及当地组织提升能力、实现自立。2018 年以来,USAID 不断发展新的伙伴关系,提出改善项目设计、计划书征集方法以及授予机制,降低项目申请人的申请成本以及新申请人的申请障碍。在考核方面 USAID 将重视合规性转向以成果为导向,更多采用绩效考核、影响力债券、分期付款等新管理工具,降低项目风险,关注可测量的产出。在这一过程中,USAID 精简过去低风险、官僚化的采购流程,为执行单位和合作伙伴赋予更多权力。此外,USAID 愈加重视已完成项目的绩效评估,将已完成项目质量的提升作为新项目的关键评估因素,并与合作伙伴定期就其表现进行对话。截至 2018 年,这项工作的完成度已由 11% 提高到 87%。[①]

(二) 与 USAID 合作的主要 NGO

NGO 是 USAID 的重要合作伙伴,与 USAID 合作的 NGO 在美国被归类为 501(c)(3)组织或者是免税组织,包括研究机构(Research Institutes)、有宗教背景的慈善机构(Faith-Based Charities)和私立非政府团体(Private Non-Governmental Groups)等。通过与 USAID 合作,不仅可以为 NGO 带来资金,而且还可以获得技术专家、全国与国际性资源

---

① Acquisition and Assistance Strategy,https://www.usaid.gov/sites/default/files/documents/1868/AA-Strategy-02-04-19.pdf,visited on 2021-10-09.

关系网络，以及信用和名声等方面的好处。

USAID 主要通过赠款、合作协议和合同为 NGO 的实地工作提供资金。一些大型的 NGO 获得了官方发展援助中的大部分资金。

如图 3-5 所示，USAID 2018—2019 年的前十名资金接受者当中，有五家属于 NGO。

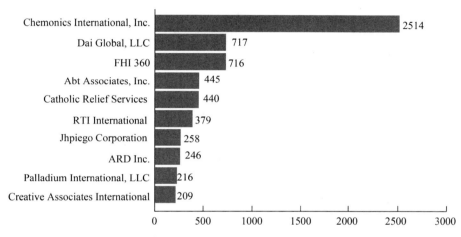

图 3-5　2018—2019 年 USAID 的前十名供资接受者（单位：百万美元）

其中，富士重工（FHI 360）是一家总部位于北卡罗来纳州，辐射全美以及全球 70 多个国家的人类发展组织。该组织成立于 1971 年，长期管理与人口和生殖健康有关的项目。2018—2019 财政年度，该组织从 USAID 获得了超过 7 亿美元的资金。①

天主教救济服务组织（Catholic Relief Services）是美国天主教社区的国际人道主义机构，总部位于美国马里兰州。该机构为非洲、亚洲、拉丁美洲、中东和东欧的 90 多个国家和地区的 1.3 亿人口提供援助。该机构在 2018—2019 年从 USAID 获得了 4.4 亿美元的资金。②

RTI 国际（RTI International）是一家总部位于美国北卡罗来纳州的独立非营利性研究机构，主要提供医疗保健、能源研究、社会和司法政

---

① 资料来源：https：//www.fhi360.org/，2021 年 10 月 9 日访问。
② 资料来源：https：//www.crs.org/，2021 年 10 月 9 日访问。

策、粮食安全与农业、教育和劳动力发展以及环境等领域的研究和技术服务，辐射亚洲、非洲、拉丁美洲以及加勒比地区和北美洲。在2018—2019财政年度，USAID 向 RTI 国际提供的资助超过3.7亿美元，其中一些获资助项目包括非洲电力公司以及国际技术和运营及专业支持服务，将在多个国家实施。①

杰皮戈公司（Jhpiego Corporation）是隶属于约翰斯·霍普金斯大学的国际性非营利性医疗机构，在2019年和2020年中，该组织已从 USAID 获得超过2.5亿美元的资助。②

国际创意协会（Creative Associates International）是一家注册于华盛顿哥伦比亚特区的非营利组织，专门从事教育、民主过渡和冲突后环境稳定方面的国际发展，该组织在全球20多个国家/地区设有办事处。在2018—2019财政年度，该组织从 USAID 获得了超过2亿美元的资助。③

在这些大型的枢纽型 NGO 中，有的也会将部分工程和服务分包出去。例如，非营利组织富士重工就有一个专门提供分包机会的网站，这些机会尤其会留给美国的小型机构。

三、美国 NGO 参与 USAID 工作的机制④

（一）美国 NGO 参与 USAID 工作的直接机制

USAID 对 NGO 的资助一方面是为其提供粮食、政府剩余财产、海运费补贴、军用飞机空间等；另一方面则是拨款资助 NGO 开展各项援外活动。USAID 开展工作的两种主要直接机制是政府购买契约项目和援助项目。NGO 同其他主体一样可以通过招投标或申请的方式参与 USAID 的

---

① 资料来源：https://www.rti.org/，2021年10月9日访问。
② 资料来源：https://www.jhpiego.org/，2021年10月9日访问。
③ 资料来源：https://www.creativeassociatesinternational.com/，2021年10月9日访问。
④ 资料来源：https://www.usaid.gov/，2022年5月27日访问。

项目。

1. 政府购买契约项目

政府购买契约项目，是指 USAID 为了自身的直接需要或战略目标，通过订立合同，向 NGO 或企业购买产品或服务（广义上包括货物、商品、设备和土地以外的其他形式的财产）。上文提及的为 NGO 提供粮食（粮食换和平计划）、政府剩余财产、海运补贴、军用飞机空间（丹顿计划）都属于政府购买契约项目。

在政府购买契约项目中，合同的限制通常都非常严格，必须按照美国国际开发署严格的指导开展活动，包括采购预算的批准等方面，美国国际开发署有很大的监督权。为了签订合同，USAID 通常会在官网发出招标书（RFP）或报价请求（RFQ），说明机构的要求以及 USAID 将如何评估和选择成功的要约人或投标人（www.sam.gov）。

2. 援助项目

援助项目是当前 USAID 资助 NGO 最主要的方式，USAID 通过援助项目为 NGO 提供资金、财产、服务等，以支持 NGO 开展对外援助项目。NGO 参与援助项目的方式是根据年度项目声明（Annual Program Statement）或申请需求直接提交申请。援助项目主要采取补助金/赠款（Grant）、合作协议（Cooperation Agreement）、领导伙伴奖（Leader with Associate Awards，LWA）三种形式。

（1）补助金/赠款项目

补助金项目与合作协议项目的不同之处在于 USAID 对项目的实质性参与程度不同。USAID 对补助金项目的参与较为有限。补助金项目中有两类项目较为特殊：第一类是简化补助金（Simplified Grant）项目，以成本补偿为基础，规模较小，不适用 USAID 补助金的标准条款，且在符合相应要求的情况下，USAID 可以提前拨款。简化补助金的要求包括：项目资助总额不超过简化补助最高值；在相关文件要求之外，项目执行方不购买任何商品或服务，不购买任何一个使用寿命超过一年，或金额大于5000 美元的物品；执行方已签署授权证书；执行方允许 USAID 在补助项目截止日期后三年内查阅相关记录，并且承诺退还收到的任何资金，以支付不符合补助金条款和条件的任何费用；项目下的所有费用均为直接费用时，才可实行简化补助金项目；当协议包含小额补助金中有关费用所适用的标准条款，或者完成补助金项目需要国际旅费及设备购置方面的支持时，合同官员可修改简化补助金的形式；项目必须根据相关文件要求接受审计。

第二类是定额补助金（Fixed Amount Awards）项目，是指 USAID 在不考虑项目产生的实际成本的情况下提供相应支持的一种资助协议，有效减少了 USAID 的行政审查负担。该类项目主要基于结果和绩效，资助金额的协商以成本原则或其他定价信息为指导，要求有具体的项目范围，且有足够的成本、历史或单位定价数据。USAID 通过受援机构的阶段性产出来确定资助目标的实现情况。除项目提前终止之外，政府不审查项目所产生的实际成本。

（2）合作协议项目

开展合作协议类项目时，USAID 会直接参与到项目中，需要批准申请人的实施计划及指派特定的关键人员。USAID 可建立并加入合作参与咨询委员会，向申请人提供建议，咨询委员会负责处理方案或技术问题，不涉足日常行政事务。申请人在分包、转让或将任何工作分包出去之前需取得 USAID 的批准。

（3）领导伙伴奖

领导伙伴奖是一类特殊的援助项目，USAID 首先向某一全球性项目授予领导奖（Leader Award），并允许特派团或其他办公室在不使用限制性资格的情况下，向领导奖获得者颁发一个或多个单独的奖项及伙伴奖（Associate Award）。伙伴奖通常支持不同地区的区域性活动，且不超出领导奖项目描述的条款和范围。USAID 授予领导伙伴奖时应保证该项目有足以完成项目描述活动的预算。USAID 需提交工具选择备忘录并详细说明授予领导伙伴奖的原因，包括：具体的可量化、可证明的经济规模或通过使用领导伙伴奖实现目标的时间。当领导伙伴奖的总上限（领导奖及所有伙伴奖）大于等于 7500 万美元时，备忘录内容必须增加几项内容：

列举规划和管理该领域活动所需的专业技术技能；说明无法从地点、时间或规模方面预见到回应紧急方案的方法，只能通过开展领导伙伴奖项目回应相关需求。

如果领导伙伴奖允许"购买"（buy-ins）（将项目资金用于领导奖或中央管理的伙伴奖），则必须在备忘录中规定单个"购买"规模的上限。备忘录还必须附上一份分析报告，说明与独立伙伴奖相比，"购买"对该机构更为有利的原因。"购买"的理由可以包括：项目的技术性或专业性强，缺乏具备规划或管理此类活动所需专业知识的现场工作人员；经常需要对紧急方案要求作出回应，而这些要求在地点、时间或规模方面是无法预见的；不在场受援国的需求。对于任何超过 100 万美元的单个"购买"上限，活动经理必须在备忘录中提供令人信服的理由，说明领导伙伴奖不适用的原因。①

总体而言，USAID 技术办公室工作人员可以拨出预算，并在合同契约办公室的帮助下，公布 NGO 对其方案提供财政援助的申请。合同契约办公室的官员可向选定的 NGO 提供一笔或数笔拨款。与合同类似，USAID 将指派一名技术办公室工作人员担任协定官员的代表，以监测 NGO 执行进展情况，并安排外部评价。USAID 的项目拨款要求受援 NGO 签订外部审计合同。

此外，USAID 还会为 NGO 提供一些内部建设的支持。由于一些地方性 NGO 可能是小型和成立不久的组织，在获得 USAID 的奖励方面没有经验，USAID 的财务管理办公室会审查申请人的内部行政系统，以确保它们能够管理美国政府的资金。必要时，USAID 可以将部分拨款用于该 NGO 的内部加强工作，以帮助该 NGO 有资格获得和管理 USAID 的资金，并在此过程中提高该组织的能力。在完成该 NGO 的内部加强工作后，USAID 将为该 NGO 的服务项目提供经费。

---

① ADS Chapter 303: Grants and Cooperative Agreements to Non-Governmental Organizations, https://www.usaid.gov/ads/policy/300/303, visited on 2021-10-09.

(二) 美国 NGO 参与 USAID 工作的间接机制

1. USAID 发展援助业务外包的由来和形式

NGO 参与 USAID 工作的间接机制是指 NGO 通过参与承包商这类中间机构承包 USAID 的项目而间接参与 USAID 的援助工作。USAID 在分配援助方面有一项具体的策略，即有的资助并不直接向 NGO 提供拨款，而是通过中间机构来进行这项工作。这类中间机构被称为 USAID 计划的实施者 (implementers)。USAID 与实施者签订合同、赠款协议或合作协议。实施者可以是私人企业或者非营利机构，通常它们都会跨部门、跨地域实施 USAID 计划。[①] 实施者构成了 USAID 与 NGO 之间的桥梁，它们一方面消化 USAID 的要求，另一方面简化对受援助机构的管理和控制机制。从理论上说，这种策略的分散性可以使 USAID 的援助产生更大的效果。

本部分首先讨论承包商如何作为实施者参与国际开发署的援助工作，其次讨论 NGO 如何借助于承包商参与国际开发署的援助工作机制。

无论是政府购买契约项目还是援助项目都有很多形式，比如合同和合作协议，是通过外包合同的方式实现的。其中，合同是指 USAID 向承包方购买技术援助服务、商品、产品或其他服务，以执行其指示的项目。最初，外包合同仅占 USAID 预算的很小一部分。在 1993 年"重塑政府"的倡议下，USAID 被指定为"创新实验室"，于是外包合同逐渐变得越来越普遍和常规。一方面，USAID 的终身雇员减少了 45%，工程师和专家数量也大幅度缩水；另一方面，USAID 业务的私有化被认为可以获得更高效率。

当 USAID 遭受人员裁减时，它越来越依赖签发大型的"笼统合同"（"blanket" contracts），从而使承包商承担了很多管理责任。这种合同是不确定数量合同（IQC）；通常，这些都是多年期、数百万美元的协议。

---

① 10 Tips for Working with USAID Implementers，https://wtcutah.com/wpcontent/uploads/2019/06/10-Tips-for-Working-with-USAID-Implementers.pdf，visited on 2021-10-09.

例如，国际化学经济公司（Chemonics International）拥有最多的 USAID 的不确定数量合同。[1] 不确定数量合同十分复杂，据报道每个不确定数量合同都需要花费一年半的时间来签发，它们倾向于找大型承包商，因为较小的公司会无法忍受这么长时间的延误。[2]

对于合作协议，承包商有相对多的灵活性和自主权，可以偶尔与 USAID 进行对话，在预算中可能会有 10% 的灵活性，合作协议中对于季度报告、年度报告等标准事项进行规定。

在过去 30 年中，国际发展援助承包成为美国的一个特殊行业。承包公司的产业和国际发展援助承包的"市场"相互合作，共同构成了一个发展迅速的行业综合体。2003 年，USAID 签发的合同和赠款价值不到 30 亿美元，但如今该行业每年运作的从 USAID 获得的资金超过 120 亿美元。绝大多数资金是通过合同形式而非赠款获得；绝大多数合同主要是关于服务而不是产品。[3]

2. 发展援助的大型承包商及其与 NGO 的合作

（1）大型承包商的特征

随着 USAID 的发展援助业务外包合同的发展，美国出现了数十个大型承包商。

这些大型承包商的特点主要包括：

第一，严重依赖联邦资金。在这些公司中，USAID 是其最大的客户。实际上，Chemonics 和 DAI 两家公司都是从 USAID 合同开始公司运作，并且直接从 USAID 合同中获利。John Snow, Inc.（JSI）也表示，

---

[1] Eliza Villarino, Top USAID Private Sector Partners: A Primer, https://www.devex.com/news/top-usaid-private-sector-partners-a-primer-75832, visited on 2021-10-09.

[2] Ruben Berrios, Government Contracts and Contractor Behavior, *Journal of Business Ethics*, No. 63, 2006, pp. 119-130; Jennifer Brookland, In USAID Procurement, A Game of Stop-and-go, https://www.devex.com/news/in-usaid-procurement-a-game-of-stop-and-go-79023, visited on 2021-10-09.

[3] Priscilla Hermann, David Morrow, & Gregory Sanders, Contract Spending by the Department of State and the U.S. Agency for International Development, https://csis-website-prod.s3.amazonaws.com/s3fs-public/legacy_files/files/publication/120726_Hermann_ContractSpendingUSAID_Web.pdf, visited on 2021-10-09.

USAID 资金丰厚、项目众多，是公司最大的资助方。

第二，USAID 的合同主要由营利性公司主导，其中一些已成长为大型公司。2011 年，10 家最大的 USAID 承包商获得了 3.19 亿美元的合同，并且 USAID 27% 的资助直接给到了美国的营利性公司。

第三，最近美国政府对全球卫生问题的重视（与美国的主要基金会，最明显的是与大型基金会，如比尔及梅琳达·盖茨基金会的优先事项保持同步）使大量联邦资金投入到卫生领域的合同中。① 依靠自身在卫生项目方面的经验，JSI 和 Abt Associates 等公司已做好充分准备，迎接美国专门用于全球卫生问题的新一轮资金浪潮，这些承包商将通过在医疗卫生保健领域的优势获得可观的国际发展资金份额而蓬勃发展。②

第四，许多 USAID 的大型承包商都起源于冷战时期。从这些公司的官方历史可以看到，一些受过良好教育的美国年轻人在 20 世纪 60 年代末和 20 世纪 70 年代初建立了自己的公司，执行国际发展援助项目。③

第五，这些公司已经发展成为发展援助战略专门的相关业务实体的大型的、多元化的公司。公司架构非常复杂，因为它允许公司将特定的融资机会与特定类型的组织或"媒介"相匹配，以最大限度地提高盈利能力。因此，一些 USAID 的大型签约公司已经剥离或获得了附属关系。例如，JSI 与 JSI R&T Institute 紧密相连，前者是营利性企业，而后者被称为非营利组织，但后者由前者发起设立，实际上隶属于前者。据介绍，根据 USAID 的合作机制，JSI 的公司身份可以申请其合同，而 JSI R&T Institute 作为非营利组织，可以申请其合作协议或赠款。JSI 还与世界教育有限公司（World Education Services）（另一个著名非营利组织）以及营销公司马诺夫集团（Manoff Group）有密切的关系。此外，JSI R&T Institute 是供应链管理伙伴关系（Partnership for Supply Chain Management，

---

① Roger Lee, Noel Castree, Rob Kitchin, et al., *Sage Handbook of Human Geography*, London: Sage, 2014, pp. 680-704.

② Susan M. Roberts, Development Capital, *USAID and the Rise of Development Contractors*, Annals of the Association of American Geographers, 2014, pp. 1030-1051.

③ Audra J. Wolfe, *Competing with the Soviets: Science, Technology, and the State in Cold War America*, Baltimore: Johns Hopkins University Press, 2013.

PSCM）的合作伙伴。尽管非收益性的税收备案揭示了它们之间的财务流动，但这些实体之间的财务关系的确切性质仍然很难辨别，附属企业也通过相互联系的方式链接在一起，形成了非常复杂的结构关系。

（2）大型承包商与 NGO 合作的模式

为获得和执行 USAID 的发展援助项目，大型承包商与美国当地的 NGO 有大量的合作。大型承包商会针对特定项目向 NGO 发出提案请求（RFP）、申请请求（RFA）和报价请求（RFQ）。通常在项目的提案请求获得 USAID 的合同之前，承包商会与许多不同的 NGO 洽谈，以了解有哪些 NGO 有兴趣成为自己的合作伙伴，有相关发展领域的技术能力，与自身在执行基础方面互补。通过要求 NGO 提供一些组织文件，包括关于组织的管理、操作、财务政策和组织结构等内容，特别是针对一些新的 NGO 合作伙伴，承包商对合作风险进行评估，以遴选合作伙伴。这些确定的合作伙伴会出现在承包商给予 USAID 的项目提案中，使其了解如果承包商获得合同，这些 NGO 合作伙伴将与承包商共同参与工作。在大型承包商获得了 USAID 的合同之后，实施阶段也可能会寻求额外的 NGO 合作支持，这个过程主要是遵循财务采购的过程，进行竞争性征集和采购，设置评分标准，根据打分选择得分最高的 NGO 作为合作伙伴。

大型承包商的 NGO 合作伙伴主要由承包商来选择，部分情况下 USAID 也会基于合作风险或项目目标的实现，对于合作伙伴的数量和选择提出建议。大型承包商的合同转包会向 USAID 提交报告，陈述最终决定和尽职调查的过程，由 USAID 予以审核批准。

（3）大型承包商模式的效果

USAID 的大型承包商通常是国际化的企业或非营利机构，有多年全球工作的历史，在很多国家和地区有很深的渊源。由于这些国际化运作的机构在很多东道国有工作团队实施项目，同时更了解东道国的合作伙伴，可以将部分资金委托给当地拥有良好技能的合作伙伴。这些承包商与其合作伙伴持续寻求更好的专业知识，并努力建设当地的能力，提高了国际援助项目的有效性。调研表明，大型承包商认为，自身在东道国项目管理、品牌管理、能力建设等方面发挥了重要的作用，与 USAID 平行工作的方式，也提高了其国际发展援助的有效性。

通过大型承包商转包的方式，可以使更多 NGO 参与到发展援助工作中。出于政府资助风险的考虑，USAID 选择合作伙伴非常严格，一般美国本土 NGO 如果没有悠久的历史和长期的国际化发展背景，很难得到其信任而直接获得资助。然而，对于一些中小型 NGO 而言，可以通过和大型承包商合作，获得参与国际发展援助的经验，这些 NGO 经过几年或者更长时间也许可以获得直接资助的机会，在更广泛的范围参与国际发展援助。

（4）大型承包商对 NGO 的监管与评估

由于大型承包商需要对 USAID 委托的项目负全责，因此，对 NGO 合作伙伴的项目执行，大型承包商会进行严格的管理。大型承包商制定有标准化的检查或报告程序，通常按照季度，NGO 合作伙伴需要提交季度报告和财务资料，以确保其活动与工作计划的开支与预算保持一致。对 NGO 合作伙伴监管的程度取决于承包商的风险控制能力与策略。例如，对于长期的合作伙伴，监管会相对宽松；对于新的合作伙伴或者成立不久的 NGO，承包商的监管会更加频繁。

大型承包商对 NGO 合作伙伴的项目评估包括活动评估和社会影响评估两类。活动评估主要按照年度活动计划和预算，评估 NGO 的项目总体执行活动和支出是否偏离工作计划和预算，这类评估相对容易，且评估成本相对较低。随着以结果为导向的评估理念的兴起，社会影响评估越来越受到重视，大型承包商开始注重评估 NGO 的项目工作的总体成果和对发展援助目标的长期影响。然而，考虑到评估的时间周期和评估成本，大型承包商对 NGO 合作伙伴实施的项目开展严格意义的社会影响评估的比例并不高。另外，承包商通常更倾向于采用非实验性评估，而不是严格意义上的实验性评估。例如，2009 年美国外国援助计划的元评估表明，在所审查的 296 项评估中，只有 9% 的评估报告是在比较组中进行的，仅一项评估报告采用了随机抽样的实验设计方法。①

（5）对发展援助服务外包合同的批评

当前，各界对于 USAID 外包合同的批评主要集中在两个方面：

一方面是造成 USAID 这一国家机构的技术能力下降。USAID 被定义为外交政策中的次要角色，被视为美国外交政策的"三个 D"方法（国防、外交和发展）的附属合作伙伴。② USAID 牢固地隶属于国务院，被视为其"软实力"资产，而国务院本身的运作中有越来越多国防部的影子。然而，随着 USAID 的缩水和承包商队伍的扩大，国防类事务与发展类事务之间的界限越来越模糊，国家与承包商之间的界限发生了变化，承包商的地位得到了巩固，而发展援助的方式被重新配置。一些观察员已经提请人们注意 USAID 的衰落状况，确定了"将 USAID 实质性工作外包给承包商的长期运行模式，降低了该机构本身的技术能力，导致陷入困境的组织更加专注于行政管理而不是发展工作的实质"③。希拉里·克林顿在 2009 年宣誓就职美国国务卿之前，在其确认听证会上发表讲话时，直言不讳地说："我可以公平地说，我们的主要援助机构美国国际开发署已经被淘汰。它现在的工作人员只有以前的一半，它已经变成了更多的订约代理商，而不是具有交付能力的运营机构。"④ 这标志着知识和权力在组织内部的定位发生了明显的变化。两个月后，她说："美国国际开发署已经变成了一种分销渠道，经过数年积累的专业知识现在已经迁移到政府之外。"⑤

---

① Lars Adam Akerblom *et al.*, Development Derailed: How to Put U. S. Foreign Aid Policy on a Better Track, University of Washington Henry M. Jackson School of International Studies, 2015.

② Gillian Hart, Developments After the Meltdown, *Antipode*, Vol. 41, No. S1, 2009, pp. 117-141.

③ Thomas Carothers, *Revitalizing U. S. Democracy Assistance: The Challenge of USAID*, Carnegie Endowment for International Peace, 2009, p. 201.

④ Hillary R. Clinton, Secretary of State Confirmation Hearings, https://www.c-span.org/video/? 283292-1/secretary-state-nomination-hearing, visited on 2021-10-09.

⑤ Ken Dilanian, Clinton: U. S. Will Try to Repair Foreign Aid, http://usatoday30.usatoday.com/news/world/2009-03-31-clinton N. htm, visited on 2021-10-09.

另一方面是资金的滥用和腐败行为。透明和有效是国家主导的发展援助和接受者拥有所有权的先决条件。USAID 发展援助外包合同的投入和分配等信息通常并不完整。没有投入的信息，就无法管理结果或追究责任。对 USAID 发展援助外包合同执行中的腐败现象也存在诸多质疑。例如，总部位于华盛顿特区的非营利组织教育发展学院（Academy for Educational Development，AED），2011 年的年收入约为 4.4 亿美元，其中超过 1.5 亿美元来自 USAID。它着重于健康和教育问题，即"在全美 50 个州和 150 多个国家/地区实施了 300 多个为民众服务的人类和社会发展计划"。2009 年，AED 成为新闻焦点，原因是当时它的 CEO 的年薪超过了 87.5 万美元。① 当 USAID 总监察长对 AED 在巴基斯坦部落地区价值 1.5 亿美元的 USAID 合同进行调查时，AED 因涉及腐败问题再次出现在头条新闻中。2010 年年底，该合同被撤回，AED 被暂停获得任何进一步的美国政府合同。当时，据报道，AED "与 USAID 共签订了 65 份合同和赠款协议，价值 6.4 亿美元"②。

四、USAID 项目的执行与评估③

（一）USAID 项目的执行过程

第一，顶层设计。通常，USAID 在合作伙伴、工业界、NGO 和发展伙伴的支持下，制定全面的国家发展合作战略（Country Development Cooperation Strategy，CDCS）并以此为依据设计项目和活动，制定购买和援

---

① Ken Dilanian, Review: High Salaries for Aid Groups CEOs, http://usatoday30.usatoday.com/news/world/2009-08-31-usaid-groups N.htm?csp=N003, visited on 2021-10-09.

② Ken Dilanian, U.S. Bans Contractor from Further Aid Program, http://articles.latimes.com/2010/dec/08/world/la-fg-pakistan-fraudcharges-20101209, visited on 2021-10-09.

③ 资料来源：https://www.usaid.gov/work-usaid/get-grant-or-contract/grant-and-contract-process，2022 年 5 月 27 日访问。

助计划。

第二，确定需求。USAID 先确定项目类型为购买契约项目还是援助项目，购买契约项目通常采用签订合同的方式，申请者根据计划书要求提交计划书；若为援助项目，申请者根据年度项目说明（APS）和资助机会说明提交申请书，这些要求中通常包括机构要求，评判及甄选标的的标准等。

第三，市场调查。USAID 会对部分援助类项目进行市场调查，以获得有关当地当前能力水平和小机构参与情况的信息，尽管 USAID 没有明确将援助项目列为"市场调查"项目，但可能会接触潜在的申请者，并利用 Grants.gov 网站收集对具体拟讨论项目的意见和反馈。

第四，机构业务预报。当某一机构决定开展一项活动时，USAID 通常会要求该机构通过业务预报的方式告知公众，并提交有关计划活动的一些初步信息。

第五，招标。招标书［包括招标申请书（RFP）、资助机会说明（NOFO）、年度项目说明（APS）］提供了需求和项目描述，以及评判甄选申请人的方法。USAID 通过 sam.gov 发布购买类项目的要求，即 RFP 或申请请求（RFA），通过 grant.gov 发布援助类项目的要求，即 NOFO 或 APS，NOFO 通常针对特定的项目，有限定的申请开放时间。APS 申请通常开放一年，鼓励机构为更为广泛的项目提交概念性文件，USAID 会认定具有可行性的文件并在第二阶段要求机构提交完整申请。此外，海洋运输和商品/货物行业的合作伙伴通过访问 USAID 的采购公告来获得招标清单。

第六，项目甄选评估。项目甄选评估是 USAID 技术性审查的一部分，典型的评估标准包括机构过去的表现、技术方法、人员、机构的能力、管理计划等。USAID 每个招标项目的授予都有相应准则，包括技术因素、成本/价格因素以及各种因素的相对重要性。在一定条件下，USAID 会实行多层审查，即设立两级或以上的招标及复核制度。潜在申请人提交执行摘要或概念文件、相应的预算资料后，第二级的征集和评审采用更具体的择优评审准则。USAID 必须逐一书面通知每一位申请人申请结果，对于失败的申请人，需要简要解释原因。首先，授前风险评定。USAID 必须评价申请人的风险并记录于谈判备忘录，审裁处可根据风险评定结果授予资助，拒绝项目经理的推荐、不执行资助，或授予附带"特定条件"的资助。申请人必须提供一份清单，列明其过去三年所有涉及类似或相关项目的成本补偿合同、补助金协议或合作协议。选拔委员会通过合作方绩效评定报告系统（Contractor Performance Assessment Reporting System, CPARS）及过往绩效信息检索系统（Past Performance Information Retrieval System, PPIRS）核实确认申请人过去的表现、与该计划执行工作的相关性、表现良好及表现不佳的案例、机构的主要成就及问题、在最关键领域表现出色或特别出色的案例等。其次，授前调查。USAID 会对部分申请人（包括 USAID 无法确定其财务或执行能力，申请人从未获得过 USAID 的补助金、合作协议或合同，申请人在过去五年未获得联邦机构授予的资助金等）进行正式授前调查，以协助授前风险评定。申请人需要提交的资料包括过去三年审计后的财务报表副本、预计预算、现金流量、组织结构图。

第七，谈判。USAID 合同或协议专员是 NGO 与 USAID 开展业务的"关键接口"，负责联络申请人。USAID 在决定授予前会与部分申请人进行谈判。

第八，授予。USAID 选定机构后对其进行资助。在大多数情况下，被选定的申请人受邀参与会议，双方就项目执行情况和机构提出的问题进行讨论。此外，在整个执行期间，申请人可联系项目指定的合同或协议专员代表（COR/AOR）以获得技术指导。所有与授予有关的事宜都应直接对接合同或协议专员。[①]

第九，资助管理。资助管理指的是 USAID 与授予人之间从资助决定至结束期间有关资助的全部活动，各项目资助管理的具体性质和范围各不相同，包括审查和分析绩效报告、实地访问，以及合作协议下 USAID 实

---

① Grant and Contract Process, https://www.usaid.gov/work-usaid/get-grant-or-contract/grant-and-contract-process, visited on 2021-10-09.

质性参与的具体内容。机构的管理职责仅限于衡量和评价授予人的进展等适当性参与，机构及其代表不得控制或试图控制授予人或任何子授予人对项目的日常管理。这一过程包括 USAID 对项目的监测和评估。监测是指对 USAID 战略、项目和活动有关的数据或信息进行持续、系统跟踪，监测对象包括策略、项目、活动设计和执行。监测数据的分析应有助于进行适应性管理和提高问责性，监测数据可酌情用于项目评估。

（二）USAID 的项目评估

评估是指系统地收集和分析战略、项目和活动的特征和结果的有关信息，以此作为判断的基础，提高资助效率，并定时发布有关当前和未来规划的决策。评估不同于项目评定或对项目的非正式审查，旨在确保对利益攸关方负责，并通过学习提高发展成果。USAID 评估的对象包括项目各阶段的计划，从战略到项目、个人奖励、活动、干预，甚至是跨领域方案的优先级。USAID 多采用外部评估，如与执行伙伴没有利益关系的外部专家，这有利于减少潜在的利益冲突。

USAID 完整的项目循环按照发展顺序包含国家／地区发展合作战略、项目设计及实施、活动设计及实施、项目监测及评估四个阶段，这四个阶段可进一步细分为：国家／地区发展合作战略假设阶段、绩效管理计划阶段、项目设计阶段、活动实施阶段、预算循环阶段以及组合阶段，相邻阶段之间可以相互影响。各阶段说明及评估重点如下：

第一，国家／地区发展合作战略（CDCS）假设阶段。该阶段会阐明针对某一国家的具体发展的假设，包括发展目标、发展结果、资源水平等一系列影响因子，从而为项目设计和实施、评估和绩效管理提供信息。该阶段的评估从发展背景、挑战和机遇、发展假设和结果框架方面入手。同时，这个阶段的内容必须包含对于任务优先级与评估方法的简要讨论。

第二，绩效管理计划（PMP）阶段。在 CDCS 被批准后，USAID 需要在 6 个月内准备绩效管理计划。这个阶段的评估应该包含：被评估的战略、项目或活动；评估的目的和预期用途；评估类型及绩效评估或影响评估；可能遇到的评估问题（外部及内部；是否满足评估要求或是否必须评估；评估预算；计划开始日期；计划结束日期）。在这一阶段，需要起草一份评估工作说明书（Evaluation Statement of Work，SOW）。

第三，项目设计（Project Design）阶段。项目设计和实施应该与CDCS的结果框架的中期结果保持一致。项目设计需要完备、严谨的分析和评估。项目评估文件（Project Appraisal Documents，PADs）必须包括项目监测、评估和学习（MEL）计划。该评估部分用于描述与项目相关的所有预期评估。值得注意的是，应在这一阶段对影响评估加以规划，以确保评估的有关活动与实施评估的对照组相协调。此外，评估部分应确定两到三个广泛的问题，与项目理论和项目设计相关。

第四，活动实施（Activities Implementation）阶段。该阶段的项目具体活动指的是USAID与另一个美国政府机构或合作伙伴国政府通过合同、补助金或合作协议等形式进行干预（或一系列干预）的活动。这一阶段的评估重点包括任何内部评估计划，在MEL计划实施阶段，还应确保评估可以访问实施者收集的适当数据信息，如性能监测数据。

第五，预算循环阶段。根据ADS 201，USAID运营单位（Operating Units，OU）应平均将约3%的计划资金用于外部评估。但是，这并不意味着评估每个项目或活动，或者将每个项目、活动或实施机制的预算的3%留给评估。监测与评估的实际成本可能会根据运营环境和OU计划进行的具体评估类型而有所不同。项目办公室应每年计算下一财政年度的外部评估的预算估算。该估算不涵盖执行伙伴的内部监测评估业务。

第六，组合阶段。该阶段的评估有两个地方需要考虑：第一，在评估过程中学到了什么知识（以及其他证据来源）；第二，结果评估作出后行动计划的状态及其在各自决策中的使用。在组合评审（Portfolio Review）之后，应根据需要更新PMP，以反映评估计划的变化。①

---

① Evaluation Toolkit: 2 Evaluation Throughout the Program Cycle, https://usaidlearninglab.org/evaluation-toolkit?tab=3, visited on 2021-10-09.

五、最新发展趋势

当前，全球和美国国内的几种趋势正在影响着 USAID。一方面，全球的趋势正在引导对发展援助组织方式的改变。OECD 发展援助委员会发布了几项高层政策协议，强调需要将接受国视为合作伙伴，并通过接收国机构和组织就优先级、支出和实施进行重大决策。同时，OECD 讨论转向强调"国家所有权"，以提高"援助实效"。

USAID 正在利用合同实施和采购改革，强调本地化和新合作伙伴，希望与更多东道国组织合作，开展合作生产，致力于增加东道国"国家所有权"和提高东道国组织的能力。USAID 承诺 30% 的承付资金将流向伙伴国（东道国）的机构（政府、NGO 和私营部门）。而 2010 年，这一比例仅为 9.7%。这一发展趋势使美国大型承包商的市场份额在逐渐降低，而大型承包商也在致力于加强自身在东道国能力建设和合作伙伴关系上的努力，以符合 USAID 发展援助政策的改革和捍卫自己的市场份额。①

---

① John Norris, Hired Gun Fight, Foreign Policy, https://foreignpolicy.com/2012/07/18/hired-gun-fight/, visited on 2021-10-09; Sarah Jane Staats, Not Your Father's USAID, https://www.cgdev.org/blog/not-your-fathers-usaid, visited on 2021-10-09.

第四章 日本 NGO 参与官方发展援助的扶持与监管体系

官方发展援助是通过非军事手段提升援助国在国际社会安全保障方面影响力及国际地位的重要手段，同时也是增进援助国与受援国之间信任的一种外交手段。1954 年，日本加入"科伦坡计划"，标志着日本 ODA 的正式开始。从 1991 年到 1998 年，日本的 ODA 资金连续 8 年居国际首位，之后由于国内经济的不景气，日本开始减少 ODA 资金规模，从 2007 年至 2013 年，在 OECD 的发展援助委员会加盟国当中，日本的 ODA 总量依然仅次于美国，居世界第二位。2014—2019 年，日本的 ODA 资金规模进一步减少，降到了发展援助委员会加盟国的第四位。[①] 作为世界的主要援助国，日本通过 ODA 不仅为本国经济的发展创造了良好的外部环境，同时也显著提升了日本的国际地位。日本 ODA 主要是基于政府行动需求（Government Activities）原则，即援助的制度设计、援助对象国的筛选以及援助资金的配置等是基于日本国家安全保障战略与日本跨国企业在国际市场的需求，因而主要采用科层制的政府主导型。但是，随着国际一体化程度的推进，全球可持续发展目标的提出，贫困、难民、社会发展差距、环境、气候变化等成为发达国家和发展中国家需要共同面对的全球性问题，导致日本传统的政府主导型 ODA 模式面临效率低下以及供需不匹配等问题。此外，随着日本国内市民社会的发育，日本国民意识觉醒，认为日本政府不再是公共问题解决方案的唯一主体，每个人都有责任和权利参与公共问题的解决。在此背景下，由于相较于政府组织，NGO 具有反应

---

① 资料来源：https://www.mofa.go.jp/mofaj/gaiko/oda/shiryo/jisseki.html，2021 年 10 月 9 日访问。2020 年，日本 ODA 支出金额超过英国，位列 OECD 国家第三位。

速度快、灵活性高、交易成本低、现场参与感强等特点,[①] 因此 NGO 参与 ODA 成为日本 ODA 改革的重要方向。但是,相较于欧美等国家的 NGO,日本 NGO 无论是在资金规模、组织规模、专业能力、内部治理机制,还是在本国国民认同度等方面,都处于相对较低的水平。因此,如何激励 NGO 参与 ODA,如何培育参与国际援助的 NGO,是日本 ODA 改革需要解决的主要问题之一。

当前,中国提出了"一带一路"倡议,以合作共赢为基本理念,构建人类命运共同体。在此过程中,社会组织能够发挥重要的作用。"民间组织是推动经济社会发展、参与国际合作和全球治理的重要力量。建设丝绸之路沿线民间组织合作网络是加强沿线各国民间交流合作、促进民心相通的重要举措……习近平主席在贺信中充分肯定了民间组织对各国发展和全球治理的积极作用,明确指出了合作网络对民间交流和民心相通的重要意义,对民间组织参与'一带一路'建设和推动构建人类命运共同体寄予殷切期望。"[②] 但是,中国的社会组织在走出去的过程中,面临着政府扶持力度不够、社会组织能力不足、社会认同度不高等问题。[③] 中国社会组织走出去所面临的困境和日本 NGO 参与 ODA 面临的困境具有相似性。另外,中日两国文化相近,在政府与社会组织关系方面具有可比性。因此,日本 NGO 参与 ODA 的经验与教训对中国社会组织参与官方发展援助具有一定的启示意义。

一、日本 NGO 参与官方发展援助的背景分析

日本政府鼓励 NGO 深度参与 ODA 是日本国内外社会经济形势变化

---

① 在日本,参与海外发展援助的非营利组织一般被称为"NGO",而以国内活动为主的非营利组织被称为"NPO"。
② 牟金玲:《加强"一带一路"国际合作,促进人类共同发展——首届丝绸之路沿线民间组织合作网络论坛综述》,载《当代世界》2017 年第 12 期。
③ 邓国胜、王杨:《中国社会组织"走出去"的必要性与政策建议》,载《教学与研究》2015 年第 9 期。

综合作用的结果。这些变化主要包括几个方面：一是 ODA 本身结构的变化，即随着日本国内经济形势的变化，ODA 从重视数量的增长，开始向重视质量提升转变；二是受援国需求的变化要求 NGO 深度参与 ODA；三是随着日本国内市民社会的发展，要求发挥 NGO 在对外援助中的比较优势；四是国家利益理念向地球公民利益理念的收敛；五是通过 NGO 参与 ODA 培养日本国际协力机构（Japan International Cooperation Agency，JICA）的竞争意识。

（一）日本 ODA 从重视数量增长向重视援助质量提升的结构性转变

随着日本经济发展的降速，日本对外援助整体上呈现下降的趋势，2009 年，日本出台的《官方发展援助中期政策》也明确了日本 ODA 数量扩张的终结，日本"经济财政依然面临着严峻的形势，对外援助的国内外环境产生了很大的变化。ODA 需要综合考虑这些变化。在此过程中，为回应国际社会对日本对外援助的期待，需要在获得本国国民理解和支持的基础上实施 ODA。因此，应当按照《官方发展援助大纲》的理念和原则等，在确保适度的对外援助的同时，需要提升对外援助的效果和效率"[①]。

日本的 ODA 数量总体上呈现下降趋势，而且由于日本的 ODA 中无偿援助部分较少，主要采用低息贷款方式，所以日本的无偿援助规模在主要发达国家中的水平并不高。为了应对 ODA 数量下降的趋势，日本提出了提升 ODA 质量的改革目标，即减少 ODA 中的大型基础设施建设项目，增加软件建设援助项目，"在日本将逐步减少 ODA 总额这一趋势下，ODA 政策的一大任务在于让受援国政府及人民充分认识和区分来自日本的援助，使 ODA 有效地发挥其外交作用。这就在客观上要求日本政府对 ODA 的援助方式进行改革。为此日本政府采取的措施是减少 ODA 中大型

---

① 《官方发展援助中期政策》，https://www.mofa.go.jp/mofaj/gaiko/oda/shiryo/hakusyo/03_hakusho/ODA2003/html/honpen/hp203000300.htm，2021 年 10 月 9 日访问。

基础建设项目的贷款并提高 ODA 的援助效率和质量，强调向'质'的转变"①。

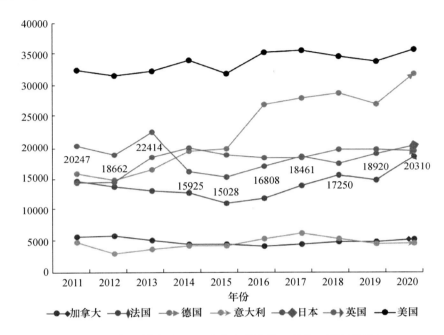

图 4-1 主要援助国 ODA 支出金额变化（单位：百万美元）

资料来源：https://www.mofa.go.jp/mofaj/gaiko/oda/shiryo/jisseki.html，2021 年 10 月 9 日访问。

提升 ODA 质量，主要是要求 ODA 实施主体提升自身在 ODA 项目中的成本—效益比。具体而言，主要包括响应受援国需求的反应速度、援助项目设计的灵活性、项目运营的成本以及项目在援助国的存在感等。在这些方面，相较于政府组织，NGO 在反应速度、灵活性、运营成本以及现场存在感等方面具有天然的比较优势，使得 NGO 深入参与 ODA 与日本 ODA 改革的目标具有一致性。

---

① 童珊：《日本政府与非政府组织关系的演变——以 ODA 为中心》，云南大学 2011 年硕士学位论文，第 24 页。

（二）受援国需求的变化

日本传统的 ODA 援助遵循的是根据国家利益和本国企业的国际利益，制定对外援助方针的原则，因此，对外援助重点关注受援国的经济发展，主要采用援助基础设施等硬件建设的方式。1996 年，OECD 发展援助委员会在"21 世纪新发展援助战略"中提出"以人为本"的对外援助发展理念，强调关注受援国的贫困和人民生活等社会性问题；此外，世界银行在过去的对外援助中也主要以大型基础设施建设为重点，但是，最近几年，世界银行在改革中将自身定位为"知识银行"（Knowledge Bank），开始将对发展中国家的关注重点转移到"能力建设"（Capacity Building）上来。这些变化都表明社会发展、人才培育、环境保护等成为发达国家和国际机构援助关注的重点。在此背景下，日本开始意识到，发展中国家除了传统的经济发展需求之外，社会问题也成为需要解决的迫切问题。NGO 相较于政府所具有的比较优势，能够更有效地回应发展中国家在社会问题上的需求。

（三）日本国内市民社会理念的普及

在日本传统文化的影响下，日本国内的政社关系呈现出割裂的状态，民众对"公共"的认识倾向于政府责任论，认为公共事务的治理是政府专有的权力和责任，导致了日本社会建设缺少活力，普通民众对公共事务治理缺少参与的意愿。这主要体现在相较于其他欧美发达国家，日本 NGO 发展的迟滞。日本国际协力 NGO 中心（Japan NGO Center for International Cooperation, JANIC）2016 年发布的《透过 2016 年 NGO 数据看日本的 NGO》（Data Book on NGOs in Japan）显示，日本的 NGO 从 20 世纪 70 年代开始不断增加，至 90 年代新增数量达到顶峰，之后新增数量不断减少，1950—2010 年，日本新成立的 NGO 数量为 345 家，其中，1990—1999 年成立的数量为 172 家，1980—1989 年成立的数量为 73 家，2000—2009 年成立的数量为 69 家。在 NGO 的财务方面，年收入在 1 亿日元以上的 NGO 数量为 53 家（17%），占到日本全部 NGO 年收入总额的86.6%；年收入在1000万日元以下的NGO数量为103家（33%），占到日本全部NGO年收入总额的0.94%；在组织人员方面，有薪员工人数在5人以下的NGO组织数量为256家（67.5%），9人以下为308家（81.3%），总体而言，日本的NGO中有薪员工数量在9人以下的数量占到全部NGO数量的80%以上。①

虽然日本的NGO无论在数量上还是在规模上都处于相对较低的水平，但1995年阪神大地震和2011年东日本大地震的发生，使得日本国内开始认识到NPO和NGO在社会发展中的重要性，并逐步转变了政府角色和市民角色在公共事务领域中割裂的认识。然而，在对外援助方面，日本的NGO参与ODA还仅仅停留在浅层参与。根据日本21世纪政策研究所发布的报告，美国NGO承担了本国对外援助的40%，加拿大NGO承担了本国对外援助的25%，而日本NGO仅仅承担了本国对外援助的0.5%，由此造成了日本官方发展援助难以获得受援国公众的认同。对此，OECD发展援助委员会于1999年发布的日本对外援助审查报告中指出，日本NGO在ODA中的存在感较差，从效率的角度而言，日本ODA应当扩大与NGO之间的合作。②

（四）国家利益理念向地球公民利益理念的收敛

2000年9月，联合国189个国家签署了《联合国千年发展宣言》，正式提出了"千年发展目标"（Millennium Development Goals，MDGs），致力于在全球范围内消除贫穷、饥饿、疾病、文盲、环境恶化和对妇女的歧视等。到2015年，MDGs取得了一定的成效，但随着全球经济社会环境的变化，MDGs难以适应新的国际形势。在此基础上，2015年9月，联合国可持续发展峰会上通过了"可持续发展目标"，制定了17个可持续发展目标，旨在转向可持续发展道路，解决社会、经济和环境三个维度的发

---

① 《透过2016年NGO数据看日本的NGO》，https：//www.janic.org/ngo/archives/，2019年9月14日访问。

② 《ODA改革的突破口：强化NGO与ODA的合作》，http：//www.21ppi.org/thesis/000306_01.html，2021年11月17日访问。

展问题。17项可持续发展目标的框架已经远远超过了一国的物理边界，需要从全球可持续发展的视角，采用综合的方式进行应对。

日本传统的ODA以维护日本在国际上的国家利益和本国企业在国际市场的利益为出发点，但随着可持续发展目标的提出，国家利益与地球公民利益之间产生了难以分割的联系，使得对"国家利益"的解释应当扩大。在此压力下，NGO所具有的非政府性和非营利性与MDGs具有内在的一致性，日本试图通过鼓励NGO的深度参与促进ODA朝着MDGs方向逐步转型。

（五）通过NGO参与ODA，提高JICA对外援助的竞争意识

JICA成立于1974年，是日本外务省在整合了日本国际技术事业团、国际移住事业团、国际农业发展财团和国际贸易发展协会的基础上成立的一家"特殊法人"[①]。2003年，随着日本行政改革的推进，JICA成为"独立行政法人"[②]。传统上，日本的ODA主要包括两种方式：一种是双边援助；另一种是多边援助。其中，多边援助主要是日本政府直接向国际机构提供援助；双边援助则又可以分为无偿资金援助、技术援助和有偿资金援助（日元贷款），其中无偿资金援助主要由日本外务省直接负责，技术援助则由JICA负责，有偿资金援助则由日本国际协力银行（Japan Bank for International Cooperation，JBIC）负责（见图4-2）。但是，双边援助中这种"多龙治水"的援助方式一方面降低了援助的效果，另一方面，多主体并举的援助方式难以有效应对全球减贫等需求。因此，2018年，日本将除了一些具有外交事务性质援助之外的无偿资金援助、技术援助和有偿资金援助全部整合到JICA。

由于JICA特殊的准政府组织性质，在处理与援助国关系以及重大援

---

① "特殊法人"是根据相关法律设定的为实现特定行政目的的一种法人形式。"特殊法人"不需要缴纳法人税、固定资产税等，同时容易获得政府的财政投资和融资，相关业务计划需要获得日本国会的认可。

② "独立行政法人"主要从事与日本国民生活和社会经济稳定密切相关的业务，这些业务主要包括不需要政府直接负责，但是又不方便交由市场开展的具有一定垄断性的业务。

第四章　日本 NGO 参与官方发展援助的扶持与监管体系　　085

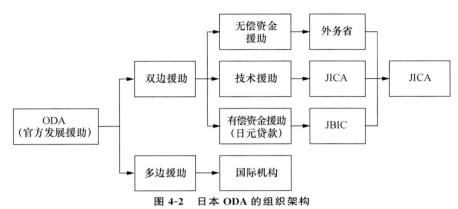

图 4-2　日本 ODA 的组织架构

资料来源：https://www.jica.go.jp/aboutoda/jica/index.html，2022 年 2 月 12 日访问。

助项目时具有天然的优势，但也面临机构臃肿、效率低下、难以关注援助国基层民众的需求等问题。这使得如何提高 JICA 的竞争意识，提升对外援助的效果，成为 JICA 改革的关键问题，也是关系日本对外援助项目的整体效果的问题。为此，培养 JICA 的竞争对手，促进 NGO 参与日本的对外援助被视作一个有效的方式，"从我自身的角度而言，希望能够将 NGO 培育成开展 ODA 的主体之一。由于需要 NGO 在 ODA 中发挥更大的作用，所以从明年开始（2019 年）将 NGO 的预算增加到 100 亿日元左右（2018 年 NGO 预算大约为 70 亿日元）。一直以来，社会上有一种认识，认为负责将日本的技术、技能和知识传播到发展中国家的'技术援助'应当是由 JICA 负责的。但是，通过 NGO 的参与，那么就可能产生一种竞争。我希望能够有更多的主体参与到 ODA"[①]。

以上从五个方面分析了日本 NGO 深度参与 ODA 的背景，通过分析可以看出，日本的 NGO 虽然相较于欧美等发达国家，发展水平相对较低，但随着日本市民社会的发育以及政府有关 ODA 功能本位改革目标的提出，为日本 NGO 深度参与 ODA 提供了机遇。由于日本政府本位文化的影响，

---

①　资料来源：https://www.mofa.go.jp/mofaj/ic/ap_m/page4_004627.html，2021 年 1 月 14 日访问。

总体而言，日本 NGO 参与 ODA 的过程也可视为政府有意识引导和激励 NGO 参与的过程。

二、日本 NGO 参与官方发展援助的扶持体系

为实现 ODA 对提升日本国际地位和国际形象的目标，2015 年，日本外务省制定了《NGO 与 ODA 合作的中期计划》，提出了四个发展目标：一是通过对 NGO 能力提升支持、与 NGO 对话、为 NGO 在发展中国家开展发展援助提供资金的支持以及 NGO 与 ODA 的联动等，推动 NGO 深度参与 ODA 和信息共享；二是通过外务省与 NGO 的合作，提升国民对发展援助的理解和参与；三是解决发展中国家在医疗、健康、教育等方面的贫困因素，解决社会分化和性别歧视问题等；四是与发展中国家的社会组织合作，在发展援助过程中，反映受援国的需求。[①]

目前，日本 NGO 在参与 ODA 过程中，能够获得扶持的渠道主要包括三类：一是日本政府，政府内对接的是负责 ODA 事务的外务省；二是"日本平台"（Japan Platform，JPF）为 NGO 开展紧急对外援助提供扶持；三是 JICA 提供的扶持。

（一）日本政府对 NGO 参与 ODA 的扶持

1. 外务省成立专门的 NGO 合作管理机构

由于日本外务省针对参与官方发展援助的 NGO 资助金额较大，例如，有的项目资金达到 5000 万日元或 1 亿日元，所以并不会对所有申请项目的 NGO 不加甄别，其资助的对象主要是在日本内阁府登记注册的特定非营利法人、社团法人和财团法人。目前，在内阁府登记注册的 NGO 和 NPO 数量在 5 万家以上，其中以开展国际发展援助为主要业务的 NGO 数

---

① 《NGO 与 ODA 合作中期计划：未来 5 年联动的方向》，https://www.mofa.go.jp/mofaj/gaiko/oda/files/000348681.pdf，2021 年 11 月 17 日访问。

量大约有 400 家。外务省针对这些 NGO 申请政府资金参与官方发展援助作出了非常详细的规定。为更好地推进 NGO 参与官方发展援助，提升日本国民对 ODA 项目和 ODA 援助效果的认同，日本政府设置了专门管理与 NGO 合作相关事宜的机构。

在日本，负责 ODA 业务的政府机构主要是外务省，外务省下设"国际协力局"（International Cooperation Bureau），在国际协力局之下又专门设置了"NGO 合作处"（Non-Governmental Organizations Cooperation Division）负责 NGO 参与 ODA 的相关事务。目前，NGO 合作处共有 19 名全职工作人员，主要负责为参与国际合作的日本 NGO 开展国际合作业务提供资金支持，完善 NGO 参与 ODA 的相关外部环境，定期组织与 NGO 的对话等。

2. 为 NGO 参与 ODA 提供资金支持

日本政府为 NGO 参与 ODA 提供资金支持主要包括 NGO 合作无偿资金支持项目和 NGO 项目补助金项目。

（1）NGO 合作无偿资金支持项目

日本 NGO 合作无偿资金支持项目是为在发展中国家和地区开展经济和社会发展援助项目的日本 NGO 提供政府资金支持的制度。该制度创设于 2002 年，从 2002 年至 2020 年，该项目共为在 71 个国家和 1 个地区开展活动的 169 家机构的 1629 个项目提供了大约 561 亿日元的资金援助；从 2014 年开始，平均每年资助的项目数量有 100 个左右。

第一，项目申请资质要求。日本外务省针对 NGO 合作无偿资金支持项目制定了非常详细和具体的资助标准，NGO 可以从日本外务省的网站上下载这些具体要求和标准。例如，NGO 希望在国际上援建学校，需要明确具体的资助对象等。具体而言，NGO 合作无偿资金支持项目所支持的 NGO 须具有如下资格：NGO 组织总部设在日本国内，并且是经法定程序登记注册的 NGO 组织（包括特定非营利活动法人、公益社团法人、公益财团法人、一般社团法人和一般财团法人），并将国际发展援助作为组织发起成立的目的之一，以法人身份开展国际活动 2 年以上，组织财务状况稳健，不属于政治性或宗教性的组织。NGO 合作无偿资金支持项目的

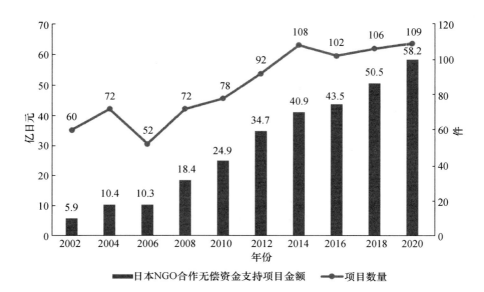

图 4-3　2002—2020 年日本 NGO 合作无偿资金支持项目金额和项目数量

资料来源：https://www.mofa.go.jp/mofaj/gaiko/oda/shimin/oda_ngo/shien/jngo_j.html，2021 年 10 月 9 日访问。

经费可以用于 NGO 的设备购买、会务费、专家咨询费、员工工资、通信费、办公用品费、外部监督检查费等。NGO 合作无偿资金支持项目所支持的内容可见表 4-1。

表 4-1　日本 NGO 合作无偿资金支持项目内容

项目名称	项目内容
发展援助项目	日本 NGO 合作无偿资金支持项目的基本项目。支持资金额度为 5000 万日元，项目期限为 1 年
NGO 伙伴关系项目	日本 NGO 与国外 NGO 合作共同推进发展援助项目。在多家 NGO 当中，日本的 NGO 作为主要签约机构与日本外务省或日本驻外使领馆签订赠与契约。支持资金额度为 5000 万日元，项目期限为 1 年
可循环物资运输项目	日本 NGO 将日本地方政府、医疗机构、教育机构等提供的废旧物资赠送给国际合作 NGO 机构或地方政府，为在此过程中发生的运输费用提供支持。支持资金额度为 1000 万日元，项目期限为 1 年

(续表)

项目名称	项目内容
救灾和灾后重建支持项目	国际发生的大规模冲突、自然灾害救灾和灾后重建阶段，日本NGO为当地的难民和受灾群众提供人道主义救援和灾后重建支持。支持资金额度为1亿日元，项目期限为6个月
地雷相关项目	日本NGO提供地雷和未爆弹处置的相关技术指导，为受害群众提供支持，开展地雷和未爆弹相关教育等活动。支持资金额度为1亿日元，项目期限为1年
小额贷款原始资金项目	以已经在发展中国家开展贫困人口小额贷款项目的日本NGO为支持对象，为其提供原始资金支持。支持资金额度为2000万日元，项目期限为1年
和平建设项目	为致力于战乱结束后的国家和地区建设和平提供支持的日本NGO提供资金支持，支持资金额度为2000万日元，项目期限1年

资料来源：https://www.mofa.go.jp/mofaj/gaiko/oda/shimin/oda_ngo.html，2021年10月9日访问。

第二，项目支持经费类别。日本外务省要求申请NGO合作无偿资金支持项目的NGO所获得的资金主要用于项目所在地器材购买经费、工作会议经费、专家派遣劳务费、项目当地员工工资、项目办公室租赁费、通信费、项目办公室办公用品购买经费、外部监督检查经费；日本总部员工工资、通信费、办公室用品购买经费等。当器材购买经费和劳务费单价超过5万日元时，NGO需要出具第三方开具的报价单（不包括外部监督检查经费）。

第三，项目管理费。传统上，NGO申请NGO合作无偿资金支持项目的管理费只有5%，主要包括行政性事务经费、人员经费、交通费、通信费、为开展事务所购置家居费以及其他办公用品经费等。但是，5%的管理费难以满足NGO在国际开展援助的需求，特别是一些对政府资金依存度较高的NGO而言，如果个人、企业或其他团体的捐赠较少，或者这些捐赠方要求捐赠主要用于项目经费的话，那么NGO在开展国际援助项目时将面临较大的困难；同时，随着国际项目规模的扩大，容易造成NGO资金入不敷出。对此，日本政府也意识到，为提高NGO参与ODA的效果，需要提高NGO的管理费，正如2018年12月时任日本外务大臣河野太郎所说："对于开展ODA项目的NGO而言，规定一般管理费只有5%，但是，有很多 NGO 反映，5％的管理费容易导致 NGO 陷入入不敷出的状态。因此，我认为有必要将管理费比例提高到 15％。但是，管理费的提高并不是将全部项目的管理费都提高到 15％，而是对于那些能够确保透明性的项目。"①

在此背景下，2019 年 4 月，日本外务省正式将 ODA 中的 NGO 合作无偿资金支持项目的管理费由 5％提高到最高 15％。日本政府对申请 NGO 合作无偿资金支持项目的机构设计了三种管理费，分别是 5％、10％和 15％。NGO 可以根据自身项目情况选择三种管理费中的一种，对于选择 5％管理费的项目，NGO 不需要提供特别的说明材料；对于选择将管理费比例提高到 10％和 15％的项目，日本政府专门设定了特定的条件，只有满足了特定条件才可以选择 10％和 15％的管理费。例如，对于申请 10％管理费的项目，需要满足 7 项条件：① 在申请将管理费比例提升到 10％后的 3 年内，除了政府资金之外，NGO 的平均收入应当比申请时的收入有所增加；② 在"提供服务"方面，机构具有参加外务省项目竞标的资质；③ 机构曾经获批过外务省重点项目；④ 在过去 3 年内机构没有违反 NGO 合作无偿资金支持项目的相关规定；⑤ 项目结束后，机构在 3 个月内提交项目结项报告；⑥ 除了上述五项内容之外，对于一般管理费的使用用途需要准确填写和上报；⑦ 在提出提高管理费比例的第 2 年提交的申请机构概要中，准确填写过去 1 年内利用管理费比例提高部分所完成的内容。对于申请 15％管理费的项目，除了在上述申请 10％管理费的②—⑦项要求之外，日本外务省还要求另外满足 4 项条件：① 过去 3 年内，除了政府资金之外的收入应当占到机构收入的 50％以上；② 在管理费提高到 15％之后的 3 年内，政府资金之外收入应当超过增加的那部分管理费；③ 过去 3 年内，有 2 年以上的时间，机构开展过日本 NGO 合作无偿资金支持项目中的重点项目；④ 机构具有公益财团、社团法人或认定 NPO 法人的资格。

---

① 资料来源：https://www.mofa.go.jp/mofaj/ic/ap_m/page4_004627.html，2021 年 1 月 19 日访问。

▶ 案例分析：日本国际民间协力会援助肯尼亚乡村发展项目[①]

日本国际民间协力会（Nippon International Cooperation for Community Development，NICCO）是一家从事国际开发援助的 NGO，成立于1979年，总部位于日本京都，主要在亚洲、中东地区、非洲等21个国家和地区开展灾害紧急救援、环境保护、人才培养等方面的工作。NICCO 的会员包括8家法人会员和132个自然人会员。2009—2015年，共有25个项目获得日本外务省的资金资助，其中24个项目属于 NGO 合作无偿资金支持项目，1个项目属于 NGO 项目补助金项目。

以 NICCO 在肯尼亚卡卡梅加郡开展的乡村发展援助项目为例，该项目起止时间为2013年9月到2017年11月。项目预算为4179万日元，最后总支出4025万日元，项目资金来源包括日本外务省 NGO 合作无偿资金支持项目、NICCO 会费和社会捐赠。

该项目主要是在卡卡梅加郡农村建设环保型厕所，改善农村公共卫生；农产品生产和加工；植树造林和烧柴炉灶改良；引水设施建设；女性农村公共活动参与等。该项目的直接受益群体为1614户（8203人），间接受益群体为23000户。

从项目的公益性角度而言，该项目通过建造环保型厕所改善了当地卫生条件，通过讲座和培训等方式培养了乡村人才，实现了提升不特定人群利益的目的。对于整个项目的评估，由于日本外务省只针对项目资金进行审计，没有对项目本身进行绩效评估，所以，NICCO 采取了内部自评的方式，由 NICCO 工作人员和外部专家组成评估小组，从项目合理性、有效性、效率性、社会影响和可持续性5个维度对项目进行了评估。评估结果显示，在项目合理性方面，针对肯尼亚农村卫生条件差、农业生产效率低、女性社会地位低等问题，设计的项目符合当地的需求；在项目有效性方面，项目完成了厕所建造、炉灶改造、植树造林、水井建造等预期目标；在项目效率性方面，虽然完成了既定项目目标，但是在项目实施过程

[①] 与日本 NICCO 负责人的访谈记录。2019年1月25日，京都市 NICCCO 总部。此外，还参考了 NICCO 网站，https://kyoto-nicco.org/，2021年1月27日访问。

中也受到了政治选举、治安恶化、行政效率低下和物价上涨等因素的影响，一定程度上造成项目的延期；在项目社会影响方面，项目与肯尼亚政府提出的改善环境卫生、提高农业生产效率、消除贫困等目标一致，促进了项目实施地卫生条件改善、农业的可持续发展和农村收入的增长；在可持续性方面，项目在实施过程中设立了项目委员会、水井管理委员会、环保型厕所委员会等实现了项目组织的可持续，并通过培训方式教授农户如何正确使用和维护厕所等，确保项目产出的可持续利用。

(2) NGO 项目补助金项目

NGO 项目补助金也被称为"官方发展援助相关民间公益团体补助金"，补助的对象为日本 NGO，主要用于资助 NGO 国际项目调研、项目评估以及在日本国内外开展培训等，资助的金额为项目总预算的 1/2，且上限为 200 万日元。

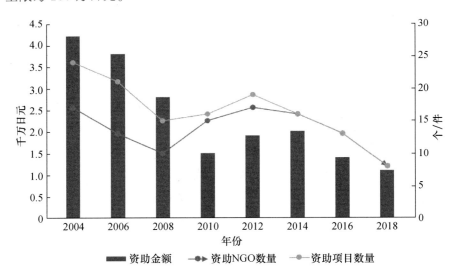

图 4-4　2004—2018 年 NGO 项目补助金项目资助情况

资料来源：https://www.mofa.go.jp/mofaj/gaiko/oda/shimin/oda_ngo/shien/jh_j.html，2021 年 10 月 6 日访问。

3. NGO 活动环境改善支持项目

NGO 活动环境改善支持项目主要着眼于为日本的 NGO 开展对外援助构建良好的外部环境，主要包括 NGO 咨询师项目、NGO 实习生项目、NGO 国际学习项目和 NGO 研究会项目。

NGO 咨询师项目主要由日本外务省委托日本国内具有国际项目经验的 NGO，对有意愿开展国际合作的民众和 NGO 提供 NGO 国际活动、NGO 设立、NGO 组织管理和运营，以及 NGO 就业等问题的专业咨询意见。对于提供咨询的 NGO，日本外务省会提供一定的资金支持。

NGO 实习生项目主要是由日本外务省委托日本国内从事国际发展援助的 NGO 对未来希望从事 NGO 行业的年轻人提供 NGO 国际化实务培训，外务省会为接收实习生的 NGO 提供一定的经费支持。

NGO 国际学习项目主要是日本外务省希望通过 NGO 人才培训，提升 NGO 能力而设计的为期 1 到 6 个月的国际学习项目。参加国际学习项目的 NGO 人员主要是 NGO 中坚力量，培训主要分为实务培训和课堂讲授两种，实务培训主要是派遣 NGO 人员到国际 NGO 或国际机构一线进行学习，课堂讲授主要是通过国际培训机构提供相关专业知识的讲座。

NGO 研究会项目主要是由日本外务省委托日本的 NGO 就 ODA 进行相关的调查、组织会议等，提出改善 ODA 相关的政策建议等。

4. NGO 对话

"NGO 对话"主要是日本外务省为促进与日本 NGO 的对话，听取 NGO 对 ODA 等的意见，提升 ODA 的效果而设立的项目。"NGO 对话"主要包括 NGO-外务省定期协商会议和 NGO-在外 ODA 协商会议两种形式。

NGO-外务省定期协商会议主要是为了强化日本外务省与 NGO 的合作和对话，围绕 ODA 相关信息以及改善外务省与 NGO 的合作等定期召开的协商会议，该制度创设于 1996 年。目前，每年召开一次全员大会，此外还另设了 ODA 政策协商会议和合作推进委员会两个分会，两个分会原则上每年召开3次会议。负责协调日本外务省与NGO参与NGO-外务省定期协商会议的机构则是JANIC。JANIC是一家日本NGO网络型平台组织，承担着日本NGO与政府的对话、国际NGO与日本NGO的交流等工作，"JANIC负责NGO与外务省的定期协商会议，承担着组织协调功能，代表NGO促进NGO与政府的沟通交流"[①]。

NGO-在外ODA协商会议主要是在日本NGO相对聚集的受援国，由ODA相关的大使馆人员、JICA以及NGO围绕ODA效率提升定期召开的协商会议。

除了上述两种定期的协商会议，日本外务省还会不定期召开与日本NGO之间的协商会议。

（二）"日本平台"紧急人道支持项目

"日本平台"是由日本NGO、企业界以及政府三方构成，以为难民和自然灾害提供紧急人道救援服务为目的的合作框架。其中，政府（外务省）提供前期的资金支持，JPF理事会委任的常任委员会（由NGO、企业界、政府和专家等代表组成）作出实施紧急人道救援的相关决策。在此基础上，加盟JPF的日本NGO根据各自的专业情况申请项目资金。NGO申请的项目资金一部分是由政府提供的，一部分是由企业提供的。NGO申请政府资金时，需要获得政府对NGO项目的认可和同意。

截至2021年10月，加盟JPF的日本NGO共有43家，企业共有110家。2020年提供紧急人道救援资金总计45.7亿日元，JPF项目资金情况如图4-6所示。其中，用于自然灾害紧急人道救援的资金中有42.5%是由企业提供，57.5%由政府提供；用于战争难民救助的资金中有0.05%是由企业提供，99.95%由政府提供。[②]

---

① 与日本JANIC事务局局长L先生的访谈记录。2019年1月23日，东京。
② 资料来源：https://www.japanplatform.org/about/report.html，2021年10月6日访问。

第四章 日本 NGO 参与官方发展援助的扶持与监管体系 095

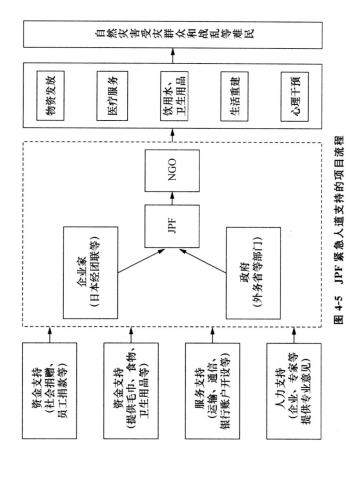

图 4-5 JPF 紧急人道支持的项目流程

资料来源：https://www.mofa.go.jp/mofaj/gaiko/oda/shimin/oda_ngo.html，2021 年 10 月 6 日访问。

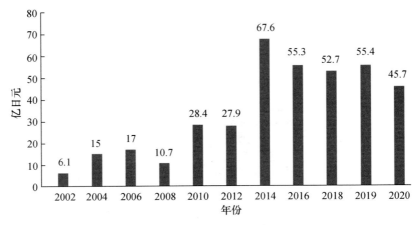

图 4-6　JPF 项目资金情况

资料来源：《国际合作与 NGO：2019 年日本 NGO 合作无偿资金援助与 JPF 项目情况》，https://www.mofa.go.jp/mofaj/gaiko/oda/files/100079214.pdf，2021年10月6日访问。

关于企业通过 JPF 为 NGO 参与对外援助提供支持的动机或目的，榎木彻指出，随着全球化进程的加快，企业社会责任受到越来越多的关注，要求企业在创造可持续发展社会中发挥更大作用的呼声越来越高。[①] 青木崇认为联合国全球契约组织（United Nations Global Compact）开展的有关可持续发展和企业社会责任的倡导和活动、2010 年 11 月生效的 ISO 26000（社会责任指南）等国际制度的制定推动了企业对社会责任的关注。[②] 谷内田绚子、土肥真人将企业对 NGO 的援助分为捐赠型、项目援助型和合作型，其中捐赠型是指企业为 NGO 提供资金支持，NGO 自主决定捐赠资金的用途；项目援助型是指企业对 NGO 开展的项目进行定向捐赠；合作型是指企业与 NGO 共同策划和实施项目，企业除了捐赠资金、物资和人员之外，也会发挥企业自身的专业优势助力 NGO 国际援助项目。[③] 从项目类别来看，JPF 紧急人道支持项目当中，企业对 NGO 的援

---

① 〔日〕榎木彻：《CSR 使用指南：企业社会责任》，Ohmsha 出版社 2006 年版。
② 〔日〕青木崇：《关于国际机构 CSR 的企业行动指南》，载《创新管理》2006 年第 4 卷。
③ 〔日〕谷内田绚子、土肥真人：《国际合作中的日本企业与 NGO 的伙伴关系的现状与发展趋势》，载《非营利评论》2014 年第 14 卷。

助更偏向于合作型，企业会参与到国际紧急援助项目的策划和决策。

JPF 对 NGO 申请的项目根据申请资助资金的规模可分为四类（见表4-2）。

表 4-2　JPF 资助 NGO 参与国际援助项目的类别和资助金额

	类别 1	类别 2	类别 3	类别 4	备注
年度资助金额	1000 万日元以下	JPF 年资助金额在 5000 万日元以下或低于机构上一年的总项目经费（选择金额较低的一项）	JPF 年资助金额在 1 亿日元以下或低于机构上一年度总项目经费（选择金额较低的一项）	JPF 资助总额低于机构上一年度总项目经费	资产管理委员会可以根据情况解除上限规定
单一国际项目资助金额	1000 万日元以下（初次申请 JPF 项目为 500 万日元以下）	3000 万日元以下	7000 万日元以下	无上限规定	资产管理委员会可以根据情况解除上限规定

资料来源：https：//www.japanplatform.org/lib/data/documents/121201_1-2_2.pdf，2022 年 2 月 12 日访问。

▶ 案例分析：日本世界宣明会运用 JPF 资金开展对外援助①

日本世界宣明会（World Vision Japan，WVJ）成立于 1987 年，主要在日本国内和国外开展活动，2002 年获得日本国税厅"认定 NPO 法人"。在与政府合作方面，日本世界宣明会主要是与日本外务省、JICA 和 JPF 进行合作。

在与 JPF 合作方面，主要项目包括埃塞俄比亚和南苏丹难民营教育与儿童保护项目、阿富汗医疗卫生援助项目、约旦和叙利亚难民儿童教育及约旦人紧急越冬援助项目、南苏丹教育援助项目等。

（1）阿富汗医疗卫生援助项目。2013 年 1 月至 2014 年 1 月，日本世

---

① 资料来源：https：//www.worldvision.jp/about/matching.html#m03，2021 年 1 月 19 日访问。

界宣明会共向 JPF 申请项目资金 7987 万日元，其中政府资金占比 100%，在阿富汗赫拉特省及周边地区建设培训医疗从业人员的硬件设施，以改善当地居民的健康状况。项目主要是在赫拉特省赫拉特市建设赫拉特保健科学院（Institute of Health Sciences，IHS）新校舍，新校舍共包括 4 间教室、2 间实训室、1 间教学和实训共用教室、办公室、图书馆和 4 间厕所，为药剂师和临床检查从业人员培训提供硬件设施支持。项目直接受益群体包括 108 名助产士和护理专业学生、25 名药剂师和临床检查专业学生、24 名教师和 460 名在职助产士和护理人员；项目间接受益群体包括 550 万阿富汗西部地区居民（涉及赫拉特省、巴德吉斯省和古尔省）。

（2）埃塞俄比亚和南苏丹难民营教育与儿童保护项目。2014 年 8 月至 2015 年 3 月，日本世界宣明会向 JPF 申请资金 4182 万日元，其中政府资金占比 100%，在埃塞俄比亚和南苏丹难民营提供小学校舍建设、学校办公用品支援、学校教工人员聘用和培训、家长和难民社区动员、学校管理委员会培训等活动。其中，建设了 2 所小学，采购了桌椅、黑板等教学用品，为 94 名学校教师提供培训，设立家长教师协会（PTSA）并对其进行培训，推动家长和难民营社区动员活动，为学生购买学习用品等。通过上述援助活动，2572 名学生获得进入初中（5—8 年级）学习的机会，学生的自我保护意识和独立性获得提升。

（三）JICA 对 NGO 参与 ODA 的扶持

JICA 作为一个准政府机构，负责了日本大部分双边对外援助业务，由于 JICA 特殊的身份，也决定了其对外援助难以实现与援助国基层民众的互动，实现"面对面"援助。为此，JICA 也试图通过"市民参与援助项目"[①] 培育 NGO，实现 ODA 援助的多元化。

---

① 所谓"市民参与援助项目"，是指 JICA 为了满足发展中国家多元化的需求、有效利用日本丰富的援助经验、培育国际援助参与者以及将对外援助的经验反哺日本社会，所设计的包括"草根援助项目""志愿者项目""NGO 支持"和"援助教育支持"等在内的项目。

1. NGO 定期会晤

为了促进与 NGO 的对话和沟通，JICA 设立了 NGO-JICA 协商会议。该会议主要是基于 JICA 和 NGO 平等的伙伴关系，以提高国际援助效果，促进日本国民对日本政府开展国际援助的理解和支持，在此基础上引导更多的国民参与到对外援助，希望与 NGO 就上述议题进行有效的沟通和交流。NGO-JICA 协商会议设立于 2008 年，每年召开 4 次。开会讨论的议题主要包括 JICA 的相关业务以及与 NGO 的合作等。以 2020 年第 1 次会议为例，讨论的议题主要包括 NGO-JICA 协商会议实施方案、NGO 与 JICA 携手应对新冠肺炎疫情、社会性别的社会认同、JICA 捐赠资金等。与 NGO-外务省定期协商会议类似，负责组织和协调 NGO-JICA 协商会议的也是 JANIC，"JANIC 通过发挥平台的作用，促进 NGO 与 JICA 的合作与对话，但是，不同于 NGO-外务省定期协商会议，JICA 则采取了有偿业务委托方式，将 NGO-JICA 协商会议的组织协调功能委托给 JANIC。JANIC 为促进 NGO 与 JICA 的对话与交流，JANIC 的员工每周有 2—3 天的时间会在 JICA 工作，共同推进 NGO 与 JICA 的对话和交流"①。

2. 草根技术援助项目

草根技术援助项目，是指 JICA 针对具有参与国际援助意愿的日本 NGO 和 NPO、日本地方政府、大学、民营企业等团体提出的希望通过发挥团体自身积累的经验参与国际援助的要求，JICA 以业务委托的方式与上述团体建立合作关系。

草根技术援助项目的主要目标有两个：一是提高市民参与对外援助的质量和数量；二是促进市民对 ODA 援助发展中国家和日本社会问题的理解和支持。草根技术援助项目主要包括三大内容：一是以日本 NGO 和 NPO、日本地方政府、大学、民营企业等为主开展的对外技术援助项目（前提是与援助国所在地相关机构建立了合作关系）；二是对改善发展中国家国民生活具有帮助的项目；三是能够促进日本国民对于对外援助的理解

---

① 与日本 JANIC 事务局局长 L 先生的访谈记录。2019 年 1 月 23 日，东京。

以及促进日本国民参与对外援助的项目。

草根技术援助项目的实施方式主要是 JICA 与 NGO 等团体之间签订业务委托合同。在此基础上，JICA 将相关的业务委托给 NGO 等团体，在项目实施过程中，由 NGO 和 JICA 共同负责项目的实施。当 NGO 等团体完成了 JICA 委托的业务后，JICA 以项目报酬的方式支付相应的资金，在这一点上，与日本政府相关补贴有本质的不同。草根技术援助项目的形式主要包括三种：一是草根伙伴型，主要是针对具有在发展中国家和地区开展国际援助项目 2 年以上经验的 NGO 团体（只针对具有法人资格的团体），支持的资金规模最大是每 5 年支持 1 亿日元；二是草根援助型，主要针对那些在发展中国家和地区开展国际援助经验较少的 NGO 团体等，支持的资金规模最大是每 3 年支持 1000 万日元；三是地区提案型或地区（经济）促进型，主要针对地方政府或地方政府推荐的团体，支持的资金规模最大是每 3 年支持 3000 万日元。

▶ 案例分析：世界沙漠绿化会与 JICA 合作援助中国内蒙古阿拉善沙漠化防治[①]

世界沙漠绿化会成立于 1998 年，2003 年登记为特定非营利活动法人（NPO 法人），主要是在中国内蒙古阿拉善地区开展沙漠化治理、环境教育和国际交流的一家 NGO。该机构从 2000 年开始，采用技术专家派遣等方式参与阿拉善地区沙漠治理。

2005 年 10 月到 2007 年 3 月，世界沙漠绿化会得到 JICA 草根技术援助项目的支持，与 JICA 共同在阿拉善地区开展沙漠化防治灌木种子培育和环境教育项目，项目资金为 6064 万日元。项目内容包括建设灌木种子培育基地、为游牧民提供技术培训、小学生环境教育等。

项目主要通过世界沙漠绿化会派遣技术专家，在阿拉善地区开展定期的项目检测和评估，推进沙漠化防治项目。此外，还通过杂志和网站等平台，向日本民众介绍和宣传在阿拉善地区开展的项目。为推进项目的顺利

---

① 资料来源：http://tutumukai.main.jp/，2021 年 1 月 27 日访问。

实施，世界沙漠绿化会与阿拉善当地的"阿拉善黄河文化经济发展研究会"合作，共同推进沙漠化治理。

3. NGO、NPO 等活动支持项目

为推进 NGO、NPO 等有效开展国际援助项目，JICA 提供了学习和活动援助等支持。

(1) 学习类项目

主要包括 JICA 策划的项目和 NGO 策划的项目。其中，JICA 策划的项目主要是为了提升在发展中国家开展对外援助的 NGO 的援助能力。学习的内容主要包括对外援助项目计划的制订、项目监测和评估等。NGO 策划的项目主要是针对 NGO 在组织机构运营和项目开展方面的需求提供相应的建议。

(2) 活动支持项目

JICA 针对 NGO 等提供的支持主要包括三种类型。

第一，NGO-JICA 的日本窗口（Japan Desk）。JICA 在亚洲、非洲、中南美洲等 20 个国家和地区设立了 NGO-JICA 的日本窗口，主要是搜集和提供与 NGO 相关的信息、促进 JICA 与 NGO 等的合作、为日本国民参与和国际社会对日本对外援助的认同提供支持、为 NGO 项目提供信息等。以 JICA 在老挝设立的 NGO-JICA 的日本窗口为例，主要为日本本土的 NGO 提供在老挝当地开展活动所需要的信息、老挝的整体情况以及老挝的 NGO 登记制度等、在老挝开展国际援助的日本 NGO 项目成果的展示、将日本 NGO 与 JICA 在老挝开展的国际援助项目相关信息传达给老挝当地人、日本国民和其他国家的居民等。

第二，为登记团体提供服务。为促进日本国民参与对外援助，JICA 在东京都新宿区和爱知县名古屋市分别设立了 JICA 地球广场和名古屋地球广场，为在 JICA 登记的 NGO 等提供举办会议和活动的设施、会议室等。

第三，"PARTNER"国际合作人才综合信息网站。JICA 为那些希望

参与到对外援助的人以及希望招聘参与对外援助人才的 NGO 等团体提供一个信息交换的网站平台，NGO 团体等可以在平台上发布相关的招聘信息、会议和活动信息等。截至 2020 年 9 月，该网站登记的个人数量为 49298 人，登记的团体数量为 2010 个，2020 年 4—9 月发布的招聘和实习信息有 1133 件，发布的进修和活动信息数量为 605 件。[①]

三、日本 NGO 参与官方发展援助的监管体系

在提供支持的同时，日本对 NGO 参与 ODA 也加强了监管，主要包括对 NGO 参与 ODA 的三大类项目进行监管，分别是 NGO 合作无偿资金支持项目、JPF 项目和 JICA 草根技术援助项目。

（一）对 NGO 合作无偿资金支持项目的监管

由于 NGO 合作无偿资金支持项目使用的是政府公共资金，因此，为了确保公共资金使用的合规性，践行公共资金使用需要向国民进行充分说明的原则和要求，日本政府对 NGO 申请日本 NGO 合作无偿资金支持项目资金进行合规性监督。同时，日本政府也希望通过对项目的外部监管提高 NGO 财务管理能力、组织运营能力、项目实施能力和项目管理能力。

1. 外部监管的形式

申请 NGO 合作无偿资金支持项目的所有 NGO 都必须接受外部监管，但是监管并不是针对 NGO 所有项目的财务进行监管，仅仅是针对 NGO 申请的 NGO 合作无偿资金支持项目进行监管。从监管的形式而言，主要包括两种：一种是会计审计，另外一种是调查和建议。

（1）会计审计。会计审计主要是检查项目预算收支报告的合理性，确

---

① 资料来源：https://partner.jica.go.jp/aboutView?param=index，2021 年 1 月 14 日访问。

保在项目实施阶段，NGO 能够实现有效的内部治理。审计的内容主要包括财务记录和经费支出。日本政府规定，参与"日本 NGO 合作无偿资金支持项目"会计审计的注册会计师或会计师事务所如果在审计中出现财务记录造假等情况，将可能会被起诉。这种对注册会计师或会计师事务所的较高要求，使得注册会计师或会计师事务所会对项目进行详细的审计，由此会产生较高的审计费用。原则上，会计审计的费用可占到"日本 NGO 合作无偿资金支持项目"资助项目协议金额的 5%—10%。

（2）调查和建议。"调查和建议"并不是审计领域的专业术语，而是"日本 NGO 合作无偿资金支持项目"中规定的一种特殊外部监管方式。这种方式主要是针对由于部分 NGO 在项目实施地办公室的财务管理能力和机构内部治理能力较弱，难以采用"会计审计"方式，或者"会计审计"预算超过了机构承受的能力，可以采用"调查和建议"方式由注册会计师或会计师事务所对资金使用情况进行大概的审查，并提出专业性的建议，以此提高 NGO 的项目资金管理能力。关于调查和建议的范围，可以由注册会计师或会计师事务所与 NGO 进行协商。在此基础上，注册会计师或会计师事务所出具的调查和建议报告应当获得日本驻外使领馆或日本外务省的批准。不同于"会计审计"，"调查和建议"并不需要注册会计师或会计师事务所在报告中明确 NGO 申请项目的收支预算报告等财务报告是否合理，只需要提出如何确保调查业务以及 NGO 财务业务顺利开展的建议和意见。因此，相比"会计审计"，"调查和建议"的费用会降低很多。表 4-3 给出"会计审计"与"调查和建议"两种监管方式在审计内容、调查内容和报告类型方面的对比。

对于 NGO 选择"会计审计"还是"调查和建议"中的哪种外部监管方式，需要 NGO 在综合判断机构内部财务治理情况和项目整体预算情况的基础上决定，无论决定采取哪种方式，都需要获得日本驻外使领馆或日本外务省的批准。

表 4-3 "会计审计"与"调查和建议"的对比

	会计审计	调查和建议
会计审计的内容	① 财务记录 ② 经费支出	无
调查的内容	项目网站信息	① 财务记录 ② 经费支出 ③ 器材、设备的采购和入库情况 ④ 提供的设备和器材等 （包括对项目网站信息的调查）
报告类型	① 审计报告 ② 项目预算收支报告 ③ 项目网站信息调查报告	① 调查业务报告 ② 建议报告 ③ 项目预算收支报告 ④ 项目网站信息调查报告

资料来源：《日本 NGO 合作无偿资金援助外部监察手册》，https：//www.mofa.go.jp/mofaj/gaiko/oda/shimin/oda_ngo/shien/pdfs/gaibu_kansa.pdf，2021 年 6 月 14 日访问。

2. 外部监管流程

（1）项目申请准备阶段

第一，日本驻外使领馆或日本外务省关于外部监管的相关情况说明。在 NGO 申请 NGO 合作无偿资金支持项目时，日本驻外使领馆或日本外务省会发布相关的外部监管说明，提示不同项目规模的外部监管参考费用。监管费用作为项目经费的一部分，大约占到项目合同金额的 5%—10%，可以包含在 NGO 合作无偿资金支持项目申请金额当中。当 NGO 收到日本政府的相关外部监管经费参考值后，可以与注册会计师或会计师事务所协商，协商的内容包括：注册会计师或会计师事务所的报价、是否由"会计审计"变更为"调查和建议"，以及"调查和建议"相关手续的变更等。

第二，选定外部监管的责任主体。NGO 选择的项目外部监管主体原则上应当是在项目所在发展中国家具有注册会计师资格的注册会计师或会计师事务所。当项目实施地国家缺少相关符合条件的注册会计师或会计师事务所时，NGO 可以与日本驻外使领馆或日本外务省联系协商选择项目所在国家邻近国家的注册会计师或会计师事务所；或者在综合考虑项目预算规模的基础上,选择日本的注册会计师或会计师事务所。

第三,决定外部监管的形式。NGO 需要在对照日本外务省制定的《NGO 内部治理能力检查表》和项目概况的基础上,寻求注册会计师或会计师事务所的建议,选择采用"会计审计"还是"调查和建议"。在确定采用哪种形式后,需要获得日本驻外使领馆或日本外务省的批准。

第四,报价。当 NGO 决定采用"会计审计"方式时,NGO 需要向注册会计师或会计师事务所提出会计审计报价。当 NGO 决定采用"调查和建议"时,NGO 需要向注册会计师或会计师事务所提出参考日本外务省制定的《调查与建议业务提示表》提供报价。如果注册会计师或会计师事务所对于提示表中的业务内容表示无法完成时,NGO 需要与日本驻外使领馆或日本外务省进行协商解决。无论是选择"会计审计"还是"调查和建议",在报价单中都需要包括"调查项目网站信息"所需要的差旅费等。对于涉及 NGO 日本总部支出的项目经费部分,可以委托日本国内的注册会计师或会计师事务所进行处理。

(2) 项目申请阶段

在项目申请阶段,NGO 需要制作 NGO 合作无偿资金支持项目申请书,并连同外部监管费用预算报价表一并提交日本驻外使领馆或日本外务省。在这一阶段,日本的驻外使领馆会积极介入项目的审查,对于一些申请资金较大的项目,日本外务省驻外使领馆会到项目计划实施地进行项目的背景调查,并将调查结果反馈到外务省 NGO 合作处。NGO 合作处在收到 NGO 项目申请书后,会对项目申请书进行审查,审查主要包括 NGO 的机构宗旨是否与申请项目一致、项目设计是否能够实现项目设定目标、项目预算是否合理等。但是,对于一些专业性较强的项目,如学校援建等,日本 NGO 合作处也会咨询相应的第三方咨询机构。

(3) 项目开始阶段

在项目开始阶段,当 NGO 与日本驻外使领馆或日本外务省就 NGO 合作无偿资金支持项目签订项目资金捐赠协议之后,需要再与选择的注册会计师或会计师事务所签订业务委托协议。签订业务协议后,需要将复印件提交日本驻外使领馆或日本外务省。

同时，需要注册会计师或会计师事务所制订详细的项目监管跟踪计划。对于采用"调查和建议"的项目，在签订业务委托协议后，需要注册会计师或会计师事务所参照日本外务省制定的《调查与建议业务提示表》的内容，进行第一次的实地调查，对项目的财务情况和 NGO 内部治理进行监督检查，并提出相应的建议。

(4) 项目实施阶段与项目实施结束阶段

NGO 需要根据项目情况向 NGO 合作处提交项目中期报告，如果项目实施顺利，NGO 合作处并不会进行特别的监督。但是，对于一些进展不顺利的项目，日本外务省驻外使领馆会去项目实施地进行实地调查，而且 NGO 合作处会向 NGO 在日本的总部进行项目情况确认，要求其汇报项目的具体实施情况。

在财务方面，注册会计师或会计师事务所在项目实施过程或者项目实施结束阶段，需要尽快开展对项目的会计审计或调查和建议。对于难以进行监督检查的内容，需要在告知 NGO 的同时，向日本驻外使领馆或日本外务省报告。

(5) 项目结项阶段

在项目结项阶段，NGO 需要向日本外务省 NGO 合作处提交结项报告，结项报告主要包括项目完成情况、项目效果和资金使用情况等。此外，注册会计师或会计师事务所根据与 NGO 签订的业务委托合同内容提交会计审计报告、调查和建议报告等。NGO 在收到相关报告后，需要将报告提交给日本驻外使领馆或日本外务省。

(6) 项目结束后

在项目结束后，针对项目的可持续性情况，NGO 会根据报告进行可持续性审查。此外，项目结束三年后，日本外务省驻外使领馆也会对所有项目进行跟踪调查，确认项目实施效果。

当外部审计发现项目存在不合理支出的时候，根据 NGO 合作无偿资金支持项目的捐赠协议，日本驻外使领馆或日本外务省可以要求 NGO 返还项目资金。此外，NGO 应当根据项目审计报告或调查报告中指出的问题和提出的建议，采取相应的补救措施。

第四章 日本 NGO 参与官方发展援助的扶持与监管体系 107

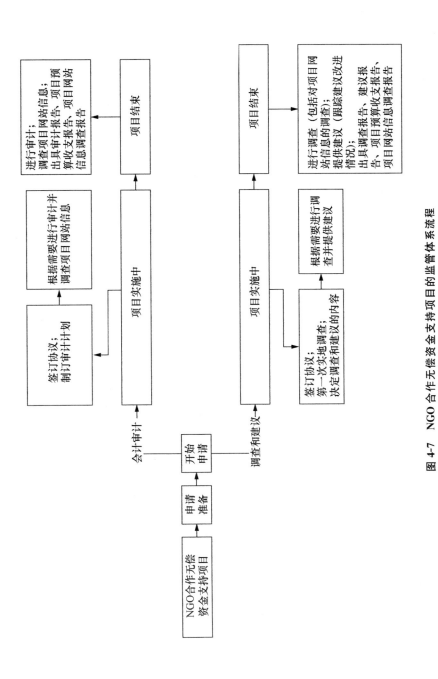

图 4-7 NGO 合作无偿资金支持项目的监管体系流程

资料来源：https://www.mofa.go.jp/mofaj/gaiko/oda/shimin/oda_ngo/shien/pdfs/gaibu_kansa.pdf，2022 年 2 月 12 日访问。

（二）对"日本平台"资助项目的监管

"日本平台"是政府、市场和 NGO 共同参与的一个对外援助平台，其资金来源不仅仅是政府，也包括企业的捐赠等，这需要对 NGO 申请的对外援助项目的监管不仅要体现政府对资金使用合理性的要求，同时也要体现企业对效率的要求。为了提升 JPF 项目的国际声誉和项目透明度，JPF 从三个方面对项目进行监管。

1. 对 NGO 的事前审查

JPF 资助的 NGO 必须是加入 JPF 的机构，而要加入 JPF，则会对机构进行全面审查，审查的主要内容包括机构最近两年的项目报告和收支报告等。获得加入 JPF 的资格仅仅是 NGO 获得捐赠的第一步，在获得 JPF 加入资格后，如果要获得 JPF 的捐赠，还需要再次满足 JPF 对资助资格的要求。

第一，在日本获得非营利组织法人资格（包括特定非营利活动法人和公益法人）两年以上，并在过去两年持续开展援助活动。此外，如果机构属于一般社团法人和一般财团法人，还需要满足法人税相关法律对非营利型法人的要求。

第二，以公益活动为主要业务内容，如果申请国际援助项目，需要具有三年以上的国际人员派遣援助项目经验。

第三，在组织运营和内部治理方面，严格遵守 NPO 法、与公益法人改革相关的三部法律[①]等有关 NGO 的相关规定，并在此基础上实现机构的良性运行。主要包括机构的决策部分通过了相关项目计划、项目预算、活动报告、项目决算报告（法人财务报表）；机构对机构大会和理事会等决策事情进行记录和存档。

第四，在财务方面，具有健全的人道主义援助财务管理制度和报告制

---

① 所谓的与公益法人改革相关的三部法律是指《一般社团法人及一般财团法人法》《公益社团法人及公益财团法人认定法》《一般社团法人及一般财团法人法和公益社团法人及公益财团法人认定法实施相关法律修订法》。

度。主要包括最近的法人财务报表等接受注册会计师或会计师事务所的审计；根据公益法人会计准则或 NPO 法人会计准则进行财务审计；财务记录完整；每个项目都有完整的预算和决算管理。

第五，在实施人道援助项目时，需要理解和尊重国际社会的相关准则。主要包括签署国际红十字会和国际红新月会以及灾害救援 NGO 的行动规范；理解人员救援必要准则和人道救援原则等，并尽可能地遵守。

第六，在透明性方面，提供高质量的援助活动，并践行机构的公开责任。

2. 对 NGO 国际援助项目的过程监督

在国际援助项目开始后，JPF 会组织专家对项目进程进行监督，确保项目资金得到合理使用，并要求 NGO 出具活动报告。

3. 会计审计

由于 JPF 项目资金不仅包括政府资金，也包括很多的企业捐赠资金，因此，为了确保资助的 NGO 具有较高的信用度，JPF 不仅会通过注册会计师或会计师事务所对 JPF 资助的项目进行会计审计，同时也会对 NGO 整个机构的财务报表进行审计。负责会计审计的注册会计师或会计师事务所不需要提交会计审计报告，只需要根据 JPF 的相关要求填写调查报告即可。同时，为了确保公益项目会计审计的准确性，JPF 要求参与会计审计的注册会计师或会计师事务所参与 JPF 的相关会计审计培训，以弥补一般注册会计师或会计师事务所不熟悉公益项目审计的弊端。对于会计审计的费用，JPF 规定，对于资助项目资金的审计费用为项目总费用的 10% 以下（资助金额不足 200 万日元的，审计费用应当低于 20 万日元），但是这个审计费用不包含对 NGO 整个机构财务报表的审计，非资助项目类的机构财务审计的相关费用由 NGO 自己负担。关于对 NGO 整个机构财务情况进行审计的要求虽然能够全面了解 NGO 整个财务情况，但相关的审计费用由 NGO 负担，也是 NGO 申请 JPF 项目时所诟病的一项内容。

（三）对 JICA 草根技术援助项目的监管

JICA 草根技术援助项目是为了发挥日本 NGO、大学、地方政府以及公益法人等团体的经验和技术，为发展中国家提供援助，由 JICA 提供资助并共同组织实施的项目。不同于日本外务省的 NGO 援助项目和 JPF 援助项目直接为 NGO 提供资金捐赠和支持，JICA 草根技术援助项目通过项目委托的方式将国际援助项目委托给 NGO，并与 NGO 共同组织实施项目，JICA 作为项目的共同实施主体，也负有相关的责任。因此，JICA 对资助的 NGO 项目的财务监管不是通过注册会计师或会计师事务所等方式实施的会计审计，而是由 JICA 员工直接进行监管。首先，在项目开始时，JICA 会为 NGO 如何填报项目收据等凭证材料提供详细的指导服务；其次，项目结束后，除了禁止携带的项目所在国的资料外，NGO 需要向 JICA 提交项目收据或发票，由 JICA 的员工对项目经费使用报告进行检查。可以看出，与日本外务省的 NGO 合作无偿资金支持项目和 JPF 项目不同，JICA 草根技术援助项目没有采用外部第三方监管的方式，而是由 JICA 机构内部进行监管。

关于 NGO 项目评估，JICA 主要对项目申请材料和结项报告进行审查，"JICA 对开展的 ODA 项目的评估主要可以分为四大类：事前评估、中期评估、结项评估（项目结束前 6 个月开始评估）和事后跟踪评估（项目结束 3 年后的评估）。其中，事前评估、中期评估和结项评估主要是由 JICA 自己的员工和第三方个人或机构共同开展，评估的时间为 2 周；事后跟踪评估主要是委托第三方个人或机构进行评估。但是，针对资助的 NGO 项目的评估，主要包括事前评估和结项评估。其中，事前评估主要由 JICA 总部和 JICA 国际事务所对项目申请材料进行审查；结项评估主要由 JICA 国际事务所负责。不过，整体而言，针对 NGO 项目，JICA 并不要求开展绩效评估，更多的是依托 NGO 对项目的自主评估，JICA 在其中扮演资料审查者的角色，如果在审查资料过程中发现问题，JICA 会要求 NGO 改善相应的问题"[①]。

---

① 与日本 JICA 项目官员的座谈。2019 年 1 月 22 日，日本东京大学。

四、日本 NGO 参与官方发展援助面临的困境和挑战

虽然日本政府发布的《NGO 与 ODA 合作中期计划》明确提出了鼓励和支持日本 NGO 参与官方发展援助，但是，由于日本 NGO 自身在数量、规模和经验等方面的不足，以及在激励制度设计方面存在的问题，也给日本 NGO 参与 ODA 提出了挑战。

（一）日本 NGO 在规模和资金能力方面存在的不足限制了 NGO 全面参与 ODA

根据日本外务省的统计，截至 2021 年 1 月，日本从事国际合作的 NGO 有 400 多家，但是在调查的 379 家 NGO 中，67.5% 的 NGO 的有薪员工数量在 5 人以下，有薪员工数量在 9 人以下的机构占到了 81.3%，而在有薪的员工当中，44% 的人员为日本国内人员，20.5% 为日本派往国际的人员，35.5% 为在国际项目地雇用的人员。① 在 312 家调查的 NGO 当中，NGO 的年平均收入超过了 1 亿日元，但是这主要是由于有个别收入规模庞大机构的存在，拉高了日本 NGO 的平均收入。通过分析发现，日本 NGO 在 2016 年的收入中位数为 2000 万日元左右，因此，可以看出日本 NGO 呈现出低收入和高收入两极分化的态势。②

可见，日本 NGO 不仅整体上呈现出规模小、资金能力弱的态势，而且在内部也出现了两极分化的趋势，这种分化限制了日本 NGO 全面参与 ODA。

（二）日本 NGO 专业性不足限制了 NGO 深入参与 ODA

相较于欧美 NGO，日本 NGO 呈现出"志愿精神先行，专业性不足"

---

① 《透过 2016 年 NGO 数据看日本的 NGO》，https://www.janic.org/ngo/archives/，2019 年 9 月 14 日访问。
② 同上。

的问题，主要体现在日本 NGO 由于收入规模较小，难以吸引专业性人才的加入，因此日本的 NGO 会吸纳大量的志愿者，通过志愿精神激励志愿者参与 NGO 的活动。但是，对于参与 ODA 而言，需要 NGO 具有国际筹款、国际组织运营、国际实施项目、英语等高度专业性，这是无法通过志愿精神吸引志愿者参与能够弥补的。"除了日本 NGO 收入不足之外，日本社会对于'NGO 是一种志愿者活动，其低收入是理所当然的'认识也是造成 NGO 专属员工低水平报酬这种现象的重要原因。在市民社会当中，这种认识与 NGO 从业人员是一种具有高度专业性知识的职业的国际普遍认识相冲突。健全的 NGO 活动是由具有管理能力和协调能力的专业员工以及自发提供劳动力、时间、专业知识和技能的志愿者两种人员构成。但是在日本，这两种概念的区别模糊不清。"[①] "虽然日本的 NGO 有较长的发展历史，从 20 世纪 60 年代就开始参与国际发展援助活动，但是，最早这批参与 NGO 的人已经到了退休的年龄，日本的 NGO 已进入一个世代更替的时期，如何实现组织人才的更新，是组织管理方面必须要面对的一个重要问题。对于年轻人来说，NGO 作为一种职业选择的吸引力不断下降，NGO 的待遇较差，难以吸引年轻人才的加入，对于年轻人而言，他们更愿意选择进入社会企业这种创新性的领域。为了增强 NGO 的影响，有必要提升 NGO 的专业性，虽然日本有工匠精神，能够实现国际开发援助项目的精细化，但是却很难发挥应有的专业性。"[②]

（三）日本 NGO 与政府间关系摇摆不定限制了 NGO 参与 ODA 的主动性

传统上，日本政府处于政社关系的主导地位，但是随着日本市民社会的发展，对于如何处理与政府的关系，日本 NGO 行业出现了不同的认识。根据日本 21 世纪政策研究所的调查发现，日本 NGO 对于与政府的关系出

---

① 《ODA 改革的突破口：强化 NGO 与 ODA 的合作》，http://www.21ppi.org/thesis/000306_01.html，2021 年 11 月 17 日访问。
② 与日本 JANIC 事务局局长 L 先生的访谈记录。2019 年 1 月 23 日，东京。

现了三种不同的认知①：一是认为 ODA 使用的是政府的资金，作为 NGO 应当保持自身的独立性，不应当参与 ODA；二是认为 ODA 使用的是国民纳税的资金，NGO 应当积极申请 ODA；三是认为 NGO 可以申请 ODA，政府提供资金，NGO 负责 ODA 项目，但是 NGO 应当对自身的独立性保持审慎的态度。

由于在与政府关系上的摇摆不定，导致 NGO 内部存在分裂的可能性，也难以通过协调集体行动，构建与政府之间的伙伴关系，这限制了 NGO 参与 ODA 的主动性。"日本政府现在还没有完全认识到或承认像我们（JANIC）这样的 NGO 在国际发展援助中能够发挥的作用，在此基础上，日本社会也没有完全认识到 NGO 在解决全球性问题中的作用。日本现在还是一个政府主导型的社会，未来，需要充分调动民间力量参与到社会问题的解决。NGO 需要展示自身存在的意义，让政府认识到 NGO 的价值和重要性。"②

（四）NGO 参与 ODA 的制度设计存在缺陷

为了吸引和鼓励 NGO 参与 ODA，以日本外务省为代表的日本政府设计了一系列的制度，从资金支持到环境建设，再到 NGO 对话等；从政策体系角度而言，是一种全方位、立体式的制度体系，但是，由于缺少 NGO 参与 ODA 的经验，导致制度在设计和执行过程中出现了制度僵化、供需不匹配等问题。此处以 NGO 合作无偿资金支持项目和 NGO 项目补助金项目这两种对 NGO 而言最大的资金支持制度为例进行分析。

首先，在 NGO 合作无偿资金支持项目制度方面，该制度的最大特点在于项目的审查主要由日本 NGO 项目所在地的日本驻外大使馆和领事馆进行，同时不需要 NGO 匹配相应的资金，但是，"由于日本驻外使领馆缺乏当地 NGO 相关信息、知识和经验，此外，相关审查人员数量不足，导致项目审查标准、评价标准模糊不清，最后导致项目良莠不齐。同时，驻

---

① 《ODA 改革的突破口：强化 NGO 与 ODA 的合作》，http://www.21ppi.org/thesis/000306_01.html，2021 年 11 月 17 日访问。

② 与日本 JANIC 事务局局长 L 先生的访谈纪录。2019 年 1 月 23 日，东京。

外使领馆的选择也存在与日本外务省方针冲突等情况，给 NGO 等相关人员造成混乱"[①]。"针对 ODA 项目和 NGO 参与 ODA 项目的监管和评估主要还是以政府为主，由第三方参与的监管和评估非常有效，这也是 ODA 面临的重要问题。"[②]

其次，在 NGO 项目补助金项目制度方面，采用半补助方式，需要 NGO 自筹 50%的项目资金，而且补助的项目种类采用菜单方式，由政府指定补助的项目类别，限制了一些缺少项目匹配资金的小型 NGO 申请项目的可能性。此外，该制度还存三方面的问题："第一，该制度采用现有的行政组织框架体系，缺少灵活性；第二，该制度借鉴的是 NGO 发展阶段与日本完全不同的欧美国家的模式，与 NGO 尚处于发展期的日本实际情况不相适应；第三，补助金的评价标准、评价程序以及绩效评估等不明确。"[③]

通过以上分析可以看出，日本 NGO 参与 ODA 的制度雏形已经形成，并且 NGO 在实践中已经参与到 ODA 当中，但日本 NGO 自身发育的不完善与相关激励制度设计的不完备，导致 NGO 在参与过程中面临一定的不确定性和挑战。

[①] 《ODA 改革的突破口：强化 NGO 与 ODA 的合作》，http://www.21ppi.org/thesis/000306_01.html，2021 年 11 月 17 日访问。

[②] 与日本 JANIC 事务局局长 L 先生的访谈记录。2019 年 1 月 23 日，东京。

[③] 《ODA 改革的突破口：强化 NGO 与 ODA 的合作》，http://www.21ppi.org/thesis/000306_01.html，2021 年 11 月 17 日访问。

第五章 韩国 NGO 参与官方发展援助的扶持与监管体系

一、韩国 NGO 参与官方发展援助的历史与现状[①]

第二次世界大战之后,韩国很长时间都处于受援国地位,彼时韩国 NGO 很少走出国门,反而是许多国际 NGO 涌入韩国开展志愿活动。之后,伴随韩国综合国力的增强,特别是从受援国到援助国身份的转变,韩国 NGO 参与官方发展援助也经历了从零星参与到规模化成长的阶段,韩国政府的政策支持体系也日趋完善。与此同时,前期涌入韩国的国际 NGO 并未退出,而是在完成了本土化之后也一起参与到韩国官方发展援助中来,影响着韩国 NGO 参与官方发展援助的路径。

(一) 韩国 NGO 参与官方发展援助的历史

1. 1950—1989 年:受援国阶段

从 20 世纪 50 年代到 20 世纪 80 年代末期,韩国在国际上一直处于国际援助的受援国地位,加上国内实行军人统治,韩国 NGO 在政府的严格限制下艰难生存。此时,韩国 NGO 很少走出国门,反而是许多国外志愿服务机构和传教士组织大量涌入韩国开展志愿活动,比较著名的包括世界宣明会 (1950 年进入韩国)、救助儿童会 (1950 年进入韩国) 等,这些机构主要为朝鲜战争中受到影响的儿童提供衣食和教育方面的支持,后来逐

[①] 本部分调研数据来自亚洲基金会支持的出访活动中所获得的资料。

渐发展为国际 NGO 在韩国的会员机构，在服务韩国的同时完成了本土化的转变。之后，伴随韩国从受援国向援助国身份的转变，这些国际 NGO 也在韩国以外的欠发达国家执行项目，参与到官方发展援助事业中来，并逐渐成为韩国 NGO 参与官方发展援助的主流团体。如今，担任韩国 NGO 国际发展协调委员会的董事会成员的相当一部分 NGO 都是国际 NGO，如担任董事会主席的世界宣明会（韩国）(World Vision Korea)；担任副主席的心连心国际（韩国）(Heart to Heart International, Korea)、国际饥饿粮援组织（韩国）(Korea Food for Hungry International)；以及担任理事会成员的世界儿童基金会（韩国）(ChildFund Korea)、更美好的世界（韩国）(A Better World, Korea)、仁人家园（韩国）(Habitat for Humanity Korea) 等，这些机构的影响力一直持续到今天。[1]

这些国际 NGO 在韩国从事志愿活动的过程中，逐渐去宗教化、去政治化，以项目有效性为发展核心，专注于专业能力建设与地方市民社会发展，在韩国注册并完成本土化之后，一定程度发展成为韩国 NGO 的代表性组织。例如，国际饥饿粮援组织是一个成立于 1971 年的有基督教背景的机构。但是，在国际饥饿粮援组织（韩国）的主页上，完全看不到其国际分支机构的发展轨迹。关于该机构的介绍始于 1989 年韩国 NGO 国际援助委员会的成立，1990 年年初开始借助教会网络募集资金，在韩国卫生福利部注册为非营利组织，并于同年在孟加拉、肯尼亚等七国开始国际援助工作。[2] 这些机构在开展国际发展合作时，既是韩国的代表性组织，又可以利用其较好的国际网络基础，联系资源和学习知识，熟悉国际发展领域的规则及共识，为韩国 NGO 很快融入国际发展体系提供了良好的基础，有助于他们很快形成自己的品牌项目并获得国际社会的认可。

▶ 案例分析：救助儿童会（韩国）参与官方发展援助[3]

救助儿童会（Save the Children）成立于 1919 年，是一个致力于儿童

---

[1] 与韩国 NGO 国际发展协调的委员会（KCOC）工作人员的访谈记录。2019 年 7 月 4 日，韩国首尔 KCOC 总部办公室。
[2] 资料来源：https://www.kfhi.or.kr/，2021 年 1 月 13 日访问。
[3] 与救助儿童会工作人员的访谈记录。2019 年 7 月 6 日，韩国首尔救助儿童会办公室。

权利保护的国际慈善组织,为受到贫困、疾病、不公和暴力威胁的儿童寻求最佳的解决方案。救助儿童会的工作领域包括儿童教育、儿童保护和儿童健康等。救助儿童会的成功起源于一个雄心勃勃、富有远见的女性,她就是埃格兰泰恩·杰布。今天,杰布女士创立的这个组织已经发展成为一个国际联盟,每年的运作资金近13亿美元。

1953年,救助儿童会进入韩国,为朝鲜战争期间的儿童提供帮助。目前,救助儿童会在首尔设立了救助儿童会(韩国)代表处。除了在韩国本土开展工作外,其工作领域还涵盖最不发达国家和欠发达国家的儿童教育、政策倡导、卫生与营养、儿童保护及人道主义救援等。目前,该机构受韩国国际发展署(KOICA)的资助,在非洲塞拉利昂、科特迪瓦等国家开展"School Me"项目。

在项目操作流程上,救助儿童会(韩国)首先通过救助儿童会在世界118个国家的代表处了解各地需求,充分利用救助儿童会的网络资源开展活动,并与当地救助儿童会的办公室合作,派遣专家去往当地开展前期调研和技术支持,专家频繁往返于救助儿童会(韩国)办公室与受援国本土办公室之间收集数据。

项目设计方面,为加强儿童学习和社会及情感交流方面的能力,救助儿童会(韩国)通常会支持当地男女童完成小学教育以促进男女平等。由于儿童需要安全的环境及平等受教育的权利,救助儿童会(韩国)在当地社区开展工作坊活动;开发工具包,对救助儿童会的工作人员、当地教育部门的官员、当地居民等进行培训。由于当地人熟悉当地的语言及环境,救助儿童会往往在当地招募讲师,对当地工作人员进行培训,为当地社区开发社区行动计划、加强社区的网络建设,为当地教师设立学习工作坊,为教师们阅读材料提供便利和在社区里建立阅读文化等。

在国家的选择上,救助儿童会(韩国)主要是看联合国的相关指标,选择那些最贫穷的国家或者问题最严重的国家。例如,根据联合国的数据,塞拉利昂在女童机会指数全球排名第139名,科特迪瓦排第135名。在这两个国家,童婚、青少年怀孕很常见,大部分人都没有接受过中学教育。在科特迪瓦,1/3的女童在18岁之前结婚;在塞拉利昂,15岁之前结婚的女童比例为 13％，15 岁至 18 岁的女童结婚比例为 39％。同时，由于受到 KOICA 的资助，还要考虑 KOICA 的战略需求，也只有与 KOICA 的重点关注国家和领域相契合，才更有可能拿到政府的资助。在社区层面，具体项目地点的选择也是有讲究的，为了方便项目的开展，救助儿童会需要考虑当地教育的便利性与接受程度，会选择那些相对比较好合作的社区进行。在塞拉利昂，从 2016 年 3 月至 2019 年 12 月，救助儿童会（韩国）通过前期调研选择了 30 所学校和 30 个社区，主要集中在西部农村地区。科特迪瓦的第一期项目从 2016 年至 2018 年年底，第二期项目于 2019 年 1 月开始，在 2021 年 12 月结束，救助儿童会（韩国）在当地选择了 10 个学校和 10 个社区开展项目。

2. 1990—1999 年：参与官方发展援助的起步阶段

1988 年，首尔奥运会取得巨大成功，加上韩国社会经济的迅猛发展，为 NGO 的成长创造了有利的国内环境。NGO 在法律上得到认可，在数量上逐渐增加，活动领域越来越多样化，这为韩国 NGO 参与官方发展援助奠定了基础。

1994 年，卢旺达发生大屠杀，韩国好邻居基金会和国际饥饿粮援组织（韩国）等 NGO 开始派遣紧急救援队参加人道救助。[①] 1995 年，韩国国际发展署（KOICA）首次向韩国 NGO 提供官方发展援助资金的支持，这标志着韩国政府与 NGO 在官方发展援助领域合作的开始。随着韩国国际影响力的不断增长，大量致力于国际发展的 NGO，包括有宗教背景的 NGO 纷纷成立，并且吸引了医生等专业人员的加入。联合国儿童基金会（UNICEF）、仁人家园等国际政府间组织和非政府组织此时也开始在韩国建立办公室，以便更好地从韩国募集善款、开展国际发展项目。1999 年，韩国 NGO 国际发展协调委员会（Korea NGO Council for Overseas Development Cooperation，KCOC）成立，标志着韩国 NGO 参与国际发展进入新的

---

① 与 KCOC 工作人员的访谈记录。2019 年 7 月 4 日，韩国首尔 KCOC 总部办公室。

阶段。①

3. 2000—2009 年：向援助国转型的阶段

这一时期是韩国 NGO 参与官方发展援助的关键期。这一时期，韩国 NGO 开始参与国际冲突和自然灾害的紧急救助和重建工作，如 2001 年的阿富汗战争、2004 年的伊拉克战争、2004 年的印度洋海啸和 2010 年的海地地震。该时期的新变化主要体现在三个方面：一是伴随 NGO 的持续发展，公众的捐赠热情不断提升。例如，1998 年成立的韩国公益金（Community Chest Korea，CCK）逐步发展为韩国最大的筹款机构和最具影响力的慈善机构。虽然其主要业务是提升韩国城市和农村地区的社区福利，但其发起的慈善文化教育很好地培养了韩国民众的捐赠习惯，为海内外慈善事业奠定了公众基础。二是以三星梦想奖学金基金会（Samsung Dream Scholarship Foundation）为代表的企业基金会开始支持 NGO 参与国际发展项目。这意味着伴随韩国企业的国际扩张，为更好地履行企业的国际社会责任，企业与 NGO 的合作将更为普遍。三是 NGO 开始联合起来开展集体行动或倡导活动，一些协调型组织或联盟开始发挥作用，如侧重国际发展行动倡议的全球反贫困行动联盟（Global Call to Action Against Poverty，GCAP）、偏向于学术研讨的韩国国际发展合作 NGO 论坛（Korea Civil Society Forum on International Development Cooperation，KoFID）、政府援外项目观察（ODA Watch）等。

4. 2010 年至今：加入经合组织发展援助委员会之后的新变化

2010 年，韩国正式加入经合组织发展援助委员会（OECD-DAC），成为其第 24 个成员。为了更好地与国际体系接轨，韩国政府不断加大对 ODA 的投入，同时开始对 NGO 参与国际发展给予系统化的政策支持，韩国 NGO 参与官方发展援助进入了新的发展阶段，NGO 的数量、规模、专业化程度都有了较大提升，呈现出一些新的特征：

首先，这一时期，参与官方发展援助的 NGO 主体更加多元化，除了

---

① 与 KCOC 工作人员的访谈记录。2019 年 7 月 4 日，韩国首尔 KCOC 总部办公室。

国际发展型 NGO、宗教背景的 NGO 和社会福利机构，包括市民社会运动的倡导者、社会企业等更多主体参与到国际发展中来，国际发展项目的关注领域也从传统的教育、健康、社区发展扩展到适应性技术、小额信贷、合作社、社区发展和残障群体救助等。

其次，在资金来源构成方面，2013 年之前，NGO 来自韩国政府的支持占很大比重；2013 年之后，韩国官方发展援助对 NGO 的资金支持略有下降。为了保证组织的可持续发展，韩国 NGO 逐步将注意力转向私人捐赠，通过培育公民的捐赠意识，增加公民捐赠的比重。2017 年，私人捐赠占韩国 NGO 参与国际援助事业资金来源的一半以上，而来自政府的资助仅占 13.09%。

最后，伴随 NGO 参与官方发展援助活力的增加，公众对项目透明度、公信力和 NGO 伦理等方面的要求也越来越高，这促使韩国 NGO 不断改进管理，提升项目执行的效率并加强透明化管理，以满足公众的问责需求。在与政府关系方面，韩国 NGO 对政府的政策倡导活动更为活跃，也更有成效。例如，2016—2017 年，政府更改了对韩国 NGO 的资助方式，缩短了项目的资助周期，为后者国际项目的执行带来很大挑战，在 NGO 的倡导下，韩国政府于 2018 年恢复中长期的国际援助项目资助政策。①

（二）韩国参与国际发展 NGO 的现状

2018 年，韩国国际发展 NGO 协调委员会与韩国国际合作署联合对韩国国际发展 NGO 的现状开展了一项调查，共发放问卷 262 份，收回有效问卷 144 份。调查最后形成了《韩国 NGO 国际发展合作统计数据手册》，内容包括机构数量、宗教背景、资金来源、资金使用方向、国际项目、捐赠人、政府支持、国际办公室数量、人力资源等方面。本部分内容建立在此次调查的基础之上，是通过对二手数据的分析和整理现场访谈所获数据而来。

---

① 与 KCOC 工作人员的访谈记录。2019 年 7 月 4 日，韩国首尔 KCOC 总部办公室。

1. 韩国参与官方发展援助 NGO 的数量

截至 2018 年 12 月，共有 144 家韩国 NGO 参与到官方发展援助相关工作中来，大部分机构成立于 2000 年以后（见图 5-1）。从组织的身份类型来看，125 家机构是在韩国本土注册成立的 NGO，占比 87%；18 家是国际 NGO 在韩国完成注册之后的分支机构，占比 12%；1 家属于其他组织类型，占比 1%（见图 5-2）。

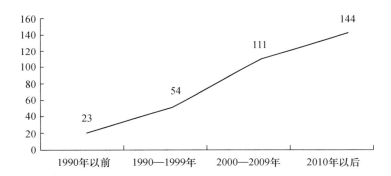

图 5-1 韩国国际发展 NGO 的数量变化（单位：个）
数据来源：韩国国际发展合作 NGO 数据（Korean International Development Cooperation NGO Statistics），KCOC 提供。

图 5-2 韩国 NGO 的身份类型
数据来源：韩国国际发展合作 NGO 数据（Korean International Development Cooperation NGO Statistics），KCOC 提供。

在这些NGO中，39.58%（57家）成立于2000—2009年，21.52%（31家）成立于1990—1999年；2011年之后成立的NGO有33家，占比22.92%；另有16.01%（23家）的NGO成立于20世纪90年代之前。事实上，并不是国际发展型NGO一经成立就开始从事国际发展项目，受韩国国内经济发展水平的影响，在20世纪90年代之前，虽然有23家与国际发展相关的NGO，但只有5家NGO真正在国际上开展项目；在1990—1999年开始从事国际发展项目的NGO有34家；2000—2009年"走出去"开展项目的NGO有60家，2010年之后开始实施国际发展项目的NGO有41家。

2. 韩国参与官方发展援助NGO的资金来源与流向

（1）资金来源

2018年，韩国官方发展援助通过NGO执行的资金总额为3900万美元，仅占ODA双边援助资金的2.1%，并且这些资金全部是以项目执行的方式下拨给NGO，而不是作为对NGO的核心资助。[①] 同时，对比2017年，2018年韩国官方发展援助对NGO的资助比从3%下降到2%。从2017年的数据来看，韩国NGO参与国际活动的资金来源以个人或团体捐赠为主，占到资金总比重的51.31%（6.9亿美元），而政府资助（即官方发展援助对NGO的自助）为1.76亿美元，占资金总量的13.09%；经营性收入约为1.34亿美元，占9.96%；企业捐赠额为1.18亿美元，占8.77%（见图5-3）。近年来，包括KCOC在内的平台型组织和OECD-DAC同行评议（Peer Review）都在呼吁韩国政府应加强对NGO的资金支持，在继续保持韩国NGO对政府较低依赖性的基础上，加强双方伙伴关系建设，把NGO作为平等的合作伙伴。

（2）资金使用方向

① 国内项目与国外项目。值得注意的是，韩国国际发展NGO并非只在国际开展项目。相反，韩国本土项目仍然是多数国际发展NGO开展工

---

① Development Co-operation Profiles: Korea, https://www.oecd-ilibrary.org/development/development-co-operation-profiles_d919ff1a-en, visited on 2021-02-08.

第五章 韩国 NGO 参与官方发展援助的扶持与监管体系　123

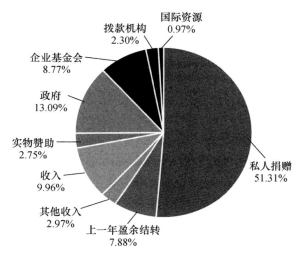

图 5-3　2017 年韩国参与国际发展 NGO 的资金来源

注：① 政府：包括中央政府、地方政府、公共机构如韩国国际保健医疗财团（KOFIH）、准政府组织如 KOICA，公共企业被划分为公司类，不包括在政府部门类。

② 企业及其基金会：企业匹配资金；企业基金会的资助；企业社会责任项目等。

③ 拨款机构：主要指韩国公益金（Community Chest）等拨款平台组织。

数据来源：韩国国际发展合作 NGO 数据（Korean International Development Cooperation NGO Statistics），KCOC 提供。

作的重心。以 2017 年的数据为例，144 家机构的资金支出总额为 12.95 亿美元，其中，韩国本土项目的开支占到 42.3%（5.48 亿美元）；国际项目的开支为 4.79 亿美元，占比 37%，另有 20.7% 为行政管理支出等间接费用。另外，有 42 家机构同时提供了 2011、2013、2015 年度的国内、国外项目资金支出情况，对比发现，国际项目资金支出的比重在 2013 年有了大幅度提升，之后则增长缓慢，甚至略微下降。

② 项目及资金分布。一是地域分布：2017 年，韩国 NGO 活跃在全球 96 个国家，共开展 1671 个项目，资金投入总额约为 4.5 亿美元，其中在亚洲共开展 869 个项目，占项目总数的 52.0%，投入资金 1.17 亿美元，占资金总额的 25.9%。值得注意的是，韩国国际发展 NGO 在非洲执行的项目数并不是最多的，但平均每个项目投入的资金量则是最大的。具体来

说，2017年总计在非洲执行476个项目，占到项目总数的28.5%，总投入1.3亿美元，占资金总额的28.8%（见表5-1）。

表5-1 2017年韩国NGO国际项目和资金支出地域分布情况

（单位：百万美元）

	项目数	占比	预算	占比
亚洲	869	52.0%	117	25.9%
非洲	476	28.5%	130	28.8%
拉丁美洲	64	3.8%	17	3.8%
中东	39	2.3%	7	1.6%
欧洲	7	0.4%	4	0.9%
多国	153	9.2%	79	17.5%
其他	63	3.8%	97	21.5%
总计	1671	100%	451	100%

数据来源：韩国国际发展合作NGO数据（Korean International Development Co-operation NGO Statistics），KCOC提供。

从单个国家的情况来看，项目数量分布最多的前五个国家分别是柬埔寨（117个，7.0%）；越南（115个，6.9%）；尼泊尔（106个，6.3%）；菲律宾（99个，5.9%）；缅甸（83个，5.0%）。资金投入数量最多的前五个国家分别是越南（0.19亿美元，4.2%）；埃塞俄比亚（0.17亿美元，3.7%）；孟加拉国、肯尼亚和乌干达（均为0.14亿美元，3.0%）。

二是领域分布：项目数量方面，教育类和社会基础设施与服务类项目的数量最多，分别是529个和334个，占项目数量总比重的31.7%和20.0%。资金投入方面，社会基础设施与服务类项目总计投入资金1.94亿美元，占总支出的43.2%；教育类项目虽然数量最多，但资金总投入只有0.5亿美元，占总支出的11.0%。另外一项重点支出类型是多部门合作（multisector/crosscutting），共执行项目194个，占项目总数的11.6%，项目总投入1.26亿美元，占资金投入总量的27.9%，这意味着韩国NGO的国际参与逐渐从单个的项目执行发展为多样化的项目组合，强调项目之间的联系及相互支持，以提升综合影响力。

3. 韩国NGO的国际注册及人力资本状况

调查显示，韩国NGO共设立了389家国际办公室，分布在76个国家。其中正式注册的有 272 家，占总数的 69.9%，没有注册的有 99 家，占总数的 25.4%；正在履行注册手续的有 18 家，占总数的 4.6%。这些国际办公室共招募了 5131 名员工，其中韩国人 853 人，占员工总数的 16.6%，其余员工均在项目执行地招聘。

▶ 案例分析：全球公民共享参与官方发展援助项目[①]

全球公民共享（Global Civic Sharing）成立于 1998 年，当年在首尔召开了成立大会，并未注册，宣布成立之后便在越南开展活动并在河内成立"越南—韩国中心"。1999 年全球公民共享在韩国外交通商部以公司的形式注册（MOFAT：No. 338）并在 KOICA 注册为 NGO，同年加入 KCOC 成为其正式会员。全球公民共享目前在 8 个国家成立了办公室，分别是越南（1998）、蒙古（2002）、东帝汶（2006）、缅甸（2008）、肯尼亚（2009）、卢旺达（2009）、埃塞俄比亚（2013）、泰国（2016）。国际办公室主要负责执行项目，总部除了统筹协调、评估国际项目以外，还要负责筹资、全球公民教育、政策倡导、伙伴关系维护等方面的工作。

全球公民共享的核心价值观包括以人民为中心、尊重差异性、合作伙伴和领导变革。它的使命是"支持周边国家自力更生，实现可持续发展"。围绕使命，主要从四个方面开展工作：推动发展中国家当地居民的能力建设；促进当地市民社会的发展；促进减贫和可持续发展方面的研究和倡导工作；推动全球公民共享运动。

其中，全球公民共享教育是全球公民共享总部的一项重要工作，针对所有对全球公民话题感兴趣的人，不论是不是韩国公民，不论是在校大学生、青少年还是成年人。该项目的主要目标是增进公民对其他文化的理解，树立全球责任意识，包括全球公民学校、国际发展合作训练营和全球志愿者三项工作。全球公民学校面向所有人，主要以主题讲座的形式进行；国际发展合作训练营每年举行一次，每次为期三天，主要针对在校大学生。

---

① 资料来源：http://gcs.or.kr/_data/report/1907221618061.data.pdf，2019 年 8 月 4 日访问。

全球志愿者的主要对象为青年团体和大学生，是一个帮助他们在短期内了解其他国家、树立全球公民意识的项目，一般为期1—2周，主要是教育和文化方面的交流。以2018年为例，全球公民共享共派出173位志愿者，分为8支队伍，去往4个国家的4个办公室，其中75名去往越南。其余志愿者的分布为蒙古39名、缅甸19名、泰国40名，大多是以当地的大学为主。

社区发展项目是全球公民共享的另一项工作，主要包括两个方面：一是经济收入方面，包括小额信贷、农业支持培训、微储蓄、小微企业支持、社会企业支持等。例如，通过给穷人提供无担保小额贷款，可以帮助他们购买牛、种子等家畜或生产资料，或者摩托车等交通工具。二是社区领导力培育方面，主要由当地社区居民主导。全球公民共享通过向当地社区领袖提供为期一周的培训，向他们提供相关的农牧业技术，教会他们怎样领导社区发展。结业以后这些学员将回到自己的社区，在社区层面开展实践。全球公民共享还会给参加社区领导力培训的学员以小额资金支持，指导他们发起与社区发展相关的项目。

二、韩国NGO参与官方发展援助的扶持体系

（一）政策制定机构：国际发展协调委员会

韩国官方发展援助的组织机构由协调机构、监督部门和执行部门组成。国际发展合作委员会（Committee for International Development Co-operation，CIDC）是一个协调机构，负责审议和决定官方发展援助的总体政策，以提高政策的连贯性和援助项目的系统实施效率。[①] 财政部和外交部分别起草各自的中期战略和年度实施计划，并最终报CIDC批准。韩国

---

① 资料来源：https://www.odakorea.go.kr/eng.structure.Overview.do，2021年2月19日访问。

进出口银行（Korea Eximbank）和 KOICA 分别负责实施优惠贷款和无偿贷款援助，其他部门也在无偿贷款援助和技术合作方面根据各自的专长发挥作用，具体架构如图 5-4 所示。

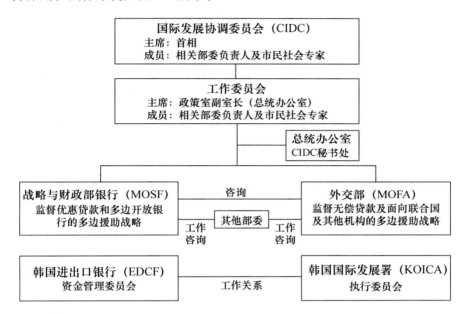

图 5-4　韩国国际发展协调委员会组织架构图

资料来源：https：//www.odakorea.go.kr/eng.structure.CIDC.do，2021 年 2 月 18 日访问。

2010 年制定的韩国"国际发展协作行动框架"（Framework Act on International Development Cooperation）规定，CIDC 委员会由 25 名成员构成，包括韩国总统、相关部委部长、ODA 执行机构负责人、市民社会专家，大约每年召开三次会议。CIDC 根据行动框架协议，评估官方发展援助政策和官方发展援助项目的进展，调整并出台新的政策，决定每年的执行计划，新政策必须获半数以上委员会成员同意方可通过。决议一旦通过便具有法律效力，CIDC 每六个月进行一次实施情况监测。①

---

①　资料来源：https：//www.odakorea.go.kr/eng.structure.CIDC.do，2021 年 2 月 18 日访问。

自 2006 年召开第一次协调会议至 2016 年，CIDC 总共召开 27 次会议，出台了官方发展援助领域的一系列政策，特别是 ODA 的五年计划。自 2010 年起，基本每个 ODA 五年计划都会涉及与 NGO 的合作，但奠定政府与 NGO 合作基石的当属 2016 年 5 月通过的 ODA 与 NGO 的合作计划。鉴于韩国 NGO 参与官方对外援助的时间相对较短，政府还特别强调 NGO 的能力建设，如通过国际开发机构或专门从事发展培训的 NGO，帮助相关从业人员开始能力建设活动。[1]

通过政府与 NGO 合作计划政策框架，明确了双方合作的四个支柱，一是提高发展效率，构建促进 NGO 发展的环境，保持政策和工作层面的对话，与发展中国家的 NGO 合作；二是加强透明度和信用建设，包括信息公开和对环境、人权与社会无害；三是优先支持脆弱群体，包括脆弱的地区、国家和人群，开展人道主义援助；四是提高公众的认知和参与度，提高公众的兴趣和开发公众可参与的活动与项目。

表 5-2　韩国政府发起的国际发展领域政社合作项目

机构		项目
KOICA	市民社会合作部	市民社会合作项目
		M&E 合作项目
		合作伙伴孵化和模式开发项目
		公私伙伴培育项目
		市民社会政策协调项目
		本地伙伴关系加强项目
		社会价值生态孵化计划
		社会经济计划
		韩国发展联盟计划
	全球消灭疾病基金司	以公私合作为基础的全球疾病根除方案
	多边合作与人道主义援助部	人道主义援助公私伙伴计划
	世界友好策划合作部	非政府组织志愿者计划
韩国国际保健基金会		公私合作伙伴项目
内政与安全部/地方政府		非政府组织公益项目支持计划

资料来源：根据与 KOICA 工作人员的访谈所获非公开出版资料"2016 KOICA Leaflet"制作。

---

[1]　资料来源：https：//www.odakorea.go.kr/eng.structure.CIDC.do，2021 年 2 月 18 日访问。

此外，在官方发展援助领域，韩国中央政府和地方政府也根据各自的专长领域，以项目援助、培训计划、派遣志愿者和专家等形式开展多种多样的国际发展合作，它们的活动约占双边官方发展援助年度资金预算的10%—20%。这些部门也制订了一系列支持 NGO 合作的具体计划或项目合作方案，以帮助 NGO 更好地参与到国际发展中去。

（二）政策执行机构：韩国国际发展署

1. KOICA 的组织架构

韩国是一个受益于国外援助而发展起来的经济强国，短短几十年的时间，韩国从世界上最贫穷的国家之一，跻身世界发达国家之列。伴随经济的增长，韩国政府开始探索对外应有的 ODA 政策，特别是 1990 年加入联合国之后，韩国政府开始对外树立负责任的国际形象，试图创造一个更加一致和有效的机制，来加强韩国的对外经济和技术合作。KOICA 便是在这样的背景下于 1991 年 4 月成立的政府机构，隶属外交部管辖，其目标是统一实施政府无偿援助和技术合作方案，加强协调，最大限度地提高对发展中国家援助计划的有效性。可以说，KOICA 是韩国 ODA 的一个重要执行机构，也是与 NGO 合作的主要实施者。截至 2018 年，KOICA 向 159 个国家提供了 7.37 万亿韩元的援助。[①]

目前，KOICA 与韩国 NGO 直接合作的部门主要集中在全球伙伴关系局（Bureau of Global Partnership）和韩国世界之友局（Bureau for World Friends Korea），主要负责教育、健康、公共管理、农业与渔业、环境与能源、性别平等、气候变化、科学与技术等八个领域五个方面的工作：项目管理与监督、项目培训、派遣志愿者和韩国专家、国际紧急救援和与市民社会合作。

2. KOICA 对韩国 NGO 的支持与管理

(1) 早期非系统化的项目及资金支持

1995 年，KOICA 专门成立了 NGO 合作部，并首次与 NGO 合作，向

---

① 资料来源：http://www.koica.go.kr/koica_en/3391/subview.do，2021 年 2 月 19 日访问。

包括世界宣明会和 UNICEF 在内的 19 家机构提供了 63.5 万美元的资助。"因为 NGO 在受援国能更好地接触社区居民,其援助也被很多发达国家政府看作是灵活有效的,因此,KOICA 也开始尝试与 NGO 的合作,未来还将会继续加强与 NGO 的合作。"①

表 5-3　KOICA 首次合作的部分 NGO 及其项目、金额

受援国	NGO 名称	项目名称	资助金额
越南	韩越青年文化交流基金会	韩越职业培训中心	25000USD
	世界宣明会(韩国)	海阳省发展项目	39000USD
中国	韩中文化协会	韩文教育	52000USD
菲律宾	士林迦南奖学金基金会	建立迦南地农民学校	52000USD
孟加拉国	好邻居基金会	奇尔马里和达卡尔地区的发展	52000USD
坦桑尼亚	国际饥饿粮援组织(韩国)	农业农村发展项目	52000USD
尼泊尔	韩国玫瑰俱乐部	多卡哈地区发展项目	52000USD
埃塞俄比亚	UNICEF 韩国委员会	农村地区饮用水项目	44000USD

资料来源:KOICA Annual Report 1996,p.99。

(2)系统化的项目支持一揽子计划

目前,KOICA 对 NGO 的资助已经不是单个项目的资助,而是开发出一套完整的资助体系,包含五种项目类型的一揽子计划:市民社会合作项目、市民社会伙伴关系和能力发展倡议、合作影响力管理项目、社会经济团结合作项目、韩国发展联盟项目。其中,市民社会伙伴关系和能力发展倡议旨在促进韩国 NGO 参与官方发展援助的活跃度及能力;合作影响力管理项目旨在提升项目合作的绩效;社会经济团结合作项目及韩国发展联盟项目旨在加强跨部门的合作交流网络,以提升协同能力。

在项目申请及筛选、管理方面,每年 9 月至 12 月,KOICA 会根据 ODA 的整体需求,调整资助重点地区和重点项目,再根据这些要求设立针对 NGO 的资助标准和资助方案,最后由 NGO 提交申请。具体项目的

---

① 与 KOICA 工作人员的访谈记录。2019 年 7 月 3 日,韩国首尔 KOICA 总部办公室。

申请时间略有不同。项目的筛选主要由 KOICA 及合作平台型组织 KCOC 联合开展,筛选方案包括文案筛选和实地筛选两部分。同时,为了平衡 NGO 在不同国家/地区和项目领域的参与,同时体现 ODA 的资助意愿,KOICA 会对 NGO 承担的项目进行打分,并以此作为 NGO 信誉的判断标准,积分越高意味着 NGO 更值得信赖。积分标准由项目评估的结果和项目执行的领域和地区等因素共同决定,例如,为了鼓励 NGO 去申请南美洲和非洲等偏远地区的项目,同时减轻亚洲地区项目申请的激烈竞争,KOICA 增加了南美洲和非洲项目的积分,同时降低亚洲地区的项目积分。

① 市民社会合作项目

市民社会合作项目支持国际发展合作类韩国 NGO 和学术界在发展中国家开展活动,努力减少贫困和促进当地人民的生活水平,重点支持高等教育、基础教育、健康、农业、渔业等五个领域的项目。每年的上半年开放项目申请,凡在韩国中央及地方政府注册的 NGO 均可申请资助;项目周期一般为 2—3 年;资金资助比例约为 8∶2①,根据合作机构的类型略有变化。

表 5-4 市民社会合作项目历年资助数据

年份	预算(百万韩元)	项目数量(个)	项目所在国数量(个)
2013	26254	148	33
2014	31517	139	31
2015	29120	142	34
2016	27765	137	33
2017	26690	122	35
2018	27060	119	32
2019	29396	125	33

注:该数据包含社会经济团结合作项目的资助数据。

资料来源:http://www.koica.go.kr/koica_en/3451/subview.do,2021 年 10 月 9 日访问。

---

① 一般情况下,所申请项目需要 NGO 至少有 20% 的配套资金,即 KOICA 资助 80%,NGO 出资 20% 的 8∶2 计划。

▶ 案例分析：KOICA 肯尼亚办公室公私合作项目[①]

自 1995 年以来，KOICA 一直在支持韩国的公私合作项目。随着韩国官方发展援助业务规模的不断扩大、援助渠道多样性的发展，KOICA 与韩国 NGO 的合作变得更加活跃。KOICA 在满足人类基本需求的各个领域对韩国 NGO 提供支持。除了直接支持 NGO 外，KOICA 还为合作 NGO 派遣志愿者，开展培训，增强 NGO 的能力。KOICA 肯尼亚办事处通过与韩国 NGO 的合作支持了 59 个公私伙伴项目，并将继续努力与民间社会合作，增强当地社区的自力更生能力。

重要的公私伙伴项目主要包括以下几类：

"好邻居国际"项目：通过在肯尼亚加强奶牛养殖竞争力、提升乳制品价值增加当地收入（2018—2021 年 187.5 万韩元）。

米拉尔福利基金会（MIRAL Welfare Foundation）通过提高残疾意识和能力培训等活动，支持肯尼亚基苏姆县残疾儿童及其家庭成员的自力更生项目（二期）（2019—2021 年 4.82 亿韩元）。

"世界在一起"（World Together）：通过提升当地奶牛及畜牧业生产能力，促进内罗毕地区穷人经济独立能力的提升，第三阶段（2018—2020 年 3.79 亿韩元）。

同一个世界（UniWorld）技术培训项目：为肯尼亚基坦吉拉（Kitengela）地区的年轻人提供培训，增加脆弱年轻人的就业机会，第三阶段（2018—2020 年 4.48 亿韩元）。

团队（Team&Team）学校环境改善计划：通过改善学校的饮用水和卫生设施，以及开展健康和卫生教育，提高图卡尔纳学校受益人的卫生及环境意识（2018—2020 年 14.65 亿韩元）。

---

② 市民社会伙伴关系和能力发展倡议

该倡议旨在促进韩国 NGO 参与官方发展援助的活跃度并提升其能力。

[①] 资料来源：http://www.koica.go.kr/ken_en/6225/subview.do，2021 年 2 月 20 日访问。

根据战略规划，具体资助项目包括公私伙伴孵化项目、市民社会政策合作项目、项目点合作关系增强计划、社会价值生态系统培育计划。

表 5-5　市民社会伙伴关系和能力发展倡议项目简介

项目类型	项目简介
公私伙伴孵化项目	为 NGO、大学和研究机构开展能力建设教育（基础和深入），以发现和规划有效的项目，并支持开展实地调查和试点项目
市民社会政策合作项目	通过研讨会、培训、论坛、发布政策文件，与框架组织（Framework Organizations，FOs）一起支持政策和宣传活动，以监测可持续发展目标的实施情况，并扩大这些活动产生的影响
项目点合作关系增强计划	促进与参与公私合作项目的合作伙伴在项目点的沟通，交流意见并收集政策建议，组织与合作伙伴的沟通会议，以建立与当地合作伙伴的合作关系
社会价值生态系统培育计划	通过能力建设（专业培训/咨询）、伙伴合作（建立网络和分享学习成果）和内化（创建数据库和树立榜样）等方式，为营利公司和 NGO 之间的伙伴关系培育一个生态系统，以更好地振兴社会经济

资料来源：http://www.koica.go.kr/koica_en/3452/subview.do，2021 年 10 月 9 日访问。

③ 合作影响力管理项目

由参与机构和相关咨询机构共同制定项目设计矩阵和项目指标，并在项目执行期间进行监测和反馈。旨在提高项目管理水平，提高公私合作项目的有效性和影响力。建构 KOICA、韩国 NGO 与影响力管理咨询机构之间的沟通合作平台，由影响力管理咨询机构提供绩效管理及相关服务。

④ 社会经济团结合作项目

旨在通过加强 NGO 与企业之间的合作来创新社会经济模式，帮助消除贫困，实现社会经济的协同发展，增进新的就业机会来创造全球社会价值。该项目为参与机构提供为期 3 年共 9 亿韩元的资助，同时要求参与者提供 20% 的配套资金。除 NGO、研究机构外，公司和社会企业均可申请该项目。

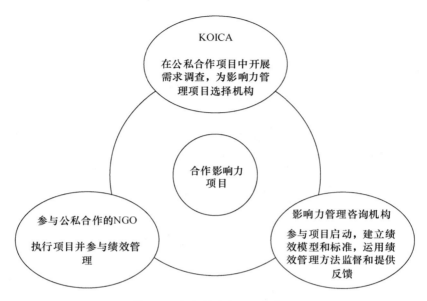

图 5-5　合作影响力项目架构图

资料来源：由笔者根据官网信息绘制。

⑤ 韩国发展联盟项目

KOICA 发起"韩国发展联盟"（Development Alliance Korea，DAK）项目，旨在促进 NGO、学术界和商业企业之间的信息分享，以减少全球贫困，实现可持续发展目标（SDGs）。截至 2019 年 1 月，该联盟共有会员 211 个，其中政府部门占 5%、企业占 14%、NGO 占 60%、科研机构占 17%、国际政府间组织占 4%。[①] 为了促进发展合作的有效性，韩国发展联盟开展了一系列活动，包括年度会议（讨论发展联盟的运营方式等重大决策）、专题会议（以讲座的形式介绍发展合作问题）和小组会议（为各机构提供主题论坛），分享各参与组织的信息和正在执行的活动，重点关注教育、性别、健康、绩效管理、影响力投资、国际发展咨询、残疾人福利、社会经济八个领域的发展合作信息。

在具体合作项目上，根据合作机构性质的不同，提供不同数额的资金

---

① 资料来源：http://www.koica.go.kr/koica_en/3449/subview.do，2021 年 2 月 20 日访问。

支持。例如，按照 8∶2 的项目费用匹配标准，韩国 NGO 可获得总费用 80% 以内、每年最多 5 亿韩元的支持（如果是首次参与合作，则最多可获得 1 亿韩元）。如果是大学和研究机构，则每年可获得最多 3 亿韩元、为期 2—3 年的支持。①

表 5-6　2018 年 DAK 部分会议信息

2018 年 4 月	第 19 届 DAK Talk 圆桌会议：分享韩国和发展中国家手工社会企业共赢的知识信息
2018 年 7 月	第 20 届 DAK Talk 圆桌会议：气候变化和国际卫生挑战
2018 年 11 月	第 21 届 DAK Talk 圆桌会议：关于扩大残疾人综合发展合作项目实施的措施
2018 年 12 月	第 2 届 DAK Night：发展合作之夜（官民合作成果分享会）

资料来源：http://dak.koica.go.kr/en/index.do，2021 年 2 月 20 日访问。

(3) 韩国世界之友

韩国世界之友是一个单独的资助计划，主要向全球 40 多个发展中国家派遣志愿者，涉及教育、职业培训、农业与渔业、健康、卫生及农村发展等 38 个专业领域，以促进韩国与发展中国家之间的友好合作和交流、提升当地经济社会发展水平为目标。2009 年之前，该计划由各相关政府部门单独管理，如 KOICA 志愿者派遣计划由外交部管辖；IT 志愿者计划由公共行政与安全部门管理；高校志愿者计划由教育部门管理；自 2009 年开始，KOICA 下设韩国世界之友局，统一管理国际志愿者的派遣。KOICA 首次向韩国 NGO 派遣志愿者始于 2004 年②，尽管只占志愿者派遣总人数的 1.5% 左右，但在为 NGO 提供人才支持方面起到十分重要的支持作用。③

---

① 资料来源：http://dak.koica.go.kr/kr/archive/instance/introduction1.do，2021 年 2 月 21 日访问。

② 资料来源：http://www.worldfriendskorea.or.kr/eng/historyInfo/eng.intro.history/list.do，2021 年 2 月 21 日访问。

③ 2015 年以来，韩国世界之友每年派出的志愿者人数均在 2000 人以上，其中派到 NGO 的志愿者每年大约在 350 人上下。资料来源：http://www.koica.go.kr/koica_en/3459/subview.do，2021 年 2 月 20 日访问。

(三) 通过平台型组织加强政府对 NGO 的支持与合作

1. 平台型组织 KCOC 的属性

韩国 NGO 国际发展合作协会成立于 1999 年,是韩国国际发展 NGO 的联合性组织,负责韩国政府与国际发展 NGO 之间的沟通和协调。KOICA 提供给 NGO 的国际援助资金,由 KCOC 统一协调。

(1) 愿景与使命

KCOC 的愿景是建设一个没有贫穷和不平等的公正世界,为所有人提供一个基本权利和自决权得到保障的环境。它的使命主要包括以下四个方面:提高韩国民众的世界公民意识;倡导政府为全球脱贫付出努力;加强与 NGO 的交流合作,增进 NGO 间的联系;为 NGO 及其员工提供发展能力建设,建立合作网络。

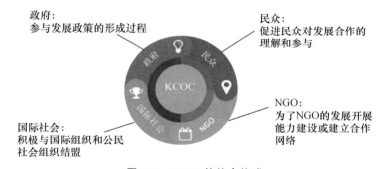

图 5-6 KCOC 的使命构成

资料来源:http://ngokcoc.or.kr,2021 年 2 月 20 日访问。

(2) 组织架构

KCOC 是一个会员制机构,截至 2019 年 7 月,拥有 139 个会员,包括正式会员和合作会员。其中,正式会员主要是开展具体国际项目的发展型 NGO 和倡导型 NGO,而合作会员则多为与国际发展合作相关的研究或学术机构。

KCOC 的最高决策机构是会员大会下设的理事会,理事会下设七个专业委员会,秘书处则是其执行机构。秘书处下设项目部、计划和合作部,其中项目部包括人道主义帮助组、发展项目支持组、志愿者项目组三个团队，计划和协调部包括政策、教育、管理和计划三个团队。

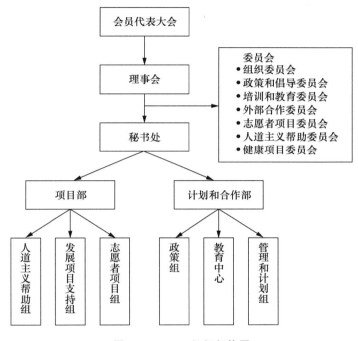

图 5-7　KCOC 组织架构图

资料来源：笔者根据 KCOC 官网信息（http：//ngokcoc.or.kr/theme/ngok-coc/01/info03.php）绘制。

（3）资金来源

KCOC 的资金来源分为常规收入和运营收入两大部分。常规收入主要包括会员会费、特别会费等其他费用和上年度会费结余。KCOC 向正式会员收取每年 50 万韩元的会费，合作会员为 10 万韩元；获得 KOICA 支持最多的 8 家 NGO，会以 KOICA 资金的 1% 为标准缴纳特别会费；也有会员将自己的部分资金捐赠给 KCOC，作为特别会费。2018 年，该部分收入的总额为 8.75 亿韩元。

运营成本则主要来源于 KOICA 的资助。为避免跟成员的筹款竞争，KCOC 不做公众筹款，因此，其项目资金主要来源于 KOICA，用于支付一些项目合作的费用，如世界之友 NGO 志愿服务队派遣、公私合作伙伴孵化项目、人道主义伙伴项目等，该部分收入的总额为 109.96 亿韩元。

2. KCOC 的主要活动

（1）NGO 能力建设培训

为会员组织的海内外员工提供系统化的培训，以提高其项目执行效果，包括国际发展合作的基础知识、项目周期管理技术培训、评估方案培训、国际发展 NGO 合作交流论坛等。

（2）NGO 国际志愿服队派遣

KOICA 向 NGO 提供的志愿者派遣计划由 KCOC 负责整体协调和监督，根据志愿者的特长与时间，统一安排派遣，方便志愿者参与国际发展志愿服务。韩国 NGO 通过提供具体的服务岗位，协助志愿者参与到当地项目中去。

KOICA 资助项目对人力成本的限制逐年放宽，在 2000 年前，规定申请项目的人力的管理成本不能超过 20%；之后逐渐放宽到不超过 30%；对于需要派驻长期国际人员的项目可以提高到 40%，在危险地区甚至可以高达 50%。这一政策大大鼓励了韩国 NGO 向国际派驻员工和志愿者的热情。

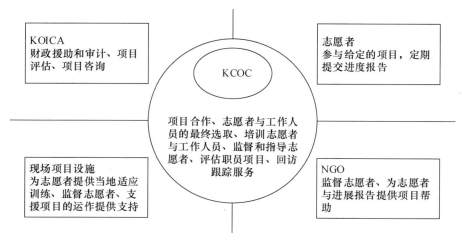

图 5-8 KCOC 国际志愿服务队的运行模式

资料来源：笔者根据 KCOC 官网信息（http://ngokcoc.or.kr/theme/ngokcoc/02/business01.php）绘制。

(3) 世界公民教育

"世界公民"是全球化的产物,这个词有多重含义,通常是指人们不只关心自己的社区和国家,也关心世界上其他地方的事情。他们关注世界上不平等的情况,了解不公义和贫穷的成因,亦愿意承担责任,身体力行挑战贫穷与不公。在国际援助过程中,就韩国政府方面来说,KOICA 专门设立了地球村展览馆,免费对公众开放,目的就是培养韩国普通民众的世界公民意识。展览馆里面有联合国 SDG 目标,有全球饥饿地图、环境保护相关内容、各地民族文化特色等主题展览,引导参观人员关注世界发展议题。最后一个展厅,介绍 KOICA 的国际援助工作,在非常显著的位置介绍韩国是历史上第一个从最不发达国家转变成发展捐赠国,增强了韩国民众作为世界公民的自豪感。

作为合作平台,KCOC 承担了大量具体的世界公民教育工作,让韩国民众了解全球发展相关的议题,特别是文化多样性、环境等问题。KCOC 的世界公民教育分为三个部分:一是面向成人的基础教育,特别是在大学里开设相关的课程;二是面向 NGO 员工和学校教师的培训;三是结合社会热点问题开展的强化主题培训。在"世界公民"教育的影响下,韩国 ODA 中有很大一笔投入来自公众筹资。2015 年,韩国 NGO 筹资 4 亿美元用于国际发展项目,这是韩国政府对 NGO 投入的 10 倍以上。[1]

(4) 政策倡导

国际发展合作需要多元利益相关者携手推进,为建立可持续合作机制,KCOC 一方面长期追踪国内外的国际发展合作政策,对韩国 ODA 政策进行监督;另一方面,将韩国 NGO 的意见及时反馈给政府,并在 NGO 之间分享反馈结果。也就是说,KCOC 的政策倡导可根据面向对象的不同分为对政府的政策倡导和对 NGO 的政策倡导两部分。同时,韩国 NGO 参与国际发展离不开与国外利益相关者的合作,特别是与国际 NGO 的合作,因此,又可据此将 KCOC 的倡导分为面向国内的倡导和面向国际的倡导。

---

[1] OECD,*OECD-DAC Development Co-operation Peer Review:Korea 2018*,OECD iLibrary,2018,p.54.

在 KOICA 的支持下，根据 2018 年 OECD-DAC 同行评议的建议，KCOC 于 2019 年 1 月出版了《国际发展合作领域政社合作基本政策》，帮助政府与 NGO 更好地、系统化地理解双方合作中 NGO 的角色，以及合作的原则、目标、具体项目的实施方案等，主要内容如表 5-7 所示。

表 5-7 KCOC 政策倡导的分类及主要内容

	国内	国际
政府	致力于发展合作方面的韩国政策；检测和评估 ODA 的政策和运作	致力于发展合作方面的国际政策；响应国际组织、世界峰会和其他全球实体所提出的发展合作议程
公民社会	与韩国 NGO 进行政策合作；促进成员间的对话，收集有关政策意见，追求发展效力	与国际 NGO 进行政策合作；与国际 NGO 就发展效力进行对话，对以国际政策作出回应

资料来源：《国际发展合作领域政府与民间伙伴关系基本政策的制定》，http://www.peoplepower21.org/International/1609099，2021 年 1 月 21 日访问。

首先，政府与 NGO 建立伙伴关系的合作目标：① 提高发展合作效果。加强发展合作相关政策的一致性及政策之间的联系，以便有效执行国际发展合作。② 加强透明和问责。制定和推动合作发展政策，确保项目执行和财务管理透明，并加强对进程和结果的问责。③ 对弱势群体的包容和公平。确保最脆弱国家、地区的人民，特别是妇女、儿童和残疾人等弱势群体不被边缘化，并根据每个目标的处境采取区别办法，从而保证公平。④ 促进公众参与。通过政府与 NGO 的合作，增进民众对国际发展合作的认识，扩大民众参与到发展合作活动的机会。

其次，政府与 NGO 建立伙伴关系的基本原则：① 相互尊重和信任。② 互补性。各自发挥政府和 NGO 的长处并理解局限性，在实现共同目标和宗旨方面各司其职、互相补充。③ 尊重独立性和资助型。作为国际发展合作实体，征服尊重 NGO 的独立性和自主性。④ 相互学习。政府和 NGO 通过分享信息合作来寻求相互理解和学习。⑤ 尊重当地环境。在参与国际发展合作时，充分尊重发展中国家的制度，避免与当地政府、民众等利益相关者之间发生冲突和损害（Do No Harm）。

最后，确立合作伙伴有效实施的具体措施：① 营造友好环境。政府努力创造有利于 NGO 可持续发展的环境，消除不必要障碍，致力于加强 NGO 在国际发展合作领域的能力建设，培养专业人才，并加强与其他国家和国际主要发展合作行动者的联络，促进民间组织的参与效果。② 定期举行政策协商会议，讨论国际发展合作的政策和内容、改进措施及扩大和深化伙伴关系的措施。③ 定期举行合作项目工作会议，讨论从规划到评估政府与 NGO 合作项目的推进进程，定期检查各议程的推进情况。

(5) 网络建构

韩国 NGO 参与国际援助，既要加强国内利益相关者之间的联系，同时又要积极融入国际社会，获得国际社会的认可，因此，KCOC 的网络建构分为国内网络建构和国际网络建构两部分。国内网络建构主要包括组织间的信息分享、NGO 与 KOICA 的合作沟通、NGO 之间在志愿者派遣上的合作等内容。国际网络建构主要是在国际上为韩国 NGO 发声。例如，作为全球消除贫困联盟秘书处成员，KCOC 代表 30 家韩国 NGO 于 2005 年发起"全球消除贫困行动呼吁"。2008 年，在伊朗阿拉克举办的第三届援助有效性高层论坛上，KCOC 出席非政府组织发展有效性开放论坛并代表韩国 NGO 分享其在国际发展领域的实践，积极加入"更好的援助"网络（Better Aid）深度参与国际发展。"更好的援助"是一家全球市民社会网络，由于其代表性较强，在阿拉克的高层论坛上，被 OECD 认定为提升参与有效性的官方合作伙伴。

(6) 人道主义救援

从 2012 年开始，KCOC 筛选适当的 NGO 支持其人道救援工作以及对相关 NGO 进行人道主义救援能力培训。2018 年，KCOC 在 13 个国家开展了 18 个项目，共提供 35 亿韩元的支持。

3. 会员准入与行为守则

(1) 会员准入机制

作为与 KOICA 直接对接的机构，KCOC 是韩国国际援助领域最重要的政社合作桥梁。KOICA 国际援助资金对国内所有的 NGO 开放，但如果机构不是 KCOC 的成员，即便向 KOICA 申请项目，也很难获得批复。

也就是说，尽管 KOICA 没有相应的准入机制，但如果想得到其项目支持，成为 KCOC 的会员几乎是唯一的途径。而要成为 KCOC 的会员，则需要达到一定的标准，如有两年国际项目经验，每年国际项目支出达 1 亿韩元等。

(2) 韩国 NGO 国际行为守则

经与成员讨论达成共识后，KCOC 于 2007 年出版并于 2014 年修订了《NGO 参与国际发展合作行为准则》，以促进 NGO 的责任意识和透明化程度，要求遵循共同价值，在机构层面符合韩国法律法规；在项目层面遵守国际标准。该准则共分为五章，其中包括组织结构标准，要求保证决策程序民主，具有开放性，为志愿者等提供参与渠道；项目管理，建立中长期目标管理机制，制订计划、执行和评估方案，以保证项目效果；遵循伊斯坦布尔 CSO 发展有效性原则（Istanbul CSO Development Effectiveness Principles），与国际社会接轨；审计标准、信息发布标准、员工行为伦理标准等方面，保证项目的透明性，满足问责要求。[①]

三、韩国 NGO 参与官方发展援助的监管与评估体系

为了加强项目管理和问责，KOICA 会拿出 5%—10% 的预算用于评估项目的效果，项目评估一般由 NGO 和 KOICA 共同执行。KOICA 也出台了一系列评估方法和标准。

通过客观、科学和公正的项目评估，有助于改善绩效管理和完善项目体系，推动项目的进一步深化。KOICA 的评估体系中除了经合组织开发援助委员会制定的相关性、有效性、经济性、可持续性和影响力评估指标外，还加入了跨领域的诸如性别主流化、环境保护等因素，有助于全面评估项目对社会的贡献。

---

① 资料来源：http://www.ngokcoc.or.kr/theme/kcoc_en/01/about03.php，2019 年 9 月 28 日访问。

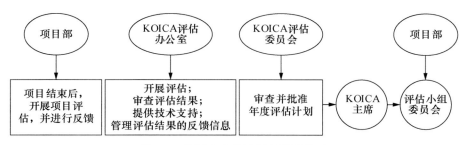

图 5-9　韩国官方发展援助评估体系

资料来源：http://koica.go.kr/koica_en/3495/subview.do，2021 年 2 月 10 日访问。

KOICA 于 1996 年成立了项目评估团队，2006 年，评估团队改组为项目评估办公室，项目评估由单一项目扩展为综合的政策评估和战略评估。为了响应 KOICA（2010—2015 年）开发援助现代化计划，2011 年，项目评估办公室升格为评估办公室。2013 年，评估办公室改名为 ODA 评估办公室，并开始负责评估韩国所有 ODA 项目。2014 年，在 KOICA 的重组过程中，办公室又改名为 KOICA 评估办公室，开始对 KOICA 所开展的项目进行阶段性评估。

根据评估目标，KOICA 将 ODA 评估体系细分为以政策、战略、项目、计划、部门、国家、主题和模式等为导向的评估。其中，项目和计划评估按照阶段进一步细分为项目完结评估、项目完成一年后的评估、项目后评估，以及项目完成 2—4 年内随机抽查评估。此外，KOICA 还会根据评估类型为项目设置不同的评估周期，主要是为了避免受政策特征的影响。在不同的政策实施阶段，项目开展效果会存在差异，因此需在政策执行的不同阶段开展阶段性评估。主题评估则是因需开展，只有当 ODA 项目出现关键问题后才开展。每 3—5 年，将对项目所在的国家、执行部门和项目采取方式进行评估。

由于项目评估是 KOICA 的主要任务之一，因此 KOICA 每年都会随机对 ODA 项目进行后评估。其中，后评估是 KOICA 评估办公室每年都要开展的项目，其一般于上一年的下半年选择后评估目标。为了选取评估对象，KOICA 首先会对结项后 2—4 年的项目进行可评价性评估，根据《KOICA 评估指南》和选择标准，在政策相关性、可扩散性、适用性、可评估性和经济可行性方面进行可评价性评估。全面考虑评估环境后，结合 KOICA 评估办公室的人力情况，最终确定评估目标。

表 5-8 评估办公室的主要任务和具体工作

主要任务	具体工作
KOICA 项目评估的整体管理	制定所有与评估有关的政策、策略和实施计划
	制定与评估相关的策略、体系、法规和准则
	监督项目部门评估执行过程
计划和执行重大评估活动分阶段评估	开展政策和战略评估、主题和方式评估以及项目后评估
	核查项目每个阶段的可行性、适用性和可持续性
	发现风险因素时进行专门性的深入评估
评估方法研究与开发	追踪国际评估发展趋势
	研究评估发展过程中面临的主要问题，并进行分享
反馈和传播评估结果	选择反馈任务并监控实施
	发布年度评估报告
评估能力建设	进行评估教育并出版评估手册
	加强与主要捐助机构和伙伴国家的伙伴关系

资料来源：http://www.koica.go.kr/koica_en/3451/subview.do，2021 年 2 月 10 日访问。

表 5-9 评估类型和选择标准

		选择标准			
		根据评估目标	根据评估周期	根据评估者类型	根据评估目的
评估类型	政策评估				
	战略评估				
	项目评估	项目评估（可行性研究）			
	计划评估	中期审查		内部评估	形成性评估
	部门评估	项目结束评估		外部评估	总结性评估
	国家评估	后评估		联合评估	
	主题评估				
	模式评估				

资料来源：http://www.koica.go.kr/koica_en/3451/subview.do，2021 年 2 月 10 日访问。

表 5-10　KOICA 选择评估目标的标准和周期

评估类型	目标选择标准	评估周期
政策、战略和主题评估	内外部需求； 评估办公室认为需要对与发展有关的问题或重大未决问题进行分析时	按需要开展
国家评估	KOICA 的优先合作伙伴国家； 以维持各大州和地区之间平衡为目标的国家； 3 年内未进行总体评估的国家	5 年
部门评估	KOICA 的五个主要部门； 根据每个部门的计划分类情况选择评估目标	3 年
主题评估	当主题评估办公室发现 KOICA 的 ODA 工具需要全面审查时	3 年
后评估	首先选择结项评估后 2—4 年的项目；其次选择价值在 200 万美元以上的项目；最后选择通过 KOICA 的需求调查和可评估性评估的项目	每年

资料来源：http：//www.koica.go.kr/koica_en/3451/subview.do，2021 年 2 月 10 日访问。

此外，为了进一步提高项目评估质量，KOICA 评估办公室还针对评估过程和评估结果制定了一套严格的质量管理标准，分别为评估项目设计阶段的相关性标准、评估实施阶段的连续性和透明性标准以及评估报告生成的可信度标准（见表 5-11）。

表 5-11　KOICA 评估质量管理

质量管理标准	评估阶段	管理项目
评估设计的相关性	设计阶段	确定评估利益相关者； 分析评估目标； 确定评估目标和范围； 介绍评估方法
评估的连续性和透明性	实施阶段	查找国内文献和数据； 实地考察并执行评估； 实地研究分析； 评估者的态度和道德合规
评估结果的可信度	报告阶段	表明评估结果的客观性； 审查评估建议的可行性； 诚信报告

资料来源：http：//www.koica.go.kr/koica_en/3451/subview.do，2021 年 2 月 10 日访问。

四、经验与挑战

(一) 经验

韩国 NGO "走出去"的历史并不长，但发展十分迅速，而且从国内的政策倡导、公民教育到国外的紧急救援、社区发展，形成了一个相对完整的架构，在融入国际发展话语体系方面也取得了不错的效果，获得国际社会的认可。总结韩国 NGO 迅速成长的经验，主要包括以下几个方面：

一是将 NGO 参与官方发展援助纳入顶层设计，从法律和政策方面对 NGO 给予支持。在从受援国向援助国转变的过程中，韩国政府不断加大对 ODA 的投入。同时，为了更好地与国际体系接轨，开始对 NGO 参与国际发展给予支持，出台了一系列的合作计划。从 2005 年起，几乎每个 ODA 五年计划都会涉及与 NGO 的合作。这些合作计划的各个部分相互契合，共同组成从孵化培育到资金支持，再到平台搭建、评估学习等涵盖各个阶段的完整资助扶持体系。

二是构建严格的评估体系。项目未动，评估先行。完善的评估体系能够提高项目执行的效率与效果。评估体系主要包括制定标准化的评估指标，构建科学、公正、透明的评估流程以及严谨的评估机制。其中，评估标准是评估体系的核心所在，其合理与否对评估结果起决定性作用。从韩国的经验看，评估体系的制定，应坚持博采众长的原则，参考 OECD 和发达国家的评价标准、评估范围以及评估机制，制定既符合国情又具有包容性的全流程评估体系。

三是搭建 NGO 参与官方发展援助的平台。平台搭建是 NGO 参与官方发展援助的重要保证，尤其在 NGO 走出去的初期阶段，一方面，平台有助于加强 NGO 之间的联系和互动，形成统一管理、抱团援助的局面，容易形成规模效应；另一方面，平台可以汇集 NGO 的意见和建议，更好地与政府的官方发展援助政策进行沟通。

(二) 挑战

1. 政社伙伴关系仍然需要加强

尽管韩国政府制订了一系列的合作计划，并不断加大对 NGO 的投入，但在伙伴关系方面仍然有值得改进的地方，具体表现在两个方面：

一是目前的政策制定过程仍然以韩国政府为主导，NGO 在政策制定中的作用非常有限。在 CIDC 的 25 位委员中，仅有 1 位成员来自 NGO，其他均为政府官员或其他机构代表，这意味着 NGO 的代表性不足，难以与政府的政策制定者平等对话。2017 年开展的"韩国援助项目"便是其中的一个例子，尽管 NGO 代表提出了各种批评意见，2016 年 11 月，KoFID 也正式提交了一份建议该项目必须终止的声明①，但在 CIDC 组织召开的第 27 次"2017 年 ODA 执行计划修订意见"会议上，该项目仍然获得政府支持，而后来的事实证明这个项目的确是失败的，这又进一步增加了 NGO 对韩国政府政策制定的不满，双方的伙伴关系仍然需要加强。

二是很多政策难以真正执行。KOICA 虽然在 2011 年就制定了公私伙伴中期策略，但对外只是公布了其摘要，在 2016 年召开的 CIDC 第 26 届会议上通过了"NGO 发展合作定向支持计划"，但却没有详细的执行细节。② 另外一个例子是韩国政府于 2017 年修订的"人道主义合作计划"（Humanitarian Partnership Programme），为了增进政府与 NGO 的对话，专门出台了沟通机制，但对 NGO 提出的问题，政府却缺乏进一步的对策方案，甚至缺乏反馈。③

2. 国家利益与 NGO 价值之间的张力

任何一国的对外援助都有对国家利益的考量，但部分韩国国际发展 NGO 则坚持全球意识，意指超国家利益的公共利益，因此，NGO 参与对外援助，特别是国际发展重点领域、政策的制定，必然会存在 NGO 价值

---

① 与 KCOC 工作人员的访谈记录。2019 年 7 月 4 日，韩国首尔 KCOC 总部办公室。
② OECD, *OECD-DAC Peer Review 2017 Korean Civil Society Report*，2017，p. 27.
③ 与 KCOC 工作人员的访谈记录。2019 年 7 月 4 日，韩国首尔 KCOC 总部办公室。

与国家利益之间的冲突。当然，这不是韩国 NGO 独有的问题，但确是 NGO 参与国际发展不得不面临的问题。

在韩国 NGO 提交给 OECD-DAC 同行评议的报告中，韩国 NGO 认为，韩国政府"应当在对外援助中超越在自然资源、商业机会等方面的'国家利益'，重新考虑援助对发展中国家人民生活带来的影响"，要求在韩国政府对外援助有限考虑的国家名单里"增列最不发达国家"，指出 2012 年，26 个优先合作国家（Priority Partner Countries，PPCs）里只有 10 个最不发达国家（Least Developed Countries，LDCs）。后来，虽然韩国政府也按照 OECD-DAC 同行评议的建议进行了调整，在 2015 年将 26 个 PPCs 缩减到 24 个，移除了刚果（金）、尼日利亚、喀麦隆、东帝汶、所罗门群岛，增加了坦桑尼亚、缅甸和塞内加尔，但是韩国 NGO 认为这一变更没有与 NGO 沟通，所用的标准也不清不楚。例如，被韩国政府移除的刚果（金）、东帝汶和所罗门群岛都是 LDCs 名单里的国家；而仍然在名单里的秘鲁和阿塞拜疆则属于人均 GDP 在 7000—8000 美元的中等收入国家。这就导致双方在"援助有效性"的话题上难以达成一致，也是很多时候双方分歧的根本所在。

3. 缺乏对中小 NGO 的系统性支持

尽管韩国外交部于 2016 年出台的 NGO 国际发展定向支持计划中增加了对新创立和中等规模 NGO 的能力建设计划，但目前 KOICA 的资助大部分由韩国八大 NGO 执行。相比之下，大型 NGO 无疑具有更好的执行力、更好的品牌项目，更有效率，也更具有竞争力，但这会削弱 NGO 参与的多样性，许多中小型 NGO 在申请国际发展合作项目时难以和大型 NGO 竞争，并因此缺乏参与国际发展项目的机会。

第六章 国外 NGO 参与官方发展援助扶持与监管体系比较

本章将对美国、英国、德国、日本、韩国五个国家 NGO 参与官方发展援助的相关扶持和监管体系进行比较，旨在更好地归纳总结各国的特色和经验教训。

一、国外官方发展援助体系的比较

表 6-1 主要呈现了不同国家在对外援助的立法依据、对外援助事务政策制定部门、主要负责援助项目执行的部门、NGO 参与援助的专门协调部门等四个方面的基本情况。

表 6-1 五国对外援助机构比较

	美国	英国	德国	日本	韩国
主要对外援助的立法依据	《对外援助法案》《千年挑战法案》(2003)、《引领全球发展总统令》(2010)	《国际发展法案》(2002)和《国际发展法案：报告与透明度》(2006)	《2015 行动计划》及 17 个不同主题的援助战略文件	《官方发展援助宪章》(2003)、系列《日本官方发展援助白皮书》	《韩国国际合作法》《国际开发合作现代化方案》《国际开发合作 2011—2015 基本计划》

(续表)

	美国	英国	德国	日本	韩国
对外援助事务政策制定部门	美国国际发展署（USAID）	1997—2020年：英国国际发展部（DFID）；2020年6月后：DFID合并入外交部，成立新的外交、联邦事务及发展部（FCDO）	德国经济合作与发展部（BMZ）	日本外务省（MOFA）	韩国国际发展协调委员会（CIDC）
主要负责援助项目执行的部门	美国国际发展署（USAID）	1997—2020年：英国国际发展部（DFID）；2020年6月后：DFID合并入外交部，成立新的外交、联邦事务及发展部（FCDO）	德国国际合作机构（GIZ）和全球参与行动	日本国际协力机构（JICA）	韩国国际发展署（KOICA）
NGO参与援助的专门协调部门	USAID下设的创新与发展伙伴办公室（Office of Innovation and Development Alliances）	1997—2020年：DFID下设市民社会工作组（Civil Society Team）；2020年6月后：尚待合并后的新机构明确部门职能	BMZ第三司（Directorate-general 3）及五个处室（Directorate 32，Division 320-324）	MoFA下设NGO合作处	KOICA市民社会合作部（Civil Society Partnership Department）

资料来源：本书第三章"美国NGO参与官方发展援助的扶持与监管体系"；宋天琪：《英国社会组织参与政府发展援助的管理体系及其启示》，载《学会》2020年第2期；南方：《德国社会组织参与政府发展援助的管理体系及其启示》，载《学会》2020年第2期；王猛：《日本NGO参与政府开发援助的模式及其启示》，载《学会》2020年第2期；陈子真：《韩国社会组织参与政府发展援助的管理体系及其启示》，载《学会》2020年第2期。

通过对比，可以发现，在 2020 年 6 月之前，五国针对国际援助事务均设置了专门的对外援助机构，但各国在具体的机构设置和运作上采取了不同的模式：一是统一模式，即对外援助相关政策的制定与执行职责统一于同一机构；二是分离模式，即将决策与执行职能分离，分别委托于不同官方机构承担。五国中，美国和 2020 年 6 月前的英国采用的是统一模式，由专门的国际援助机构统揽国际援助的政策制定、负责项目的执行、对外援助的监督评估等一系列职能。美国国际发展署（USAID）由美国国务院直接领导，管理着美国大部分对外援助项目，职能涵盖项目设计与发布、项目申请审批、项目过程监测与评估，对对外援助项目进行全流程管理。为促进与 NGO 的合作，USAID 专门设立发展伙伴办公室，2011 年更名为创新与发展伙伴办公室。作为 USAID 内部主要负责与 NGO 沟通协调的部门，该办公室的主要职责包括向有意愿参与发展援助的 NGO 组织提供竞争性拨款、制定 NGO 参与发展援助工作的政策，以及向 NGO 提供信息、技术和项目的支持。[1]

2020 年 6 月之前，英国的对外援助事务统一由国际发展署（DFID）负责，其为独立的内阁部门，专门负责对外发展援助，致力于推动英国在减贫、疾病应对、冲突等全球挑战上发挥作用。DFID 管理了英国 85% 的对外援助资金，伦敦总部在援助政策与计划制定上发挥了核心作用，其下设 51 个国际办事处，具体负责各自所在援助国的项目实施和评估计划的制订和执行。[2] 值得注意的是，DFID 将大部分权力下放给了地方办事处，并制定了比较严格的问责制，以保障对外援助项目的效率和效果。DFID 内部设置市民社会工作组，专门负责管理 NGO 相关事务，目前有全职雇员 17 人。2020 年 6 月，英国宣布对其官方发展援助机构作出重大调整，将 DFID 合并入英国外交部，联合组成新的外交、联邦事务及发展部

---

[1] USAID's Office of Private and Voluntary Cooperation, Building Patnerships with Private Voluntary Organizations for Sustainable Development, https://usaidlearninglab.org/organization/office-private-and-voluntary-cooperation, visited on 2019-10-06.

[2] 薛澜、翁凌飞:《西方对外援助机构的比较与借鉴——改革中国的对外援助模式》，载《经济社会体制比较》2018 年第 1 期。

(FCDO)。原先的独立机构 DFID 于 2020 年 9 月 2 日关闭。FCDO 是一个融合发展和外交于一体的新的部级部门，负责英国的国际政策、对外关系和发展政策。关于此次的合并举动，目前社会各界褒贬不一，其实际运作形式和将产生的新的实际效果有待观察。

德国、日本和韩国采用的是分离式的管理模式，决策和执行机构相分离。决策层面，德国于 1961 年成立的经济合作与发展部（BMZ）是德国政府对外援助资金的主要管理部门，管理了超过 70% 的德国对外援助资金，主要负责德国对外援助政策和工作计划的制定。BMZ 同时也是德国政府支持和管理 NGO 参与官方发展援助的主要部门。BMZ 下设六个司，其中第三司主要负责民间社会的合作事务，包括合作政策和管理制度制定以及地方政府与 NGO 合作关系的建设等。第三司下设的五个处室（Directorate 32, Division 320-324）专门负责民间社会合作政策、各类 NGO 合作管理、全球参与、地方政府与 NGO 的合作关系建设，以及发展政策倡导和教育、资助资金合规和管理等具体事务。[1] 在推进援助工作进程的具体执行层面，德国目前设有执行机构德国国际合作机构（GIZ）和全球参与行动，负责全球范围内落实德国援助政策和管理援助项目。GIZ 主要与各类主体合作，包括企业、大学与科研机构、多边组织和 NGO 等，并不提供专门面向 NGO 的合作项目，NGO 申请 GIZ 的资金必须与其他各类机构竞争。而全球参与行动主要为 NGO 提供各种支持、服务和监管。

韩国也采取了典型的分离式模式。韩国 ODA 的政策制定主要是由国际发展协调委员会（CIDC）负责。在 2010 年制定的韩国"国际发展协作行动框架"的规定下，CIDC 由 25 位委员构成，包括韩国总统、相关部委部长、ODA 执行机构负责人、市民社会专家，每年召开三次会议，CIDC 根据框架协议，决定每年的执行计划，评估 ODA 的政策和成绩，调整并出台新的政策。自 2006 年召开第一次协调会议起，截至 2016 年，CIDC 总共召开了 27 次会议，出台了一系列政策，包括 2016 年 5 月通过的

---

[1] Federal Ministry for Economic Cooperation and Development, Organisational Chart of the Federal Ministry for Economic Cooperation and Development, http://www.bmz.de/en/ministry/structure/orgplan_en.pdf, visited on 2019-10-06.

ODA 与 NGO 的合作计划。[①] 韩国国际发展署（KOICA）是 1991 年 4 月成立的 ODA 执行机构，隶属外交部管辖，其目标是通过实施政府无偿援助和技术合作方案，最大限度地提高对发展中国家援助计划的有效性。KOICA 主要负责项目管理与监督、项目培训、派遣志愿者和韩国专家、国际紧急救援、与市民社会合作等工作。KOICA 下设市民社会合作部专门负责 NGO 合作事务。

日本的分离形式与韩国略有不同。日本外务省负责对外援助相关政策的制定，下设 NGO 合作处负责统筹 NGO 参与对外援助事务。日本 ODA 资金分为双边援助和多边援助，国际协力机构（JICA）主要负责双边援助项目执行，具体职责包括三个方面：提供技术合作、提供 ODA 贷款、提供拨款援助。需要注意的是，外务省还保留了部分外交需要的双边拨款援助项目由其直接执行管理。

二、国外 NGO 参与官方发展援助的支持体系比较

（一）NGO 参与官方发展援助的资质要求

对比五国对参与官方发展援助的 NGO 的资质要求，可以发现各国存在一定的共性要求，主要包括：第一，必须是具备合法注册身份的 NGO，依法开展相关活动；第二，具有比较完善的治理结构和组织管理能力；第三，近年来财务状况良好，有足够的资金能力开展国际援助项目；第四，在相关法律法规指导下合法运营且无不良记录；第五，大部分资助项目要求 NGO 的业务活动符合本国国际援助战略方向，这也是很多国家比较重视的要素。

在一些共同要求的前提下，有些国家还会针对自身特点和发展要求在其他方面对 NGO 提出相关要求，常见的诸如组织注册地、非政治性、非

---

① 资料来源：http://odakorea.go.kr/eng.structure.CIDC.do，2019 年 10 月 6 日访问。

宗教性、主营业务范围等方面的要求。在注册地方面，美国的要求就比较宽泛，不论是美国境内还是境外注册的 NGO 都可以申请 USAID 的援助项目资金，能力和需求契合度是更为重要的考量因素。英国则因项目而异，有资格申请的 NGO 必须是在联合国人类发展指数排名最低的 50 个国家之一或 DFID 认为脆弱程度为中高等的国家注册的。德国官方发展援助资金绝大部分用作资助在本国注册成立的 NGO，近两年来也开始初步小范围地探索对在受援助的发展中国家成立的 NGO 进行资助。而日本则明确只资助国内注册的 NGO 参与国际援助。宗教性差异也较为常见，如美国和英国都允许宗教背景的 NGO 参与项目；德国所资助的 NGO 中教会背景的大型发展网络组织是典型的一类，BMZ 仍有一个专门负责教会组织实施发展援助的部门[①]；但日本就明确规定宗教性 NGO 不能得到支持。此外，还有的国家设定一些与国际援助重点和策略相一致的条件限制，如英国在扶持中小型 NGO 发展的策略指引下，其主要的三个资金项目都从组织年收入方面对申请 NGO 作了明确要求，又如日本由于国内环境与问责制的相关要求，提出参与国际援助的 NGO 必须在其主营业务范围里明确包含承接项目领域等。

（二）政府对 NGO 的主要支持手段

1. 对 NGO 的资金支持及特点

为 NGO 提供项目资金支持是各国支持 NGO 参与 ODA 项目的最主要方式。如前文所述，五国资助 NGO 的 ODA 项目经费比例差异较大，欧美国家比例较高，亚洲国家占比较小。例如，2019 年，美国通过 NGO 执行的 ODA 经费占比较高，近 20%；英国次之，NGO 项目预算可达 ODA 的 10.5%；德国 NGO 承担了约 7.1% 的 ODA 预算；而 2019 年，韩国通过 NGO 实施的对外援助项目资金仅占年度 ODA 总预算的约 2%；日本最低，NGO 只承担了 ODA 总预算的约 1.5%。

---

① S. Engel, Germany's Government-Civil Society Development Cooperation Strategy: The Dangers of the Middle of the Road, *Cosmopolitan Civil Societies: An Interdisciplinary Journal*, Vol. 9, No. 1, 2017, pp. 42-59.

虽然各国支持 NGO 参与 ODA 的资金力度差异较大，但是各国都将 NGO 作为在国际执行官方发展援助项目的重要合作伙伴，并设置了不同形式、不同规模的资金项目，支持 NGO 参与到对外援助事务中来。

（1）美国的特点是 USAID 对 NGO 直接资助并由 NGO 自我实施项目的资金比例非常低，2019 年，这类资金仅占 ODA 资金的 0.02%，而通过赠款或合同机制由 NGO 实施 USAID 的项目资金占 ODA 资金的 19.51%。这意味着 NGO 实施 USAID 的项目，主要还是完成 USAID 的战略意图和目标。当然，赠款方式受 USAID 的监督管理程度较低，而合同方式受 USAID 的监管程度较高。美国的另外一个特点在于委托大的承包商作为中介，由承包商向 NGO 发包，对 NGO 进行项目审批、监测与评估。

（2）英国的特点是早期 DFID 对 NGO 的资助偏向于大型 NGO，而且不少项目是长期的战略性委托资助。在这种模式下，英国发展出一大批规模较大、经验丰富的大型国际 NGO。但这种支持方式也产生了弊端，获得资助的 NGO 有机会参与国际项目，而其他中小型 NGO 缺乏相应的机会。为此，近年来，英国调整了扶持策略，结束了 PPA 项目，取而代之的是三个以扶持中小型 NGO 为目标的资金项目，这反映了英国对 NGO 参与官方发展援助宏观政策的整体调控，一方面有丰富国际经验的大型 NGO 继续在其支持下参与官方发展援助项目，另一方面设置更多样的项目类型、划分更多层次的项目规模，为中小型 NGO 提供更多参与和提升的机会和空间。

（3）比较而言，德国的官方发展援助资金对 NGO 的补贴幅度最高。从 2015 年开始，德国增加了 NGO 补贴的比例，并一跃成为全球给予 NGO 在发展援助领域自主开展工作的最大援助国，而其他国家直接资助 NGO 在国际自主开展援助工作的资金比例一般较低。不过，以往德国官方发展援助资金一般只资助本国注册成立的 NGO，而不直接资助受援国的 NGO，但近年来，德国也开始小范围探索对受援国的 NGO 给予资助。

（4）日本对 NGO 参与官方发展援助的资助资金占 ODA 资金的比例最低，但项目资助呈现出多元化、多层级的特征。除了资助大型 NGO 的无偿援助资金项目之外，还有专门针对国际紧急救援任务设立的人道支持项目，为 NGO 开展国际调研、评估和培训的补助金项目，以及支持规模较小、经验较少、专业性不足的草根技术合作项目，能够满足不同 NGO 多样化的援外需求。

（5）韩国 NGO 参与官方发展援助项目主要是委托类的项目。由于开展官方发展援助的历史并不长，韩国不论是参与 ODA 的 NGO 数量，还是 ODA 资助 NGO 的资金规模，在五国中都是比较小的。很多参与国际援助的韩国 NGO 其资金主要来源是私人捐赠，政府资金尤其是 ODA 的资助占比相对较小。[①] 而另外一个特点是，韩国也是五国当中，对 NGO 进行财务审计、项目监测与评估最严格的国家。

2. 为 NGO 进行能力建设

从美国、英国、德国、日本和韩国的经验看，对被资助的 NGO 进行能力建设是这些国家普遍的做法。从内容上看，可以分为技术咨询和专业能力培训两类；从主体上看，可以分为对援助方 NGO 和受援国合作伙伴的两类能力建设活动。

（1）美国在能力建设方面侧重于对 NGO 合作伙伴的内部专业能力提升。例如，USAID 财务管理办公室为中小型 NGO 申请者提供能力建设支持，且可将部分拨款用于 NGO 的内部能力加强工作上，待其能力足够后再另行拨款支持其开展国际援助项目。

（2）英国对 NGO 能力建设的理念更多地融入项目执行中。一方面 DFID 更多地向大中小型 NGO 提供项目支持，另一方面在项目申请和执行过程中相应地为机构提供有针对性的培训。

（3）德国 GIZ 更注重合作伙伴国家的技术合作和能力建设，全球参与行动则侧重于在国内通过倡导创造良好的对外援助合作环境以及为 NGO 提供技术咨询服务。值得一提的是，德国在项目执行过程中非常注重对援助国合作伙伴能力，特别是其评估能力的培养与提升。例如，德国会为受

---

① 资料来源：韩国国际发展合作 NGO 数据（Korean International Development Cooperation NGO Statistics），KCOC 提供。

援国政府、合作伙伴、高校学者等群体提供培训，并会邀请相关群体参与项目地开展的评估活动。

（4）日本的能力建设活动具有鲜明的同行支持特色，外务省会邀请富有国际援助经验的 NGO 为同行提供具体支持。主要做法包括：委托有经验的 NGO 对有意开展国际援助的 NGO 提供技术操作方面的专业咨询服务，聘请 NGO 同行专家为有志于从事 NGO 国际援助事业的年轻人提供 NGO 国际化事务培训等。外务省也会设立项目直接出资资助 NGO 员工赴国际培训学习等。

（5）韩国的主要做法是公私合作，由 KOICA 和国际 NGO 支持型网络组织 KCOC 合作开展孵化项目，对 NGO 提供教育—咨询—活动—商业化的连续性综合能力建设，为原本能力不足的中小型 NGO 提供资金和学习机会。

3. 支持型组织的中介作用

调研发现，五个国家均存在国际 NGO 的支持型组织，将从事国际发展工作的广大 NGO 联合起来相互协助，并在国际 NGO 和政府之间发挥重要的沟通和协调作用，促进国际 NGO 更好地发展壮大。这些支持型组织主要发挥以下功能：第一，为国际 NGO 提供交流机会，加强同行之间的联系、经验交流与合作。第二，充当政府主管部门和国际 NGO 之间的桥梁纽带，通过直接沟通或政策倡导，为国际 NGO 传递解读政府政策方向，帮政府传达对国际 NGO 的需求，营造更好的合作环境。第三，为国际 NGO 更好地参与对外援助提供各种能力建设机会和开发各种参与对外援助的工具包。第四，在国内开展政策宣传和倡导，一方面提升国内民众对 NGO 参与国际援助的认识，为 NGO 参与国际援助营造更加良好的国内环境；另一方面为国际 NGO 争取更有利的政策环境与政府支持。

表 6-2　五国国际 NGO 支持型组织概况

	英国	德国	日本	韩国	美国
	BOND	VENRO-INGO	JANIC	KCOC	InterAction
会员数	426	120	200	139	175
主要职责	为国际 NGO 提供交流平台；为国际 NGO 提供支持服务，包括政策解读、技术培训、操作工具等；进行政策倡导，协调政府要求和 NGO 需求，为国际 NGO 发展营造更优环境	促进国际 NGO 间的协同合作；促进政府与国际 NGO 间开展对话；开展政策倡导，推动制定更有利于国际 NGO 的资助政策	连接外务省与国际 NGO，增进联系与对话；开展政策倡导，为国际 NGO 发展营造更优环境；推动 NGO 与其他部门对话；NGO 能力建设；促进公民参与和支持；接待赴日活动的境外 NGO	促进国际 NGO 间的信息分享；促进 NGO 与政府间的沟通协作；为国际 NGO 提供能力建设服务	召集会员联合起来共同面对国际问题；在救援领域提供咨询、合作服务；进行政策倡导，为会员组织向政府和议会发声，表达国际 NGO 诉求
开展的主要活动	将会员分成不同类型的工作组，组织会员进行交流；举办展行业年度会议；进行行业颁奖；进行专业培训；进行政策倡导；开展筹款与合作资源链接活动；提供项目管理工具；提供行业招聘服务	主要以工作组的形式，完成行业政策审查、组织专家会议、确定和发表联合立场并形成政治游说的基础；进行教育培训；举行行业研讨会；提供各类信息和出版物	以工作组方式组织会员交流与合作；创建地区间和系统内 NGO 网络；与国际同类组织 BOND、InterAction 等合作；组织与外务省和 JICA 的正式对话；开展行业研究与政策倡导活动；进行专业培训；为草根 NGO 提供咨询服务；担任 NGO 工会国际合作论坛秘书及 NGO 和商业促进合作网络秘书	开展国际发展合作交流活动；进行教育培训；制订公私合营孵化计划；派遣国际志愿团队；协助 KOICA 开展资助项目 NGO 筛选；举办行业论坛与研讨会；分享国家与行业信息；提供行业招聘服务	进行工作组、会员组织间交流；举办年度论坛；进行专业培训；开展筹款与合作资源链接活动；协调会员组织、美国政府相关部门等利益主体就相关国际发展议题开展协商合作；提供行业招聘服务

(续表)

	英国 BOND	德国 VENRO-INGO	日本 JANIC	韩国 KCOC	美国 InterAction
与政府主管部门的关系	接受DFID的资助，政府资助约占总收入的25%	接受德国BMZ、GIZ、德国联邦发展基金会等的资助，约占总收入的39%	接受外务省和JICA的资助，约占总收入的38%，是最主要的收入来源	接受KOICA及其他政府相关资金的资助，约占总收入的37%	接受USAID和美国国务院的资助，约占总收入的35%
与会员的关系	会员年费根据NGO的支出规模和距伦敦距离确定。组织规模越大，基础会费越高，从173英镑（年支出10万英镑以下）到8767英镑（年支出6000万英镑以上）不等。距伦敦越远，折扣越大，从零折扣（距伦敦50英里内）到50%（英国以外国家）不等。实际会费为基础会费加组织非限定性支出的0.025%。会员主要权益：会员联络、获取专业信息、付费服务折扣等	正式会员年费根据NGO年收入规模确定，从320欧元（年收入50万欧元以下）到61600欧元（年收入1.8亿欧元以上）	标准会员年费根据NGO年收入规模确定，从3万日元（年收入3000万日元以下）到10万日元（年收入1亿日元以上）。会员主要权益：获取行业信息、参与项目筹划和筹款等相关活动、优先参与学习与培训活动、优先购买相关书籍和材料、扩大媒体曝光。会员义务：提交合作声明、年度财务报告、年度活动报告、配合中心活动的筹划和开展	正式会员会费每年50万韩元，入会费50万韩元，承接KOICA民间与政府合作项目（CPP）的组织每年还要相应地缴纳特别会费，约为CPP项目补贴的1%。会员主要权益：政府国际开发政策制定过程中参与意见表达、会员联络与合作、优先参加教育培训活动、有资格获得NGO志愿服务团派遣、获取免费的行业信息资料	会员年费根据组织年支出规模确定，从2100美元（年支出200万美元以下）到5.6万美元（年支出10亿美元以上）。会员主要权益：与政府官员沟通、增加媒体曝光、会员组织间联络分享、技术与能力建设支持

(续表)

	英国 BOND	德国 VENRO-INGO	日本 JANIC	韩国 KCOC	美国 InterAction
理事会的构成	由10名理事组成，包括1名理事长、2名副理事长、1名财务官，均从会员中选举产生，三年一届，最多连任两届	由11名理事组成，包括1名理事长、1名理事长助理、3名理事代表，均来自会员组织	由18名理事组成，包括1名理事长、3名副理事长、2名审计官，均由会员组织领导人担任	由17家NGO组成，包括1家理事长机构、2家副理事长机构和2家审计机构	由29名理事组成，包括1名理事长、1名财务官、1名当然委员（Ex officio）。其中，当然委员由InterAction领导层担任，其他理事由会员组织领导人担任。选举兼顾组织大小、地理位置等
资金来源	31%付费服务，25%政府资助，23%会员会费，18%民间捐赠，3%其他收入	44%会员会费，39%政府资助，12%民间捐赠，4%结转上年，1%其他收入	38%政府资助，25%民间捐赠，22%付费服务，13%会员会费，2%其他收入	44%结转上年，30%会员会费，26%其他收入	43%会员会费，35%政府资助，14%民间捐赠，7%付费服务，1%其他收入

注：每个组织都设有不同级别会员，此处信息体现的是最主要的标准/正式会员的情况。各国各组织分类规则与定义存在差异，这里归纳合并为几个基本的大类。韩国 KCOC 财报分类较粗，信息量有限。德国 VENRO 的相关信息反映的是 VENRO 的整体情况，而不是其 INGO 分支机构的情况。

数据来源：https://www.bond.org.uk/join/become-a-member，visited on 2022-05-29；BOND Report and Financial Statement，https://www.bond.org.uk/sites/default/files/bond_annual_report_and_financial_statements_2019.pdf，visited on 2019-10-11；https://venro.org/english/who-we-are，visited on 2020-02-03；VENRO Annual Report 2009，https://venro.org/fileadmin/user_upload/Dateien/Daten/Publikationen/Jahresberichte/Venro_Jahresbericht_2010_Webversion_EN.pdf，visited on 2020-02-03；南方：《德国社会组织参与政府发展援助的管理体系及其启示》，载《学会》2020 年第 2 期；https://www.janic.org/en/，visited on 2020-02-03；JANIC Financial Statement 2018，https://www.janic.org/wp-content/uploads/2017/05/financialstatement2018.pdf，visited on 2020-06-12；https://www.ngokcoc.or.kr/，visited on 2020-06-12；https://www.interaction.org/，visited on 2020-06-12；InterAction 2018 Financial Report，https://www.interaction.org/wp-content/uploads/2020/04/InterAction-FS-Audit-FY-19.pdf，visited on 2020-06-12。

通过表6-2信息的对比，可以发现：

从组织规模上看，这些支持型组织都具有一定的规模，会员数均过百，英国BOND更是拥有高达400余家会员组织。会员数量一方面反映了这类支持型组织的吸引力和行业影响能力，另一方面也反映了行业对支持型组织的需求程度。

在开展的主要活动方面，主要与各个组织的职责相对应。在构建国际NGO行业网络方面，工作组的模式被广泛采用，即根据会员关注的议题、国际活动的区域等类型分成不同的工作组，日常主要是由工作组开展具体交流合作活动。另外，支持型组织主要发挥平台的功能，促进国际NGO之间的交流与合作，促进国际NGO与政府间的对话，帮助国际NGO链接资源。

在收入结构方面，会员会费和政府资助是各个支持型组织最主要的资金来源，它体现了支持型组织与会员和政府的关系，是政府与会员之间的桥梁与纽带。会员会费的比例高体现了这些支持型组织服务会员的基本功能，而政府资助比例高则表明政府对这类支持型组织的重视和支持。

三、国外NGO参与官方发展援助的监管体系比较

美国、英国、德国、日本和韩国根据本国国情和对外援助战略的需求，分别制定了各具特色的监管机制。表6-3概括了五国对NGO参与官方发展援助的监管与评估机制的基本情况。

表6-3 五国监管与评估机制比较

	英国（2020年6月前）	美国	德国	日本	韩国
评估主管部门	DFID	USAID	BMZ	外务省	国际发展委员会评估小组委员会

(续表)

	英国（2020年6月前）	美国	德国	日本	韩国
评估执行部门	DFID	USAID	DEval	JICA	KOICA
开展绩效评估或影响评估的项目数量	部分	部分	部分	极少	全部，但不同类型项目的评估要求不同
开展项目绩效评估或影响评估的项目选择	与战略需求的契合性；项目资金规模；捐赠方意愿；技术工具辅助	未使用过的或评估过的新干预方法；与国家发展合作战略计划契合度	符合重点领域和国家战略方向的项目	外务省基本不评估，JICA对个别重点项目进行评估	项目结束后2—4年的项目、项目预算200万美元以上，且符合KOICA评估需求、可评估性较高的项目更易被选择开展后评估
评估主体	内部评估顾问、第三方专业评估机构、英国援助影响独立委员会（ICAI）	内部评估人员、第三方专业评估机构	第三方专业评估机构（重视受援国本地专家的参与）	内部项目管理人员、第三方专业评估机构（重视受援国本地专家参与）、内外联合组成评估小组	内部人员、第三方专业评估机构、内外联合组成评估小组
评估指标	OECD-DAC五项指标	OECD-DAC五项指标	OECD-DAC五项指标	OECD-DAC五项指标	OECD-DAC五项指标

数据来源：英国DFID调研访谈，2019年6月25日，伦敦；德国BMZ调研访谈，2018年12月9日，柏林；日本外务省NGO合作发展部调研访谈，2019年1月21日，东京；日本JICA调研访谈，2019年1月22日，东京；KOICA调研访谈，2019年10月14日，首尔；本书第三章"美国NGO参与官方发展援助的扶持与监管体系"；宋天琪：《英国社会组织参与政府发展援助的管理体系及其启示》，载《学会》2020年第2期；南方：《德国社会组织参与政府发展援助的管理体系及其启示》，载《学会》2020年第2期；王猛：《日本NGO参与政府开发援助的模式及其启示》，载《学会》2020年第2期；陈子真：《韩国社会组织参与政府发展援助的管理体系及其启示》，载《学会》2020年第2期。

评估职能的主管和执行部门同样可以分为两类,即统一型和分离型。英国和美国是典型的将评估主管职能和执行职能统一于独立的主管机构的国家。评估政策与优先领域由机构领导层负责制定和更新,机构内部专门设置评估部门,负责根据相关政策开展具体评估活动。在美国,分包给承包商管理的间接管理项目还会有承包商参与评估活动的执行。统一型监管与评估制度有利于保证监管评估活动的协调性和一致性,确保目标和行动高度统一。分离型的国家,如德国、日本和韩国,则将评估主管部门和执行部门进行了分割,一定程度上提高了监管评估活动的外部监管和问责能力,从而提升了评估活动的专业性。

在具体评估工作中,除了韩国,其余四国均只选择部分重要项目开展项目的绩效评估或影响评估,选择因素多与项目战略重要性和项目规模息息相关。国际项目评估的高成本是导致各国政府对 NGO 参与官方发展援助项目较少开展严格的绩效评估或影响评估的主要原因。评估团队方面,在对评估客观性和科学性的要求与日俱增的国际大环境下,各国较多引入外部评估专家或第三方专业评估团队,同时与内部评估人员共同负责评估活动的开展。在评估指标的设置方面,五个国家作为 OECD-DAC 主要国家,均采用了 OECD-DAC 开发的国际发展援助五项指标体系作为指导,各国在具体操作过程中会根据不同国情和要求重点设置二级指标。

(一) 项目监管策略

美英德日韩五国在对外援助项目的监测评估体系建设上各具特色。欧美系国家在这方面起步早、经验丰富,专业的评估机构发达,评估的指标体系完整,往往会兼顾财务审计和重点项目的绩效与影响评估;日韩两国在项目监测与评估方面表现出了不同的特点。鉴于 NGO 实施官方发展援助项目的评估成本较高,日本往往只对所资助项目的财务情况进行审计,较少对项目的绩效与影响进行评估,而韩国为了更好地对公众问责进行交代,不仅对 NGO 实施官方发展援助项目的财务状况进行严格审计,而且对资助项目进行系统、全面的监测与评估。

整体来看,各国的项目监管呈现出几个突出特点:第一,近年来,发达国家 NGO 参与官方发展援助项目的评估正从绩效评估向影响力评估转型，这一趋势日益明显，这意味着对外援助项目越来越注重援助的影响力与可持续性；第二，对评估的科学性与客观性要求加强，外部第三方评估逐渐受到重视，特别是受援国本地专家的参与；第三，评估反馈机制逐渐形成，评估结果的运用不仅是问责的依据，更是发现问题、改进后续项目的很好途径。

表 6-4　五国主要项目监管工具

项目阶段	监管工具	
前期	前置评估	
	项目设计中包含评估活动设计	
中期	中期审查	会议审查
		文件审查
后期	完整独立评估	内部评估
		外部第三方评估
		联合评估
	评估性活动	
	财务审计	

资料来源：笔者自制。

美国的项目监管有两个突出特点。第一，开展"全流程评估"，即改变事后评估的做法，将评估思维视角和评估活动拆解并融入项目实施的各个流程，形成一个由制度保证的良性循环机制，以保证评估结果的科学有效。在国家和地区发展合作战略假设阶段，需明确评估任务优先级和评估方法；在绩效管理计划阶段，需明确评估的项目、目的、活动，以及开展的评估类型、问题、预算、执行时间段等；在项目设计阶段，需要制订具体的监测评估计划，包括所有计划实施的评估活动，并开始规划影响力评估；在项目实施阶段，要重点保证所有内部评估计划的实施；项目回顾阶段的主要任务是从评估过程中总结学到了什么经验、如何改进同类项目，以指导后续项目的改进和评估活动的实施。第二，重视信息公开与透明度。美国通过建立完善的发展援助信息披露制度和向公众开放的数据库，以实现社会对美国发展援助工作的监督和评估。2014 年 10 月，USAID 发布了其有史以来第一个开放的发展援助数据（DDL）向全球开放其资助的数据。在 USAID 官网上，有专栏公示政府援助政策、国际援助贷款收益、援助项目绩效和审计报告、项目进度资料等文件。美国政府要求所有参与对外援助的政府部门、公共机构、企业和 NGO 定期按要求上传资料，持续建设海量数据系统，无偿开放下载，以吸引更多公众参与监督和捐赠支持。

英国近年来提出了"嵌入式评估"模式，与美国的全流程评估的理念相似，即把评估思维嵌入项目各环节，在各环节设计与执行过程中充分考虑评估要素，搜集评估信息，提升评估可行性和效率。但是，英国开展嵌入式评估的重点手段和美国存在差别。美国的全流程评估是通过制度性手段来保障评估效果，各个阶段环节都以制度形式规定动作，设定明确固定的计划文件要求和模板格式，NGO 只需按照固定文件要求开展评估活动计划。英国则是通过人力资源来保证嵌入式评估的效果，即在 DFID 内部，对各相关部门的工作人员开展评估专业能力培训，项目执行各环节涉及人员以及未来有意愿从事评估性质工作的员工都可以参加培训，通过考核的员工被授予评估顾问职务，有能力在项目各环节带着评估思维管理项目，为更好地开展评估做准备。

德国除了重视发挥独立第三方评估机构——德国发展评估研究所的作用之外，在对外援助项目监管中，比较注重援助国合作伙伴的参与，所以在其监管策略中非常鼓励援助国合作伙伴参与项目绩效评估，并设置了很多旨在提高伙伴评估能力的建设活动，主要形式包括：第一，对伙伴机构以及受援国政府部门、大学和 NGO 广泛提供评估能力培训；第二，通过实地参与评估活动，在过程中学习积累经验；第三，邀请受援国研究院所专家参与和支持评估工作，加强与德国评估专家的交流学习。

日本对国际援助项目的监测评估较为侧重于对援助资金使用合理性与有效性的评估，通过项目完成结果与目标的匹配度来评估项目效果，并对资金使用进行审计，以期对国民纳税人有所交代。但是，由于近年来日本经济下滑，国内民众对国际援助理解度明显下降，认为国内依旧存在很多社会问题没有解决。在这样的背景下，日本外务省判断或许财务审计与绩效评估无法充分证明资金使用的必要与有效性，故于近期开始考虑在将来开展影响力评估的可能性。

韩国的项目监管机制与其余四国呈现出明显差异，即其对所有援助项目开展评估，而非像其他国家只对部分项目开展绩效或影响评估。不过，对于不同类型的项目，其评估的复杂程度不一，只有重点项目，才会进行系统全面的绩效与影响评估。韩国的对外援助相比其他四国发展较晚，援助体量相对较小，对所有项目开展评估在预算成本和人力配置等条件下目前尚可实现，且能够对其将来对外援助的不断发展壮大积累经验。而对于美英德日的援助体量来说，实现全部项目评估不论是在人力投入还是资金投入上都是成本巨大、难以实现的。

（二）评估项目的选择机制

如前所述，大部分主要援助国都是对部分援助项目开展绩效或影响评估，这就涉及如何选择评估项目的问题。

英国在选择评估项目时首要考虑该项目与英国政府在受援国的援助战略契合度。项目资金规模、捐赠方的意愿也是重要的考量因素。一般来说，对于援助资金规模较大的、捐赠方要求评估的项目会重点考虑评估。为了更科学地选择被评估的项目，DFID开发了一套技术工具，其中包括了项目的战略重要性、与DFID评估优先需求的契合性、证据基础、规模化潜力、规模/风险/创新性、评估需求与用途、可操作性和时机等八项指标，项目执行部门根据工具指标进行打分，根据得分最终得出三类结果：必须被评估、可以考虑评估和不需要完整的评估，而最终决策由项目实施主管部门决定。

USAID对国际援助项目设置了三种必须评估的情况。第一，每一个负责管理援助资金、执行援助项目的代表处和执行部门对每一个项目都必须至少开展一次评估，但要注意此处的评估是指广义上的评估，既包括对项目的绩效或影响评估，也包括对某一单独活动或某一种干预方法的评估，或者对绩效管理计划或项目监测评估计划中涉及的项目相关问题的评估等，因此该规定实际上可以理解为对每一个项目必须开展评估活动，而非狭义上的、系统的项目评估；第二，在条件允许的情况下，每个代表处和执行机构必须对新的、未经测试过的干预手法开展一次影响力评估；第三，每一个代表处在国家发展合作战略计划期间（一般是5年）必须至少开展一个项目的系统的绩效评估。

德国对国际援助项目开展评估的选择机制是通过年度项目评估计划来确定的。该计划由 BMZ 和德国发展评估研究所共同提案，再结合社会比较关注的领域来最终确定的。计划评估的项目基本符合两个特征：其一，符合德国国际援助的重点领域和国家战略方向；其二，项目与重大执行机构合作开展。

日本的评估往往是基于社会信任，对上报项目进度和成果材料及其证明材料作书面材料的审核，较少在国际开展系统的绩效或影响评估，只开展财务审计。比较而言，JICA 会根据需要对极少数重点项目开展评估。

韩国尽管会对 NGO 参与的官方发展援助项目进行系统评估，但每个项目开展评估的类型、要求和复杂程度并不相同。对于重点评估的项目，选择时的主要考虑因素包括时间节点、项目资金规模、评估需求和可评估性。通常，项目结束后 2—4 年的项目、项目预算 200 万美元以上，且符合 KOICA 评估需求、可评估性较高的项目更易被选择开展后评估。

（三）评估方式

五个国家开展评估的方式主要包括财务审计、带有评估性质的审查活动和项目评估。项目评估一般会涉及项目合理性、社会和经济效应、资金使用效率、影响与可持续性等多个方面。通常，项目评估的周期较长、成本较高、科学性较强。财务审计更多地专注于援助项目的资金使用情况，而评估性活动包含了广泛的带有评估性思维而开展的旨在保证项目实施效果的活动，一般某一阶段为了某一个具体的目的开展，同一个项目可能在不同阶段开展不同的评估性活动，各个活动间也可以没有直接联系。

在评估方式选择上，欧美国家比较相似。美、英、德三国通常三种方式都会开展，依据上文所述选择重点项目开展系统的项目评估，其余项目则通过加强评估性活动来保证质量，财务审计通常是所有项目都必须开展。日本则主要以财务审计为主，而韩国对财务审计与项目评估的要求相对比较高。

从评估的实施主体看，各国的评估团队结构都比较多元。美国实行的是外部第三方评估和内部评估的混合模式，每年第三方评估预算约为项目总预算的3％。英国对于独立评估的项目一般会聘请第三方专业机构来开展，但会有DFID内部的评估顾问参与协调和配合评估工作。此外，英国援助影响独立委员会会对英国对外援助项目开展独立的项目财务审计。英国援助影响独立委员会是英国专门为监督对外援助资金使用而成立的独立公共机构，直接通过下议院国际发展委员会或其下属的英国援助影响独立委员会小组委员会向议会汇报。德国主要是通过DEval这一独立机构开展外部评估，该机构比较特殊，是政府出资、通过机构章程保障其专业性和独立性的第三方机构。德国非常注重受援国相关主体评估能力建设，故会邀请当地的专家、学者参与评估活动。日本主要由外务省和JICA对NGO开展内部资金审计，此外JICA会对个别项目邀请项目领域特别是受援国本地的相关领域专家与其一起开展内外部联合评估。韩国的评估分为内部评估、外部第三方评估和联合评估，适用于不同类型的评估活动。

（四）评估指标体系

美国、英国、德国、日本和韩国均是OECD成员国，也是国际上对外援助的主要国家。这几个国家在援助项目评估指标体系的选择上均使用了OECD-DAC指标体系。

表6-5　OECD-DAC评估指标体系

指标	定义	主要问题
相关性	衡量援助活动在何种程度上契合目标群体、受援国和捐赠者的优先需求和政策规定	项目目标在何种程度上持续有效；项目活动和产出是否与整体目标和实现具体目标的行为相一致；项目活动和产出是否与预期影响和效果相一致

(续表)

指标	定义	主要问题
有效性	衡量援助活动达到其具体目标的程度	项目具体目标达到/可能达到的程度如何；影响具体目标达成与否的主要因素是什么
效率	衡量项目的投入产出，包括定性和定量方面。主要评估援助活动是否使用了尽可能低的成本达到预期目标	项目的成本效益如何；项目目标是否按时实现；与其他方案比，该项目或方案是否以最有效的方式实施
影响	衡量发展干预手段（直接或间接、有意或无意）所产生的积极和消极变化	该项目的结果是什么；该项目对目标收益群体产生了哪些真实的改变；有多少人受到影响
可持续性	衡量项目积极影响在捐赠资金撤出后是否能够持续。项目需要在环境和财政方面可持续	在项目资金资助停止后，项目创造的积极影响可能在何种程度上持续；影响项目可持续性的主要因素有哪些

资料来源：Evaluation Criteria, https://www.oecd.org/dac/evaluation/daccriteriaforevaluatingdevelopmentassistance.htm，visited on 2019-11-17。

OECD-DAC 指标体系主要设置了五个方面的指标，涵盖项目的相关性、有效性、效率、影响和可持续性五个方面。在具体操作时，一般会以项目为单位，由评估小组根据该指标体系和项目内容制定和细化具体的评估问题。此外，随着性别和环保议题在国际发展问题上与日俱增的重要性，很多国家在项目评估中都会将性别和环保指标加入评估体系中，通常是将这两类因素融入有效性、影响或可持续性指标内设置为二级指标。

第二部分

国外NGO参与全球突发公共卫生事件的策略和机制

全球突发公共卫生事件是人类社会面临的共同挑战。新型冠状病毒肺炎疫情等一系列全球突发公共卫生事件的暴发，说明国际公共卫生安全仅仅靠单个国家或地区的努力是不够的，它需要各国通力合作，这也说明构建人类命运共同体的重要性。

国内外实践证明，在应对全球突发公共卫生事件中，NGO 是一支不可忽视的重要力量。为此，本部分以美国、英国和日本 NGO 参与全球突发公共卫生事件为例，分析国外 NGO 参与全球突发公共卫生事件的策略和机制。

第七章　美国 NGO 参与全球突发公共卫生事件的策略和机制

长期以来，美国 NGO 是参与全球突发公共卫生事件最活跃的国家，参与了全球抗击埃博拉病毒、艾滋病毒、肺结核和疟疾传播等公共卫生事件，包括近两年全球抗击新冠肺炎疫情的行动。

一、美国官方发展援助支持 NGO 参与全球公共卫生事件概览

美国曾经是世界上最大的公共卫生捐助国。2006—2010 年，美国对全球公共卫生的投资呈现快速增长的趋势。但是，自 2010 财年以来，美国对全球公共卫生的资金投入进入了平缓波动期，特别是特朗普政府大幅减少了 2019 财年的全球公共卫生资金。[①]

美国用于全球公共卫生的大部分资金（约 80%）来自全球公共卫生计划账户，每年另外通过其他账户提供 12 亿美元用于全球公共卫生活动。自 2001 财政年度以来，美国大多数全球公共卫生资金都用于艾滋病项目，该项目是美国全球公共卫生项目中资金最多的项目，占 2019 财年总资金的近一半；大部分资金（2019 财年超过 80%）是双边提供的，其余提供给多边组织，如抗击艾滋病、结核病和疟疾全球基金（简称"全球基金"）

---

① 资料来源：https://www.kff.org/global-health-policy/fact-sheet/the-u-s-government-and-global-health/，2020 年 9 月 8 日访问。

及全球疫苗免疫联盟（GAVI）。用于特定国家和地区工作的美国全球公共卫生资金，主要用于非洲，其次是南亚和中亚、近东、东亚和太平洋、欧洲和欧亚大陆。

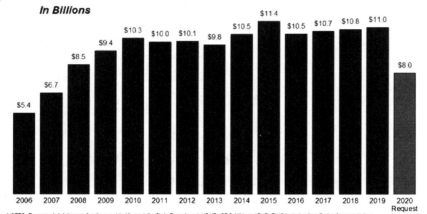

图 7-1　2006 财年至 2020 财年美国全球公共卫生资金（单位：十亿美元）

注：图中显示的是通过美国国务院、USAID、美国疾病预防控制中心、美国国立卫生研究院和美国国防部提供的已知资金总额。2013 财年数据包括了资金暂管/暂押情况的影响。2018、2019 和 2020 财年数据是初步估计值。拨款法案中未具体说明但在机构层面确定的某些全球公共卫生资金，在 2018、2019 和 2020 财年中尚为未知，且假设其维持在前一年的水平。

资料来源：凯泽家庭基金会（Kaiser Family Foundation）对《2019 年综合拨款法案》和随附的解释报告、管理和预算办公室以及美国对外援助报表的数据分析。

针对全球健康安全威胁，USAID 自 2009 年以来，已投资超过 11 亿美元的资金，以确保建立必要的系统来预防、检测和应对易流行的新兴疾病和地方病的威胁。USAID 与美国国务院、卫生与公共服务部、疾病控制与预防中心以及其他部门和机构，共同合作实施了全球卫生安全议程（Global Health Security Agenda，GHSA），该议程于 2014 年启动。截至 2018 年 9 月，已有 65 个参与国，还有 9 个国际和地区多边组织和机构，以及包括 100

多家私人企业、NGO和学术机构在内的合作伙伴参与了该议程。①

美国NGO是美国全球公共卫生工作的主要合作伙伴。实际上，美国政府用于全球公共卫生的资金中，有很大一部分流向了在一线开展实地工作的NGO。根据2014年凯泽家庭基金会的统计，2013财年有135个美国NGO通过USAID获得了全球公共卫生资金，以开展全球公共卫生活动。它们包括致力于特定全球卫生问题的NGO、在多个全球卫生领域工作的NGO以及领域更宽泛的NGO。这些NGO共同获得了USAID 2013财年的全球公共卫生支出的1/3以上（约23.2亿美元）。不过，这些资金中的91%左右集中在20个NGO中。其中，11个NGO平均资助金额高达5000万美元，74个NGO不到100万美元。在美国，NGO参与了全球公共卫生工作的几乎所有领域，其中艾滋病防控领域NGO的数量最多，获得的资金也最多。计划生育、生殖健康领域获得的资金第二，第三是孕产妇、新生儿和儿童健康领域。这些获得美国全球公共卫生资金的NGO主要在72个国家和多个地区开展工作，包括非洲、亚洲、欧洲、拉丁美洲等地区。美国政府向NGO提供的公共卫生资金的2/3用于支持某个区域和特定国家，而剩下的1/3资金用于"全球性"的努力。几乎所有国家均有一个以上NGO的活动，其中1/4以上的国家（主要在撒哈拉以南非洲）有10个或更多NGO的活动。总体而言，在非洲开展活动的NGO数量超过所有其他区域的总和。②

表7-1 USAID在亚洲支持抗击新冠肺炎疫情的情况

国家	与NGO、非营利性大学合作情况
孟加拉国	与约翰斯·霍普金斯大学（JHU）合作，通过电视转播公共服务公告传播COVID-19的准确信息，为近116200名医疗人员提供线上课程和技术支持；包括正确使用个人防护设备（PPE）、家庭自我保健技术和保护措施

---

① Global Health Security Agenda (GHSA) 2024 Framework, https://ghsagenda.org/wp-content/uploads/2020/06/ghsa2024-framework.pdf, visited on 2020-09-07.

② NGO Engagement in U.S. December 2014 Global Health Efforts: U.S.-Based NGOs Receiving USG Support Through USAID, http://files.kff.org/attachment/report-ngo-engagement-in-u-s-global-health-efforts, visited on 2020-09-07.

（续表）

国家	与 NGO、非营利性大学合作情况
印度尼西亚	与 Chemonics International 公司[a]合作，支持了 19 个省的 24 个实验室的 85 名员工的实验室技能培训。在 10 名本国官员和其他组织的专家的协助下，该培训有助于增强该国应对 COVID-19 疫情的能力
巴基斯坦	与约翰·斯诺国际公司（JSI）[b]合作，培训了将近 2900 名医护人员组成快速响应团，从事包括寻找病例，追踪、监测和报告，样本收集、存储和运输，感染防控，风险沟通，社区参与以及安全埋葬等事项
菲律宾	与消除饥饿行动组织（Acción Contra el Hambre，ACH）[c]合作，提供 280 万美元，用于紧急医疗和 WASH 计划[d]，减少疫情在受冲突和地震影响社区中传播。为医护人员和志愿者提供培训，改善洗手设施，将 COVID-19 风险意识信息纳入 WASH 程序中（强调洗手，遵守物理疏导准则以及在分发援助时戴口罩的重要性），为南拉瑙省约 13500 人提供了支持
阿富汗	与世卫组织和天主教救济服务组织（Catholic Relief Services，CRS）合作，开展疾病监测和风险沟通社区参与（Risk Communication and Community Engagement，RCCE），包括设立健康电话热线，开展健康教育会议、家庭和社区卫生促进工作

注：a. Chemonics International 是一家总部位于华盛顿特区的国际开发公司，是 USAID 官方合作伙伴，致力于在条件艰苦地区提供水和卫生服务以及环境管理。

b. 约翰·斯诺国际公司（JSI）是一家公共健康管理咨询和研究机构，致力于改善全世界服务水平欠缺的人们和社区的健康状况。

c. 消除饥饿行动组织（ACH）是一个国际人道主义组织，致力于消除饥饿，挽救营养不良的儿童的生命。通过保证这些弱势群体获得安全的水、食物、培训和基本医疗保健，使他们摆脱饥饿的威胁。

d. WASH（Water, Sanitation and Hygiene）计划，是 USAID 主导的水、环境卫生计划。2016 财年，在 USAID 与水相关投资的占总资金的 60%。在这些资金中，有 39% 分配给了非洲。在 2018 财年和 2019 财年，USAID 提供了总计 8.35 亿美元用于支持 51 个国家的水、环境卫生活动。

资料来源：USAID：COVID-19 GLOBAL RESPONSE-FACT SHEET ♯9 FY20，https：//www.usaid.gov/crisis/coronavirus/fy20/fs09，2020 年 9 月 7 日访问。

USAID 合作的 NGO 类型主要包括四种类型：第一类是合作组织。USAID 支持这类组织动员志愿者和技术专家，通过合作发展计划（CDP）开展活动。第二类是基金会。USAID 与私人慈善基金会合作，共享网络、专业知识和创新，以应对无法独自解决的挑战，包括企业家精神、农业、教育、性别和妇女问题等领域的创新计划合作。第三类是地方和区域组织。USAID 与发展中国家的本地 NGO 合作，以增强其能力，建立有效的长期合作伙伴关系，并逐渐减少对外国援助的需求。美国境外的 NGO 可以直接与 USAID 的特派团合作，也可以通过"本地工程"（localworks）计划，建立管理资源与计划的能力，还可以通过改善 NGO 的法律、财政和政治环境的计划保护和促进 NGO 和公民参与。第四类是美国本土 NGO 和国际组织。USAID 与美国本土 NGO 和国际组织，包括联合国组织、总统指定的国际公共组织（PIO）、基于信仰的组织以及其他长期的执行伙伴合作，以调动和利用资源和专业知识，维持人道主义和对外援助。[①]

美国的国际 NGO，特别是一些公共卫生领域的慈善基金会在抗击国际新冠肺炎疫情的援助方面投入了大量资金。2020 年 3 月，美国慈善协会基金会理事会向全美所有基金会提出倡议，要求它们投入大量资源来应对新冠肺炎疫情，并最大程度地发挥捐赠的影响。有 750 个基金会签署了承诺。初步数据表明，基金会在大流行期间发挥了一定的积极作用。在这场危机的初期，一些美国基金会迅速提出了对 COVID-19 测试的迫切需求，创建了新的基金来开发针对疾病的健康和经济影响的解决方案，并增加了对基层 NGO 的支持。此外，麦克阿瑟基金会、W. K. 凯洛格基金会、安德鲁·W. 梅隆基金会和多丽丝·杜克慈善基金会等规模较大的基金会均承诺大幅增加继承人的供款，以应对新冠肺炎疫情的影响。[②]

二、美国 NGO 参与全球突发公共卫生事件的策略

美国一些国际 NGO 重点关注的领域之一就是全球突发公共卫生事件。这里以国际美慈、救世军、联合之路、洛克菲勒基金会和比尔及梅琳达·盖茨基金会等典型 NGO 为案例，分析美国 NGO 参与全球突发公共卫生

---

① 资料来源：https://www.usaid.gov/partnership-opportunities/ngo，2021 年 10 月 10 日访问。
② Finchum-Mason, Emily, Kelly Husted, & David Suárez, Philanthropic Foundation Responses to COVID-19, *Nonprofit and Voluntary Sector Quarterly*, Vol. 49, No. 6, 2020.

事件的策略与方法。

（一）国际美慈参与全球突发公共卫生事件的策略与机制

1. 国际美慈简介

国际美慈（Mercy Corps）源自 1979 年 11 月为响应柬埔寨因饥荒、战争和种族灭绝的杀戮导致难民逃亡而成立的"拯救难民基金会"（Save the Refugees Fund）。1981 年，基金会被重新命名为"国际美慈"，业务拓展到其他国家，从简单的提供救援转变为提供应对饥饿和贫困的长期解决方案。①

1982 年，国际美慈的第一个发展项目于洪都拉斯开始实行，至今在全球 40 多个国家和地区开展活动，拥有 6000 名员工，为生活在贫困、灾难、暴力冲突中的人们提供援助。国际美慈的主要活动区域包括非洲、美洲、亚洲、欧洲和中东地区，主要关注领域包括：农业、现金和代金券、气候、环境和能源、新冠肺炎疫情响应、紧急响应、金融包容性、粮食安全与营养、性别平等、治理、市场发展、和平与冲突、政策与倡导、社区韧性、社会事业、技术、水、卫生与保健、青年发展等领域。其中，85%的员工来自其所工作的国家或地区。

除了紧急援助，国际美慈还与地方政府、具有远见的企业、社会企业家和生活在脆弱社区中的人们建立了伙伴关系，致力于开发应对危机的系统解决方案，使持久的变革成为可能。

2. 国际美慈参与全球突发公共卫生事件的做法

过去 20 年中，国际美慈几乎参与了全球所有重大的紧急救援工作，致力于在世界上最严峻的人道主义紧急情况中发挥持久的影响，包括在尼泊尔地震、非洲饥饿危机、印度洋海啸和巴哈马的多里安飓风中发挥了作用，还在利比里亚和刚果（金）等地致力于埃博拉疫情的遏制。② 自 2020

---

① 资料来源：https://www.mercycorps.org/what-we-do，2021 年 10 月 9 日访问。
② Preparing Emergency Relief After Severe Flooding, https://www.mercycorps.org/blog/myanmar-emergency-relief-flooding, visited on 2021-10-09.

年3月新冠肺炎疫情在全球大流行以来,国际美慈为抗击新冠疫情做出了多方面的努力。国际美慈参与全球公共卫生应急援助的主要策略和做法如下:

(1) 关于公共卫生突发事件的研究、分析和报告

国际美慈长期深耕在抗击埃博拉疫情的第一线,经过几年的工作,积累了丰富的全球经验。对于新冠肺炎疫情,国际美慈同样开展了疫情调研,通过撰写分析报告帮助内部作出决策和响应。

作为一家国际NGO,国际美慈的研究团队十分强大。通常100万美元以上的项目,都会配备专门的研究团队,每个项目至少有3%的资金用于监测与评估,这有利于知识积累和项目执行的经验总结。国际美慈的分析报告主要服务于三个群体:一是服务于内部决策;二是影响政府决策。例如,国际美慈是英国国际发展署(DFID)国际援助小组成员,经过细致的研究,发布调研报告,通过发布报告影响政府政策;三是与同行分享研究成果,帮助全球应对公共卫生突发事件。

例如,国际美慈的研究团队通过计量经济模型,对阿富汗赫尔曼德省的职业培训项目进行了评估,测试了青年失业是否与政治暴力有关。结果表明,暴力不是失业的主要驱动力,但社会地位是促进稳定的关键杠杆,就业能提高年轻人在社区中的被尊重感,从而降低暴力事件的可能性。这些研究成果表明,为青年创造就业机会本身对经济发展和增长以及社会稳定非常重要,为提高类似脆弱国家青年就业和稳定干预措施投资提供了依据和参考。[①] 在此基础上,国际美慈开发了应对疫情影响的青年就业项目。

(2) 通过资金支持促进社区韧性的恢复与家庭重建

一是通过发放应急现金和代金券解决燃眉之急。现金和代金券援助(Cash and Voucher Assistance,CVA)是一种高效灵活的援助方式,可以将决策权赋予受助者,能够满足受助群体的基本需求,增加家庭收入,保护生计,同时支持当地市场的恢复,振兴当地经济,是提供远程援助的

---

① Does Youth Employment Build Stability? https://www.mercycorps.org/research-resources/youth-employment-stability,visited on 2021-10-10.

良好选择。此外，对于被排斥或无法获得政府保护的脆弱人群，扩大CVA的投入也是更广泛的人道主义策略，可以作为特定群体获得长期社会保护援助的切入点。① 由于公共卫生事件来势迅猛、传播迅速、影响巨大，国际美慈在哥伦比亚、突尼斯、索马里、刚果（金）等受新冠肺炎疫情影响严重的贫穷国家和地区提供了紧急现金和代金券援助，以及医疗物资的捐赠，支持受灾社区的恢复工作。

二是增强弱势社区韧性，解决核心群体的生存和赋能问题。国际美慈长期致力于帮助世界上最弱势的群体重建社区。例如，在新冠肺炎疫情暴发后，国际美慈利用数十年来的应急经验应对疫情，增强社区韧性。② 国际美慈的应急响应，都基于一个基本的共识，即获得基本资源（如清洁水、家庭赖以生存的基本商品以及社区重建的经济工具）是灾后恢复最重要的因素。社区面临剧烈的变化会扰乱经济增长并危及生计，当这些社区的系统开始崩溃时，最脆弱的人群将面临最艰难的困境。因此，国际美慈致力于帮助人们通过学习来应对和适应不断发生的危机，获取资源和外部援助，保证社区的发展和未来。

公共卫生突发事件往往为脆弱社区带来新的严重威胁，加剧了难民、贫困人群或无法获得安全生活和医疗保健的人们生活的困难。自从新冠肺炎疫情大流行以来，国际美慈已经为34个国家的1500万人提供了洗手站、卫生工具包、卫生培训和公共教育等活动，以减缓病毒的传播。国际美慈利用过去40年积累的技能和经验，为最需要帮助的脆弱社区提供了救生援助，帮助最脆弱的人们保持健康和安全，满足他们的紧急需求并为未来建立韧性和复原力。

为此，国际美慈建立了韧性（Resilience）计划，74%的投资用于长期解决方案，并开发了一系列方法。通过分析、学习和行动，了解人们所

---

① Office for the Coordination of Humanitarian Affairs（OCHA），Cash and Voucher Assistance，https：//2021.gho.unocha.org/delivering-better/cash-and-voucher-assistance，visited on 2021-10-10.

② A Look Back at 2020：Challenges，Progress and a Path Forward，https：//www.mercycorps.org/blog/look-back-at-2020，visited on 2021-10-10.

依赖的社区系统，从社区到区域进行评估，确定他们的需求。具体方法包括四种：国际美慈韧性方法（Mercy Corps Resilience Approach）；包容性和韧性资源（Resources on Gender, Inclusion, and Resilience）；战略韧性评估方法（Strategic Resilience Assessment (STRESS) Methodology）；针对援助行业从业者和合作伙伴的韧性基础课程（Resilience Foundations Course for Aid Practitioners and Partners）。[①] 同时，国际美慈还为响应新冠肺炎疫情、加强社区建设，设置了专门的新冠韧性基金（COVID-19 Resilience Fund），具体涵盖了九个方面：清洁水、卫生设置、可靠的信息、心理—社会支持、食物和现金援助、卫生用品包、基于市场的支持、促进农业社区的支持、小型企业支持。[②] 新冠韧性基金优先考虑三个关键领域：保护公众健康；满足家庭的迫切需求；经济韧性和复苏。

一方面，面对疫情的直接影响，国际美慈为弱势社区提供了应急现金援助和医疗物资援助。在哥伦比亚，国际美慈与星巴克基金会合作，帮助咖啡行业从业工人保持健康以及开展工作；还通过发放现金的形式，确保因新冠肺炎疫情而失去收入的哥伦比亚人和委内瑞拉移民能够购买生活必需品。在突尼斯，国际美慈使用了3D打印技术为当地医院的一线工人生产面罩。在索马里，国际美慈在下朱巴州建立了20个洗手站，并且培训社区卫生工作者，使他们有能力开展信息传播和卫生示范。在刚果（金），国际美慈使用无线技术为流离失所的家庭提供服务，同时确保这些家庭和援助团队的安全。

另一方面，在新冠肺炎疫情蔓延的同时又发生了其他灾难的地区，国际美慈也为弱势社区提供了紧急援助资金和企业就业援助。在海地，国际美慈为劳拉飓风难民发放紧急救援现金，以帮助受灾家庭购买物资。在黎巴嫩，国际美慈为受贝鲁特大爆炸影响的小企业提供现金援助，帮助企业主重建公司，保持城市居民的就业。

---

① Resilience, https://www.mercycorps.org/what-we-do/resilience, visited on 2021-10-10.

② 9 Ways Our COVID-19 Resilience Fund Will Strengthen Communities, https://www.mercycorps.org/blog/covid-19-fund-to-strengthen-communities, visited on 2021-10-10.

（3）撬动市场，促进当地经济复苏

一是刺激市场，为受影响的小农业者提供数字和金融援助。[①] 世界粮食计划署指出，到2021年，陷入粮食安全危机的人数可能会增加82%，即增加2.7亿的饥饿人口，其中50%是小农户。随着疫情的蔓延，农村生产者对种子、化肥和其他农业资源的获取也越发困难，当地市场已经关闭，出行也变得困难，而能够弥合这一缺口的信贷也越来越少。疫情导致供应链的中断，加剧了非洲小农户生计的不稳定性，从而导致数以百万计处于饥饿的人们更加无法获得食物。这些小农户为低收入国家80%的人口提供食物，他们对保证这些人口的粮食安全尤为重要。

为应对这一危机，国际美慈从两个方面开展了对小农户的援助。第一，帮助小农户连接美国航空航天局（NASA）的卫星数据，以调试生产方式适应气候变化；第二，帮助小农户开发新的融资模式，激励农民采用更可持续的农业方式，提供现代农业方法的培训，帮助农民增加产量和收入以养活更多的人。

在具体的策略方面，国际美慈与受援地区本地的农资提供商合作，进行市场动员（market mobilization），促进市场循环。国际美慈不直接为小农户分发农具，而是将经费用于农资产品的采购，与农资提供商合作，使得小农户可以免费或低成本获取生产资料，从而激发出生产和交易的市场活力，可以在灾后第一时间恢复劳作，从而带动家庭、社区、市场三级互动。同时，国际美慈通过将移动互联网技术与金融服务相结合来刺激市场。以"Agri-Fin"项目[②]为例，"Agri-Fin"为小农户开创了创新性的移动金融服务（"农业"加"金融"服务）的平台[③]，将当地的移动技术公司、金融机构和研究组织联合起来，以"打包式"产品面向小农户，将本地金融服务、市场信息和农业技巧整合到一个基于手机的综合性软件包

[①] 4 of the Biggest Challenges We're Tackling in 2021，https://www.mercycorps.org/blog/tackling-biggest-challenges-2021，visited on 2021-10-11.

[②] "Agri-Fin"项目，是在瑞士发展与合作署的支持下于2012年7月启动的。

[③] Agri-Fin Mobile Program Provides Big Benefits on Small Phones，https://www.mercycorps.org/blog/agri-fin-mobile-program-provides-benefits，visited on 2021-10-10.

中。新冠肺炎疫情导致的供应链中断持续威胁小农户的生计，并影响到下游数以百万计陷于饥饿的人们对食物的获取。① 国际美慈在许多地区应用了"Agri-Fin"服务，有效缓解了粮食短缺威胁和食品安全。

二是刺激就业，关注核心群体的生存问题并为之赋能。除了对就业机会的投资，国际美慈还设立了专门的青年影响力项目（Youth Impact Labs），通过"就业重塑"等活动，发挥数字经济促进工作的技术经验优势，培训数字工作者，增强他们应对失业的能力，尤其是提高新冠肺炎疫情时期的缓冲、应变和抵御能力。项目通过赠款和技术援助，召集创新合作伙伴，帮助他们调整了商业模式或服务产品，保持可持续发展，在疫情大流行期间发掘和利用新的机会；还为工人提供无条件的现金支持，以支付他们拖欠的费用，助力其开办小企业以维持家庭生计。

三是针对错误信息（Mis-information）的宣传教育。对于一些经济落后、信息闭塞的地区，国际美慈还通过赋能本地公民，邀请他们参与到援助活动中，粉碎谣言，传播防疫知识，重建社区信任。② 在尼日利亚的卡诺州，国际美慈每周举办一次社区广播节目，展开关于冲突解决和新冠肺炎疫情封锁期间基于性别的暴力上升等话题的讨论。为了制止错误信息，国际美慈在尼日利亚东北部的博尔诺州实行了谣言追踪器计划，面向生活在缺乏社交隔离、营养和卫生条件差以及阴谋论环境中的群体，已追踪超过160万流离失所者。追踪器计划使用手机和无线电追踪谣言的传播路径，针对特定社区量身定制教育活动，以开展针对错误信息的宣传和教育。追踪器计划还为国际美慈正在进行的培训和参与会议提供信息，促进了地方社区与政府之间建立健康的对话机制，实现公民参与和信任的建立。

3. 国际美慈参与全球突发公共卫生事件的模式和机制

基于以上应急响应的案例可以看出，国际美慈在参与国际突发事件、

---

① 4 of the Biggest Challenges We're Tackling in 2021，https://www.mercycorps.org/blog/tackling-biggest-challenges-2021，visited on 2021-10-10.

② Ibid.

参与国际人道主义援助和应急响应时，有一套自己的方法论和工作模式。国际美慈在40余年的应急响应和灾后援助中，始终强调社区的韧性和未来发展，持续关注脆弱群体，其参与国际突发事件的模式和机制如下：

(1) 安全和风险评估机制

国际美慈的援助项目是基于人道主义需求展开的，包括地区性的响应和全球性的响应（如新冠肺炎疫情）两种类型。国际美慈设立了专门的安全小组，对是否进行响应、响应的风险和难度进行事前评估。首先，评估目的援助国是否有需求，其次评估国际美慈是否有能力参与援助。

国际美慈在国家层面设置了40多个部门，内部决策通过特别工作组（task force）的形式来执行。通常由一位全球安全专家负责牵头组建安全团队对即将开展的项目进行安全和风险评估，成员由项目管理、财务管理等各个领域的员工组成，各部门对风险评估进行响应。

具体的风险评估方法包括：

第一，基于二手资料的评估。国际美慈通过联合国机构、欧盟等国际组织和人道主义援助大国的公开资料，进行信息搜集，也参考约翰斯·霍普金斯大学网络平台的资料。

第二，风险评估下沉。总部决策通过内部的特别工作组来执行，特别工作组下沉到国家办公室的区域层面，每个区域都设置区域活动中心，由全球安全专家组织区域中心的风险评估专员，对项目安全和风险进行整体评估。这样的安全保障机制在国际美慈内部已经有效运行了多年。

此外，根据项目规模来设置安全团队。3000万美元以上的项目，通常持续时间较长，活动区域在中东等危险地区，都专门配备了具有专业背景的安全团队，首先保证组织员工的安全，然后再开展对外援助。具体实施中，是否设置安全团队，除了依据项目规模，还要依据地区来划分。一般在印尼、缅甸等国家，不配安全团队，但国家团队中至少有一个集中点（focal point）。集中点如果经费充足，则招聘专职安全人员，配到国家团队中去。此外，国际美慈还对所有员工进行风险安全培训，以增强员工识别风险、评估风险和抵御风险的能力。

（2）"3R"原则

国际美慈开展人道主义援助，始终秉持着"3R原则"，即"Relief""Recovery"和"Resilience"。"Relief"主要指的是满足紧急需求。往往在灾难发生的前两个月，包括为灾民提供水、食品、帐篷和临时居所。"Recovery"关注于短中期的需求。主要包括儿童关怀以及援助在灾难中被侵害的女孩、女性群体和残疾人，这也是社会包容性的需求。这一类型的援助主要在灾难发生后的2—6个月，属于灾后恢复。"Resilience"即韧性，关注社区综合和长期发展的能力和潜力。如果社区不幸遭遇灾难的二次打击，国际美慈希望通过其援助行动，使社区能够比首次发生灾难后恢复得更快。这一类型的援助主要在灾难发生后的6个月到1年以上。

从资金安排上看，国际美慈对基于后两种原则的资金安排，分配体量要大于第一种。以2008年汶川地震灾后援助、尼泊尔地震紧急响应为例，国际美慈对即时的应急响应和灾后长期恢复援助的资金投入比例，大致在3∶7。①

（3）重点关注群体：妇女儿童和青年

① 关注核心人群，重点援助女性和儿童

联合国妇女署、联合国开发计划署和丹佛大学帕迪国际未来中心联合发布的《从见解到行动：新冠肺炎暴发后呈现的性别平等问题》的联合研究显示，新冠疫情将普遍影响全球消除贫困的努力，但女性将受到更大程度的影响，尤其是育龄女性。到2021年，在每天生活费不超过1.9美元、生活在极端贫困中的25至34岁的人群当中，男女比例为100∶118，这一差距预计到2030年将增加到100∶121。报告还显示，到2021年，这一大流行病会使9600万人陷入极端贫困，其中4700万是妇女和女孩，生活在极端贫困中的妇女和女孩总数会增加到4.35亿，预计这个数字在2030年之前不会恢复到新冠病毒大流行前的水平。更为残酷的现实是：受到疫情影响，妇女失去生计的速度更快，部分原因是她们更容易受到重灾区的经济冲击。许多妇女为了糊口而牺牲自己的健康，因为女性身份更有可

---

① 与国际美慈中国办公室主任P先生的访谈记录，2020年2月24日，北京。

能成为一线卫生工作者和护理人员。与之相悖的现实时，女性反而不太可能被包括在抗击新冠肺炎疫情资源的决策中，因此她们的需求没有得到应有的重视。①

因此，国际美慈设计了帮助女性抵御新冠肺炎疫情的方案，通过新冠韧性基金为全世界的女性提供服务。

第一，帮助女企业家迅速适应在新冠肺炎疫情时代取得成功。疫情导致全球经济放缓，中小型企业首当其冲受到影响，欠发达的经济体中女性员工占多数的旅游、食品服务和零售等行业受到的打击最大。为了解决本就很少的女性员工面临的失业和返贫，国际美慈与微软合作的、拥有超过41000个导师与企业家的 MicroMentor 全球平台被用于女性就业项目，该平台招募了具有经济严重衰退和灾后恢复经验的导师，通过"牵线搭桥"，帮助女性企业家与适合的导师相匹配。此外，国际美慈还通过其西北分部（Mercy Corps Northwest）的女性商业中心（Women's Business Center）（俄勒冈州唯一的此类中心）为女企业家提供服务，以帮助妇女使其业务适应新冠肺炎疫情下的经济并克服障碍走向成功。该中心将俄勒冈州和华盛顿的小企业主与超过100万美元的赠款和贷款联系起来，提供深入的财务和领导力培训，已在该地区培育了2500多家企业。

第二，为现有的移动技术增添新价值。Signpost 和 TaskMoby 两个移动程序都是国际美慈为解决援助的实际问题而开发的。为解决女性因新冠肺炎疫情而遭受的失业、返贫、流离失所、被贩卖和被迫性交易，国际美慈为这两款软件增加了新的功能和价值。Signpost 是针对难民问题的数字资源中心和移动应用程序，为合法移民、在新的国家过境或过着新生活的人们提供有关合法权利、医疗保健等方面的重要资源。妇女和儿童在难民人口中的健康风险更高，在意大利，Signpost 被用来提供有关新冠病毒防护的健康和安全指导，通过路标提供信息，消除谣言并为意大利、约旦、危地马拉和哥伦比亚的流离失所者提供服务。TaskMoby 是将家政工人等

---

① 《联合国妇女署和开发计划署报告：新冠疫情将扩大男女贫困差距》，https://news.un.org/zh/story/2020/09/1065942，2021年2月3日访问。

服务提供商与工作相匹配的程序。在埃塞俄比亚，国际美慈利用 TaskMoby 帮助女性找到相匹配的工作，避免她们遭受剥削。

第三，将女性纳入到影响她们的决策过程中。国际美慈通过针对提升女性领导力而设计的领导人、维和人员和健康教育者计划，将女性置于对她们产生影响的问题中心，有助于缩小不平等差距，创造真正具有变革性的解决方案，支持基层女性领导人切实解决暴力、性别不平等和歧视问题。例如，在刚果（金）和哥伦比亚等地，国际美慈帮助女户主家庭获得食物、现金和住房援助，邀请女性担任社区卫生促进者和营养促进者，进行逐户的新冠病毒防护教育。从海地到乌干达，再到黎巴嫩，受到援助的女性领导人利用她们的知识和经验使社区获取疫情相关知识，保持有序的生活状态，维持社区安全。

此外，对于受灾的儿童群体，国际美慈也开发了一套成熟的灾后心理援助体系，已在"9·11"事件、汶川地震、印度洋海啸和新冠肺炎疫情援助中取得了良好的效果，将在后文详述。

② 培训青年群体，赋能就业和未来潜力①

在世界范围内，新冠病毒大流行导致的封锁和市场萎缩正在导致各种规模的企业关闭，或缩小规模或降低成本，就业市场低迷。在既定的就业结构之外工作的小型企业和非正式工人（其中许多是年轻人），没有储蓄或备用金来度过危机，有可能成为受到影响最严重的群体。国际劳工组织预测，全球将失去 3.05 亿个全职工作，非正式工人的收入将减少 60%。

一方面，国际美慈为失去工作或收入的工人提供赠款、技术支持和指导，创造数字化岗位需求。国际美慈关注约旦、塔吉克斯坦、伊拉克、尼日尔、肯尼亚、黎巴嫩和利比里亚因新冠病毒大流行而导致的就业市场需求变化，与技术公司和社会企业合作，开发数字工具，以帮助年轻人找到有前途的工作。国际美慈预计将在 2021 年帮助 34.1 万年轻人找到安全稳定的就业机会，目标是到 2024 年年底达到 100 万人。与此同时，还帮助

---

① 4 of the Biggest Challenges We're Tackling in 2021, https://www.mercycorps.org/blog/tackling-biggest-challenges-2021, visited on 2021-10-10.

小型企业复苏并适应新的经济形势。

另一方面,国际美慈为受新冠肺炎疫情影响地区的青年人提供就业和能力培训。国际美慈开发了"导师和网络计划"(mentorship and networking program),以提高年轻人进入就业市场的概率。该项目帮助年轻人从经验丰富的专业人士那里学习并建立数字技能,为未来几年后的高质量、高需求的工作岗位储备技能。

在东非和约旦,Youth Impact Labs 旨在为年轻技术创新者提供支持,使这些创业者的想法变为现实,获得收入,并由此促进经济,提高就业率。在尼日利亚,新企业女孩教育计划(Educating Nigerian Girls in New Enterprises,ENGINE)已帮助成千上万的年轻女性培养了专业技能,建立了信心和工作网络,使她们能够创造自己想要的未来,发挥其全部潜力。国际美慈相信光明的未来是可能的,如果能够看到通往光明未来的可行之路,那些承受着几代人贫困负担的年轻人的生活就可能会改变。因此,国际美慈致力于帮助人们应对挑战,并释放其改变自己的生活和整个社区的潜力。

(4)灵活运用既往经验,在新的应急响应中持续改进

国际美慈在开展公共卫生援助方面,积累了近半个世纪的经验,形成了自己独特的策略和工作机制。在员工的工作哲学和工作方法中,普遍强调了知识和经验的积累,并且通过地方项目经验对整体工作方法做出贡献。国际美慈内部设有电子图书馆,记录了从创立至今的大量项目内容。电子图书馆形成了非线条、多层级的大量知识文件,员工在实施新项目时,既可以查阅已经结项的项目总结资料,也可以在电子图书馆中搜寻到相关工作方法和原则的参考文件。若在已实施项目的受援国开展项目,一般就采纳已有的策略;而在新的国家和地区开展项目,则通过内部的政策、体系、标准和流程来保证安全和效率。

"9·11"事件之后,国际美慈和光明地平线(Bright Horizons)组织首先开发了"Comfort for Kids"计划,以促进纽约市儿童的情绪恢复。随后,为2005年新奥尔良卡特里娜飓风、2007年秘鲁地震、2008年中国

四川汶川地震和 2010 年海地地震受灾的数千名儿童提供了援助。① 这一计划持续在世界范围内得到推广，例如，2009 年应对加沙战争危机、为叙利亚难民中一半以上人数的儿童提供现金资助和心理援助（创造儿童友好空间 "Child-Friendly Spaces"），同时启动 "Moving Forward" 计划开展体育活动、为波多黎各飓风后的儿童提供援助，在新冠肺炎疫情暴发后国际美慈还在此计划下开发出了 "帮助儿童渡过新冠肺炎疫情危机的 10 条技巧" 等工具包。

在抗击埃博拉疫情中，通过总结 2014—2016 年在西非埃博拉疫情中的工作经验以及对刚果（金）持续暴发埃博拉疫情的反应，国际美慈了解到预防的及时性、获得真实信息以及清洁水的至关重要性，这些经验在抗击利比里亚埃博拉疫情期间得到了很好的应用。国际美慈与 77 个国家和国际合作伙伴组织以及 15000 名社区教育者合作，使利比里亚一半以上的人口受益，并帮助阻止了疫情的蔓延。

在应对新冠肺炎疫情的全球响应中，国际美慈更是基于既往的经验，着重将数十年来对弱势群体和社区的援助经验移植到受新冠病毒大流行影响的社区和群体，结合当地实际情况持续改进。

在全球公共卫生的应急响应中，国际美慈最大的特点是灵活，并且有能力关注全球热点、关注应急发展的需求。国际美慈目前的全球员工有 6000 多人，年度预算为 6 亿美元，并不属于超大型规模的国际 NGO。与大机构比，国际美慈在灾难发生后，能够及时根据受助群体需求的变化，快速转换策略、转换方向。所谓 "船小好掉头"，使得国际美慈有能力关注全球发展领域的一些紧急性的问题。②

（5）与国际公共卫生援助体系中其他主体的关系及策略

进入 2021 年，新冠肺炎疫情后的世界面临着多重挑战，且这些挑战本身也是相互关联的。国际美慈基于 "没有一个组织可以单独解决其中的

---

① "Comfort for Kids" Responds to Emotional Trauma in Children, https://www.mercycorps.org/press-room/releases/comfort-kids-responds-emotional-trauma-children, visited on 2021-10-10.

② 与国际美慈中国办公室主任 P 先生的访谈记录，2020 年 2 月 24 日，北京。

任何一个挑战"的认知，采取整体的视角，来研究每次危机的根本原因以及它们之间的联系，以了解这些危机如何影响世界上最脆弱的人群。同时，国际美慈还与合作伙伴组织、政府、私人公司、所服务的社区中的人们合作，开发实用的长期解决方案。

第一，国际美慈在联合国人道主义救援的机制下开展应急响应。为提高效率，国际美慈开发了自己的信息技术，解决落后地区信息不通或滞后的问题，通过云处理方式，尽量缩短援助响应。此外，国际美慈也积极推进联合国人道主义救援体制的改革和优化。

第二，与其他 NGO 和企业开展密切合作。国际美慈虽然在公共卫生领域的应急响应取得了可观的成就，但并不专门做医疗援助。因此，国际美慈与不同领域、不同专长的 NGO 和企业合作，发挥其不同优势，共同应对疫情。例如，与星巴克基金会合作，帮助非洲地区受疫情影响的农民恢复生产；与瑞士发展与合作署、美国航空航天局合作，开发农业金融软件，解决非洲小农户的疫情危机，保障粮食安全。

第三，国际美慈虽受到多国政府资助，但力图保持自身中立；同时在受援国，与当地政府积极建立联系与合作。国际美慈只接受来自政府的捐款（grant）[①]，捐赠者不能对项目进行干预或施加影响，每年会按要求披露年报并对其作出解释。国际美慈的所有援助项目，都是基于人道主义援助的四大原则，即人道、公正、中立和独立来开展活动。

第四，在进入受援国时，国际美慈积极联系当地政府，并结合内部评估机制及时调整策略。以巴基斯坦为例，两年前，政府颁发禁令，禁止国外 NGO 进入，导致许多在当地开展发展援助项目的国际 NGO 纷纷撤出。而国际美慈是少数坚持下来并后续设立了办事处的 NGO 之一。这得益于国际美慈内部的冻结策略（Frozen）。冻结策略是根据国际美慈在贫困、战乱和不稳定地区，长期以来开展人道主义救援的经验总结出来的。对于正在开展的项目，国际美慈有一套评估和安全监测体系。当某种外界条件

---

① 与之相对应的政府资助，还有合约（contract）的形式。合约类型的项目执行是受到资方制约的，因此，国际美慈几乎没有任何合约形式的政府资助。

发生时,就触发冻结策略,项目暂停,工作人员在原地维持不动、等待时机。在特别危机的情况下,则全体撤出受援国。触发条件的发生,一是在类似巴基斯坦政府颁发禁令的情况下,受援国政府要求停止项目,则暂停项目;二是外界环境发生了急剧变化,如叙利亚发生恐怖袭击,则需启动冻结程序。

4. 国际美慈参与全球突发公共卫生事件的经验及其对中国 NGO 的启示[①]

(1) 安全评估及制度化建设

在全球应急响应中,尤其是新冠肺炎疫情暴发后的应急响应,一些 NGO 在安全防护短缺的条件下,凭着一腔热血就上了前线,一些 NGO 工作人员的安全尚未得到良好的制度化保障。建立内部的安全评估政策和制度化体系需要资金和能力,目前,中国一些 NGO 仍然受资助方的影响较大,往往导致 NGO 需要满足资方需求,不得不追求短期效应,进行发钱、发物资等简单任务。一些中国 NGO 参与国际抗疫,还需要形成完整的包括安全政策在内的体系建设,否则只能重复做一些简单工作,一旦遇到复杂的灾难时,往往力不从心,难以参与。因此,在未来,内部制度化建设和安全评估体系的完善,将成为中国 NGO 长期发展需要跨越的栏杆。

(2) 响应策略的建立

目前,中国一些 NGO 执行的项目主要还是捐赠者导向(doner-driven),未来的发展中,还要在 NGO 擅长的事务之外(如捐赠、物资分发、救援等),尝试开拓新的项目。"构建科学的响应策略,能够帮助 NGO 建立一种'基因',在公共卫生的应急响应中建立自己的特色"[②]。与国际同行比,中国的 NGO 在参与全球突发公共卫生事件时仍然是学习者,未来需要思考怎样建立自己的特色,怎样成为全球人道主义救援的领导者。

(3) 响应的属地化和本土化

欧美老牌国际 NGO 在公共卫生应急响应的全球行动中,具有多年的

---

① 与国际美慈中国办公室主任 P 先生的访谈记录,2020 年 2 月 24 日,北京。
② 资料来源:与国际美慈中国办公室主任 P 先生的访谈记录,2020 年 2 月 24 日,北京。

实战经验和基础，都建立了本地化团队，在许多国家或地区分支机构中实现了员工本土化。相比之下，中国 NGO 参与国际公共卫生应急响应才刚刚起步，目前只有少量的本土 NGO 与受援地政府或机构开展了小规模合作。在未来的发展中，属地化和本土化，也将是中国 NGO 需进一步完善的方面，在文化、语言、习俗等方面的分歧与融合，亟待寻找更好的解决方案。

（4）挖掘受援群体的真实需求

中国 NGO 在国际公共卫生响应中，有时候了解到短、平、快的直观需求，就直接"走出去"提供服务。但是，这些需求，其他 NGO 也都能提供，特色不明显。另外，这些需求是不是受援群体最真实、最迫切的需求，还需进行深入的调研。中国 NGO 在未来的国际援助中，还要加强前期的调研和评估，基于科学的分析和判断，挖掘受援方的真实需求，这也是建立行业公信力的基础。

（二）美国救世军参与全球突发公共卫生事件的策略与机制

1. 美国救世军及其世界服务办公室简介

救世军（The Salvation Army）由威廉·布斯（William Booth）将军于 1865 年创立于英国伦敦，现已发展为在 130 多个国家和地区开展活动的国际性的慈善组织。救世军于 1879 年 10 月在美国开始活动，1880 年 3 月救世军派专员乔治·斯科特·莱顿（George Scott Railton）和七名女军官前往美国正式开展工作。目前，美国救世军（The Salvation Army USA）总部位于弗吉尼亚州亚历桑德里亚市（Alexandria, Virginia）[1]，其宗旨是"一视同仁地满足人类的需求"。美国救世军在美国设有一个国别总部和中部、东部、南部、西部四个分部，处理美国境内的援助活动。[2] 美国救世军为了更好参与国际援助工作，于 1977 年发起注册成立了世界服务办公室（The Salvation Army World Service Office，SAWSO），代表美国救世

---

[1] 资料来源：https://www.salvationarmy.org/ihq/usanational，2022 年 2 月 26 日访问。
[2] 同上。

军与全球的社区合作，以"改善全世界弱势群体的健康、经济和精神状况"。①

美国救世军世界服务办公室注册为独立的 501（c）3 组织，即非营利的公共慈善机构，通过项目或资金支持的方式参与国际援助，已在全球 131 个国家开展项目，援助领域包括救灾与恢复、可持续解决方案、反人口贩卖、生计、卫生与艾滋病、教育等。

2020 年，世界服务办公室总收入 3136.5 万美元，其中，公共捐款 2385.44 万美元，其他收入 734.5 万美元，政府补助 16.55 万。可见，世界服务办公室获得来自政府的直接补助非常少，仅占总收入的 0.53%，其最大的收入来源是公共捐款。世界服务办公室 2020 年的项目支出领域包括：商业和经济发展（47.35 万美元）、教育（59.33 万美元）、反人口贩卖（65.48 万美元）、赋权与生计（135.06 万美元）、健康服务（219.22 万美元）、社区发展（1428.11 万美元）、救济与重建（671.81 万美元），以及筹款、管理和一般性支持服务（85.96 万美元）。可见，社区发展及救济与重建两类项目比重最大，分别占全部项目支出的 52.7% 和 24.8%。②

2. 美国救世军世界服务办公室应对新冠肺炎疫情的主要做法

在新冠肺炎疫情暴发后，美国救世军参与了全球范围内的应急响应，其主要做法包括以下三个方面：

（1）提供医疗物资和设备，改造救世军医院，进行医疗知识科普

通过在全球范围内的分支机构和网络，美国救世军为世界各地受灾社区提供了响应新冠肺炎疫情所需的医疗物资和设备，包括个人防护装备（Personal Protective Equipment，PPE）、防护教育材料以及常规医疗保健服务，帮助处在生存危机中的人群在新冠肺炎疫情中幸存下来。例如，在印度，世界服务办公室支持的抗击疫情项目包括分发卫生小册子、口罩和

---

① 资料来源：https：//www.sawso.org/，2022 年 2 月 26 日访问。
② 详见美国救世军世界服务办公室 2020 年报，https：//s3.amazonaws.com/usn-cache.salvationarmy.org/bf1d8377-30e7-4967-be17-dfb5225b2e35_SAWSO_2020_Annual-Report.pdf，2022 年 2 月 26 日访问。

洗手材料；举办提高卫生认识的培训课程，向社区成员传授良好的卫生习惯和预防病毒的方法；配合救世军国别组织对救世军医院的改造项目等。世界服务办公室为位于艾哈迈德讷格尔的伊万杰琳·布斯医院（Evangeline Booth Hospital）提供了笔记本电脑和投影仪以促进培训课程和社区演示；在印度西部，世界服务办公室还支持当地救世军组织为救世军医院购买呼吸机等医疗用品。在刚果（布），世界服务办公室支持当地救世军组织改造当地的救世军医院和几家救世军诊所，通过分发传单、小册子、口罩、手套、带水龙头的水桶、消毒剂和纸巾等做法来提高对新冠肺炎疫情的认识并促进预防疫情的传播。在尼泊尔，世界服务办公室自2015年地震救援行动开始，进行社区动员和减灾培训，这些培训在新冠肺炎疫情中继续进行，以强化灾害风险认知和急救知识储备。在津巴布韦，世界服务办公室支持当地救世军组织购买了专门的医疗设备和个人防护装备，以解决新冠病毒大流行期间大量涌入的患者治疗和紧急护理问题。[1]

（2）提供资金和技术支持，与国际救世军旗下的国别组织合作抗疫

美国救世军世界服务办公室在过去10年，为东南亚海啸、海地地震、日本海啸、巴基斯坦洪水、菲律宾台风、埃博拉病毒等灾害的受害者提供了8980万美元的资金支持，并与国际救世军组织的国际紧急服务（International Emergency Service）合作，进行救灾和灾后社区重建工作。[2] 截至2021年9月，美国救世军世界服务办公室在应对新冠肺炎疫情项目中总计投入了超过320万美元，直接投入到大流行应对的前线。[3] 在财报中，世界服务办公室披露了其总支出的97%用于直接的国际援助项目。另外，世界服务办公室还设立了董事会指定基金（Board Designated

---

[1] 详见美国救世军世界服务办公室2020年报，https://s3.amazonaws.com/usn-cache.salvationarmy.org/bf1d8377-30e7-4967-be17-dfb5225b2e35_SAWSO_2020_Annual-Report.pdf，2022年2月26日访问。

[2] 资料来源：https://www.sawso.org/sawso/disaster-relief-and-recovery，2022年2月26日访问。

[3] 资料来源：https://salarmycentral.org/blog/2021/09/13/sawso-making-a-world-of-difference-during-covid-19/，2022年2月26日访问。

Funds),不受捐助者限制的净资产可被董事会指定用于特定目的,包括:① 国际救世军设立的国际紧急服务,用于受重大灾害影响地区的救援和重建项目;② 计划储备金,用于特定部门的项目;③ 运营捐赠基金,基金逐渐建立,直到组织的自主收入足以覆盖潜在的运营缺口。① 世界服务办公室还接受私人基金会的直接捐助,在新冠肺炎疫情期间资助贫困社区免于崩溃,例如,世界服务办公室将一笔私人基金会的赠款用于资助赞比亚奇坎卡塔教会医院(Chikankata Mission Hospital),支持医护人员访问赞比亚南部贫困农村地区,援助当地的小型偏远诊所;而来自同一私人基金会的第二笔赠款,被世界服务办公室用于资助教会对其老化和低效的电力系统进行升级。②

(3)采用创新解决方案,帮助和动员脆弱社区防疫

美国救世军世界服务办公室还积极采用创新性的解决方案,在抗击新冠肺炎疫情中帮助脆弱社区重建。例如,世界服务办公室支持了"全学校参与方法"(Whole-School Approach)在中国云南的一个偏远乡镇落水村新冠肺炎疫情援助工作中的应用。"全学校参与方法"是一个可持续发展框架,在这个框架下要求学校与学校内外的所有利益相关者和相关方协商,将可持续性问题结构性地、连贯地整合到学校组织中。③ 自 2019 年 12 月起,救世军(香港)云南办事处对落水村在饮水安全、卫生院设备完善、村容村貌整治和初级中学阶梯教室配套设施等方面进行了公益帮扶。2020 年,世界服务办公室资助救世军(香港)云南办事处为落水中学提供新冠肺炎疫情紧急援助,为改善当地的健康教育和卫生状况,与云南省社会组织联合会、落水村政府和落水初中合作共同发起"小手牵大

---

① 资料来源:https://s3.amazonaws.com/usn-cache.salvationarmy.org/0cf63fef-4140-45d2-9f8e-e0e8400deac9_The+Salvation+Army+World+Service+Office+%289-30-2020+and+2019%29+-+Final.pdf,2022 年 2 月 26 日访问。
② 详见美国救世军世界服务办公室 2020 年报,https://s3.amazonaws.com/usn-cache.salvationarmy.org/bf1d8377-30e7-4967-be17-dfb5225b2e35_SAWSO_2020_Annual-Report.pdf,2022 年 2 月 26 日访问。
③ 资料来源:https://wholeschoolapproach.lerenvoormorgen.org/en/,2022 年 2 月 26 日访问。

手"项目（The Small Hands Holding Big Hands initiative），将"全学校参与方法"应用其中。

"小手牵大手"项目是针对落水村的情况设计的创新方法，旨在提高儿童和整个社区对新冠肺炎疫情的认识。通过救世军（香港）云南办事处，将救世军自有品牌的卫生用品包分发给学生，卫生用品包包括肥皂、口罩以及有关如何正确洗手和正确佩戴口罩、如何减缓疾病传播的手册；组织海报比赛，进一步宣传健康教育信息；为当地年轻人讲授疾病预防技术，鼓励年轻人设计与疫情相关的文化艺术品，进行公共卫生知识的传播和普及；为社区中缺乏照料的老年人和残疾人提供防疫袋。① 这些创新解决方案，促进了社区的防疫意识和卫生知识积累，多方位覆盖和动员了脆弱社区的弱势群体。

3. 美国救世军在国际突发公共卫生事件中的经验与局限

（1）经验

第一，整合救世军的全球社区工作网络，统筹已有医疗资源迅速响应。

美国救世军在参与全球新冠肺炎疫情的响应中，之所以能够在短时间内调动诸多资源，主要是因为救世军与当地社区、慈善组织和政府部门建立了良好合作关系，基于在全球贫困地区多年来建立的救世军医院和诊所体系，发挥基于信仰组织的优势和号召力，统筹安排救世军所属的工作场地、受助地区的公共场地和物资。一方面，在国际人道主义救援中，救世军的全球医疗系统为其对国际突发公共卫生事件的响应提供了独特优势。自成立以来，救世军就在世界各地有迫切卫生需要的地区经营医院和诊所，提供医疗服务，鼓励当地社区积极应对卫生问题，并提供相应的能力建设培训与援助，为当地人提供参与的机会，以实现社区的改变和发展。另一方面，美国救世军通过与其他救世军国别组织合作，能够积极协调和统筹安排已有场地，用作应急救援和医疗场地。例如，在巴西，为难民建

---

① 资料来源：https：//www.salvationarmy.org/ihq/news/inr161120，2022年2月26日访问。

设临时避难所；在南非，为无家可归者紧急改造监狱用作庇护所；在印度，为新冠患者改造救世军医院，这些应急响应都基于救世军在本地的良好伙伴关系，在当地本土化的工作人员和志愿者的联动下，对其所属地产和其他公共场地进行统筹安排，对疫情迅速作出精准回应。

第二，以需求为导向，评估开发本地社区项目。

美国救世军通过世界服务办公室开展了"三步走"的海外援助模式，评估和开发本地社区项目。第一步，评估需求。通过了解该地区特定人口所面临的障碍、困难和挑战，评估救世军组织服务的每个社区的需求。第二步，制订方案。根据需求情况制订当地计划，在最有利于社区的领域为社区提供即时救济、短期护理和长期增长服务。第三步，投资社区。根据计划，在当地社区实施本地化的项目，通过精神、身体和情感服务不断优化项目服务的功效。

第三，注册独立的国际项目办公室，支持国际救世军的国际应急服务。

美国救世军通过将其开展国际业务的"世界服务办公室"注册为独立的慈善组织，更灵活、有效地参与到国际救世军组织设立的国际应急服务和国际卫生服务项目中，通过技术支持和资金支持，参与全球海外援助。在国际应急响应中，世界服务办公室实施的项目往往与国际救世军的国际应急服务和国际卫生服务项目保持一致，一定程度上提升和强化了美国救世军参与全球公共卫生的应对能力。

（2）局限性

有学者认为，救世军是历史悠久的宗教背景慈善组织，无论在美国本土还是国际范围内开展人道主义行动，在某种程度上都会受限于其浓厚基督教色彩的宗教属性，在开展援助活动时带有传教布道的目的，同时也不可避免地无法排除背后政治力量的影响。[①] 因此，作为国际 NGO，在海外

---

① 孙茹：《救世军》，载《国际资料信息》2003 年第 4 期；徐畅、郭毅敏：《"救世军"与战时上海难民救济——以〈申报〉为中心的一个考察》，载《中北大学学报（社会科学版）》2020 年第 6 期。

开展公共卫生突发事件过程中，如何保持非宗教性、非政治性，处理好与当地政府、社区的关系就显得尤为重要。

（三）全球联合之路参与国际公共卫生突发事件的策略与机制

1. 全球联合之路简介

1887 年，美国丹佛发起了第一个联合劝募运动，惠及 10 家卫生和福利机构，并在之后成立了"慈善组织协会"（Charity Organizations Society），为当地慈善机构筹集资金，协调救济服务，向合作机构提供咨询和介绍客户，并为突发事件提供紧急援助赠款。慈善组织协会也成为第一家"联合之路"（United Way），并由此引发了美国"联合之路"的运动。[①] 1948 年，美国联合之路在此基础上成立，超过 1000 家社区团体加入联合之路。1974 年，"国际联合之路"（United Way International）宣告成立，并在世界各地成立分支机构。2009 年，美国联合之路和国际联合之路合并成为"全球联合之路"（United Way Worldwide）。[②] 目前，全球联合之路已经成长为世界上最大的资助型非营利组织，是一些地方社区中唯一一家为社区教育、健康、财务稳定等提供支持的非营利组织，也是唯一一家试图将各行各业的人聚集在一起为当地的社会问题提供解决方案的非营利组织。

自创立至今，全球联合之路已有超过 125 年的历史，其使命是动员世界各地社区的关怀力量，促进共同利益，从而改善生活。[③] 根据其 2019 年的年报，全球联合之路覆盖的范围包括美国 94% 的社区和全球 1200 个社区，拥有 29000 个社区伙伴、45000 个企业伙伴。[④] 它的合作伙伴涵盖全

[①] Our History, https://www.unitedway.org/about/history#our-history-1, visited on 2021-10-10.

[②] 毕素华、张萌:《联合劝募：慈善组织管理与运行的新机制研究》，载《南京师大学报（社会科学版）》2015 年第 6 期。

[③] Our Mission, https://www.unitedway.org/about/history#our-history-1; https://www.unitedway.org/our-impact/mission, visited on 2021-10-10.

[④] 2019 Annual Report, https://s3.amazonaws.com/uww.assets/site/annual_report/2019_Annual_Report.pdf, visited on 2021-10-10.

球、国家和地方企业、非营利组织、政府、公民和宗教组织,以及教育工作者、劳工领袖、卫生服务提供者、老年人、学生等。联合之路遵从多样性、公平与包容原则,与全球 40 多个国家和地区的近 1800 个社区合作,在全世界有 290 万名志愿者和 810 万名捐助者,每年筹集善款 48 亿美元,为社区面临的挑战创造可持续的解决方案。[①]

全球联合之路自创立开始就十分注重为突发事件提供紧急援助赠款,健康和灾害一直是其关注的重点领域。2019 年,全球联合之路在健康可及性方面的投入超过 3.24 亿美元,724.5 万人参与体育活动、健康食品获取和营养计划。[②] 在抗击全球新冠肺炎疫情方面,全球联合之路一直扎根社区,帮助人们应对、恢复和重建生活。

2. 全球联合之路抗击新冠肺炎疫情的主要做法

(1) 建立新冠肺炎疫情社区应对和康复基金

全球联合之路在灾难慈善领域的定位是确保在灾害的应急响应阶段第一时间采取行动,并领导灾后长期的恢复重建工作。130 多年来,全球联合之路一直站在救灾第一线,向有需要的社区提供急需的资源,向危机中的个人提供个性化的帮助。它的运作模式包括两个方面:一是提供紧急救援支持。危机已经成为新常态,全球联合之路在提供实地灾害响应方面具有独特的优势。通过利用全球的网络、资源和能力帮助在地社区做好应对灾难的准备,确保灾难发生时能够迅速作出反应,包括募集灾难响应资金,资助在地社区组织开展紧急救援,提供食物、水和住所等资源,动员志愿者,与当地合作伙伴合作,确保社区稳定等。在紧急救援方面,全球联合之路还与美国红十字会、救世军和其他许多帮助紧急救援的机构进行合作。二是长期的灾后恢复与重建。灾后重建社区的花费巨大,可能需要数年甚至更长的时间,当第一批救援人员离开后,全球联合之路仍然进行

[①] Sterling Volunteers Partners with United Way and Points of Light to Offer Free Screening Services During COVID-19 Pandemic, https://www.unitedway.org/the-latest/press/sterling-volunteers-partners-with-united-way-and-points-of-light, visited on 2021-10-10.

[②] 2019 Annual Report, https://s3.amazonaws.com/uww.assets/site/annual_report/2019_Annual_Report.pdf, visited on 2021-10-10.

可持续性的投资帮助灾后恢复。他们是社会服务提供者的召集人,负责评估服务需求,并确保服务的递送。同时,将投资和工作集中在灾害管理、结构修复、受害者健康和其他未得到满足的需求方面;建立创新的伙伴关系,以满足新兴需求和填补空白。①

卫生健康领域一直是全球联合之路关注的重点,2019 年共有 436 万人得到了全球联合之路的卫生服务和支持。2020 年 3 月 11 日,世界卫生组织宣布新冠病毒大流行之后,全球联合之路于 3 月 17 日即成立了"新冠病毒社区应对和恢复基金"(COVID-19 Community Response & Recovery Fund),将该基金所筹得善款的 95% 用于支持世界各地的社区,帮助最弱势的群体在这场全球危机期间获得关键的资金和社会服务支持。② 该基金主要通过动员联合之路的全球网络,建立各个地方的联合之路新冠肺炎救助基金或新冠肺炎抗疫专项基金,并面向本地企业、社区基金会、大额捐赠人筹集专项抗疫资金,用来帮助受疫情影响的当地家庭和个人获得食品、住所等关键信息和服务,包括提供食品援助、紧急住房和公用事业援助以及为工作人员提供儿童保育等。该基金的核心关注点是保障人们的基本需求,确保所有社区居民获得食物和住所等生活必需品;另外注重提升社区的整体服务能力,支持社区合作伙伴开展本地工作,帮助弱势群体如老年人在接受隔离的同时获得应有的支持。

(2) 开设"211"新冠肺炎疫情专项救助热线

全球联合之路抗击新冠肺炎疫情的另一重大举措是通过与美国疾病预防控制中心 (Center for Disease Control and Prevention, CDC)、急救人员、社区合作伙伴和企业合作,跟踪和填补资源缺口,并通过"211"网络提供有关新冠肺炎疫情的实时指导、信息和数据。"211"是美国和加拿大大部分地区最全面的本地社会服务信息来源。③ "211"社区资源专家每

---

① United Way Disaster Recovery, https://www.unitedway.org/recovery, visited on 2021-10-12.
② United Way Worldwide Launches COVID-19 Community Response and Recovery Fund, https://www.unitedway.org/recovery/covid19, visited on 2021-10-10.
③ About 211, https://www.211.org/about-us, visited on 2021-10-10.

周 7 天全天候为来电者提供他们所需要的帮助，通常情况下包括以下内容：补充食物和营养项目；庇护所、住房选择以及水电援助；紧急信息和救灾；就业及教育机会；退伍军人服务；卫生保健、疫苗接种和卫生流行病信息；成瘾预防和康复计划；为刑满释放人员提供重返社会的帮助；为有精神疾病或其他特殊需要的人设立支持团体；帮助寻找一个安全秘密的途径以摆脱身体和/或精神上的家庭虐待。需要帮助者可通过打电话、发短信或与所在地区的"211"专家交谈，找到可用的服务和资源。"211"的咨询是保密的，可以匿名进行，呼叫者可以要求 180 种语言的翻译服务。因此，"211"适用于任何人，不论其种族、肤色、宗教、语言、性别、国籍、移民身份、政治面貌、性取向、婚姻状况、残疾、遗传信息、年龄、父母身份等如何，以及是否在雇员组织工作、是否服兵役。[1]

2020 年 3 月，随着新冠肺炎疫情在美国和加拿大逐渐蔓延，全球联合之路开通了专项救助热线——211 救助热线（211 Helplines）COVID-19 专线，为受灾人员提供与疫情有关的信息和数据，并面向受灾个人提供寻找食物、支付住房账单或其他基本服务方面的帮助。全球联合之路开设了新冠肺炎疫情专题页面，整合各项救助和帮扶信息，并提供了相关的救助渠道和获取资源的链接，包括 COVID-19 症状、联邦政府经济影响援助款项、租金和抵押贷款支付援助、健康保险和医疗消费、家庭网络服务、失业救助、联邦家庭和医疗休假法案、补充营养救助项目（食品券）、食物救助、对"零工经济"工人和个体经营者的救济、精神健康危机救助等。[2] 美国和加拿大所有 211 救助热线提供商都在为当地社区居民提供服务和资源，包括因活动取消、企业关闭和隔离造成工资损失而需要经济或其他援助的人。此外，211 救助热线与许多州和地方卫生官员密切合作，向公众提供有关病毒和疫情的最新信息，并根据求助人的所在社区，寻找该社区里能够满足其需求的本地服务机构，包括公益慈善组织与商业机构，并将其推荐给有需求的个人。疫情期间，211 救助热线每天接听 75000 个电

---

[1] 资料来源：https://www.211.org/，visited on 2021-10-11.
[2] Help During the COVID-19 Pandemic，https://www.211.org/get-help/help-during-covid-19-pandemic，visited on 2021-10-11.

话，是平时的两倍半。①

此外，受疫情的影响，除了个人需要援助之外，抗击疫情的一线慈善机构同样也需要外部支持。为了有效缓解慈善机构的现实困境，使其能够留住员工，为广大社区居民提供服务，全球联合之路和50多个主要慈善机构共同呼吁美国国会批准一项600亿美元的经济救助和刺激计划，以满足慈善机构日益增长的需求、稳定倒闭造成的损失以及扩大公众可获得的服务范围。②

（3）动员全球企业合作伙伴开展专项筹款行动

除了启动COVID-19社区应对和恢复基金外，全球联合之路还努力动员企业合作伙伴的参与。基于其全球背景，全球联合之路与60000家跨国企业建立了合作伙伴关系，每年与45000家企业开展合作，改善社区生活，加强社区建设。③

在国际筹款方面，全球联合之路开展了全球企业领导力项目（Global Corporate Leadership Program），其会员标准是包括但不限于在全球多个分部开展工作场所捐款活动，每年至少筹集善款250万美元，并将至少50%的资金直接捐赠给联合之路。④ 加入该项目的核心企业成员已经拓展到91家，这些公司及其员工每年总计贡献了近10亿美元和无数的志愿工作时间。⑤ 全球联合之路还通过慈善云（Salesforce.org）创新在工作场所的捐赠，企业合作伙伴可将他们的捐赠和志愿活动整合到一个统一的、无缝的平台——慈善云上，进而与员工建立更深入的联系，并获得对当地社区影响的整体看法。员工们可使用慈善云平台寻找、组织、注册和追踪与他们的热情和技能相匹配的志愿服务机会。

---

① About 211, https://www.211.org/about-us, visited on 2021-10-11.
② United Way Worldwide Urges Congress to Approve COVID-19 Relief and Economic Stimulus Package, https://www.unitedway.org/the-latest/press/united-way-worldwide-urges-congress-to-approve-covid-19-relief, visited on 2021-10-11.
③ 2019 Annual Report, https://s3.amazonaws.com/uww.assets/site/annual_report/2019_Annual_Report.pdf, visited on 2021-10-11.
④ Ibid.
⑤ Ibid.

此外，全球联合之路还开设了"国际捐赠者建议基金"（International Donor Advised Giving，IDAG），为全球的企业、基金会和个人提供全面、简化、可靠、安全和灵活的全球捐赠系统服务，使捐赠者能够更轻松有效地进行全球捐赠。自1999年以来，共收到了全球7000笔捐赠，捐赠金额达3亿美元，110个国家受益于IDAG联合之路赠款。[①] 在机构类型方面，IDAG为各种慈善组织提供资助，比如学校、孤儿院、医院、社区发展和研究中心，以及遍布世界各地的"联合之路"网络，赠款可以用于特定国家、地区或感兴趣的慈善领域，以及特定的慈善组织。因此，在全球新冠肺炎疫情援助中，全球联合之路动员其企业合作伙伴开展全球筹款行动发挥了十分积极的作用。

3. 全球联合之路参与公共卫生突发事件的策略

经过130多年的成长与发展，全球联合之路不断顺应环境变化，调整自身发展战略，如今已经不仅仅是一个筹款组织。它的成功不是用筹集到的善款额度来衡量，而是以带来的实际生活的改变来衡量。作为一个与全球40多个国家和地区的近1800个社区合作的组织，全球联合之路每年影响6100万人的生活，在回应突发公共卫生事件方面，其体制机制与策略方法同样值得中国的社会组织参考。

（1）借助联合劝募的传统优势在全球开展抗疫筹款

全球联合之路最初的发起目的是为社区层面的慈善机构提供募款服务，以解决潜在捐款人面临的多头劝募的窘境。在抗击新冠肺炎疫情过程中，全球联合之路发挥其作为筹款型组织的传统优势，利用成熟的筹款策略与技术开展专业化联合劝募筹款活动，通过设立抗疫专项基金在全球开展抗疫筹款，取得了一定效果。

（2）发挥支持型组织在突发公共卫生事件中的关键作用

全球联合之路承担着类似社区基金会的功能，具有承上启下的价值，是典型的支持性组织。在开展新冠肺炎疫情筹款之前，全球联合之路开展

---

① International Donor Advised Giving, https://www.unitedway.org/get-involved/ways-to-give/worldwide-giving/idag, visited on 2021-10-11.

了需求调研，汇集整合资源与信息。然后，根据资助方案快速筹款和拨付资金给为受益人提供直接服务的一线 NGO。同时，全球联合之路给服务型机构提供的资金支持非常灵活，虽然明确选择了资助机构的领域和方向，但所提供的都是非定向的资金支持。另外，发挥行业性组织的倡导功能，积极呼吁美国国会批准一项 600 亿美元的经济救助和刺激计划，对 NGO 行业进行政策支持。

（3）启动强大的区域组织网络进行联合抗疫

全球联合之路在所服务的社区中建立了深厚信任根基，重视基于社区的慈善组织的价值，解决的是社区居民的实际需求和现实问题。在新冠肺炎疫情发生后，以地方联合之路和全球的会员机构为抓手，利用其与在地的企业、基金会、NGO 建立的良好合作伙伴关系，迅速启动了强大的区域组织网络，使人们和组织能够围绕资源、声誉和网络创新性解决社会问题。

（4）整合与疫情有关的信息实现精准高效援助

对于受灾人员而言，通过开设新冠肺炎疫情专题页面，整合各项救助和帮扶信息，为其提供相关的救助渠道和获取资源的链接。对于捐赠人而言，全球联合之路通过慈善云创新在工作场所的捐赠，将其主要的捐赠者——企业合作伙伴的捐赠和志愿活动整合到慈善云平台，员工们可使用平台寻找、组织、注册和追踪与他们的热情和技能相匹配的志愿服务机会，企业可与员工建立更深入的联系，并获得对当地社区影响的整体看法，从而实现精准帮扶和高效援助。

（四）洛克菲勒基金会在全球突发公共卫生事件中的策略与机制[①]

1. 洛克菲勒基金会简介

1913 年，纽约立法机关颁布特许令，洛克菲勒基金会正式注册成立，其创立人为著名的"石油大王"约翰·D. 洛克菲勒。洛克菲勒基金会的宗旨是"促进知识的获得和传播、预防和缓解痛苦、促进一切使人类进步

---

① 资料来源：https://www.rockefellerfoundation.org/，2022 年 5 月 24 日访问。

的因素，以此来造福美国和各国人民，推进文明"。在这个宗旨的指引下，洛克菲勒基金会的国际项目主要致力于战胜饥饿、控制人口、促进健康、解决国际冲突、改进发展中国家的教育；而在美国国内项目上，基金会主要致力于提升环境质量、发展文化事业以及促进机会均等。作为一个以科学为导向的慈善机构，洛克菲勒基金会致力于与合作伙伴和受益人建立合作关系，通过寻找具有突破性的解决方案、想法和对话等，力求提升人类的福祉。

在公共卫生方面，洛克菲勒基金会一个多世纪以来一直致力于改善全球公共卫生——从在美国南部根除钩虫病，到深耕公共卫生领域，再到为拯救生命的黄热病疫苗的开发播下种子。1913年基金会注册后的第一个重要行动就是建立负责国外卫生工作的洛克菲勒基金会国际卫生部（起初名为"国际卫生委员会"，后更名为"国际卫生局"，最后定名为"国际卫生部"，创建于1913年，1951年终止工作），第一项任务就是把它发起的防止钩虫病和公共卫生的工作向全世界推广。从早期的钩虫病、疟疾，到近几十年来发生的SARS、H5N1、H1N1和埃博拉疫情，以及2020年暴发的新冠肺炎疫情，洛克菲勒基金会一直致力于通过提供资金和物资援助、重视数据和技术支持等方法的应用，积极引领全球公共卫生工作。

2. 洛克菲勒基金会在国际突发公共卫生事件中的主要策略

（1）在发展中国家建立疾病监测网络，监测并预防世界流行性传染疾病

近几十年来，SARS、H5N1、H1N1和埃博拉疫情等公共卫生突发事件对全球健康和经济产生的严重影响提高了国际社会对世界流行性传染疾病的重视。然而，在许多情况下，风险最大的地区却缺乏有效监测和发现其国内疫情最初迹象以及与邻国进行协调沟通的能力。洛克菲勒基金会从1999年开始对此类问题进行开创性的研究工作，发现通过建立跨国界运作的疾病监测网络可以及早发现，并有效遏制这些大流行病的发生。基于在公共卫生领域的悠久历史和丰富经验，洛克菲勒基金会于2007年正式启动疾病监测网络（DSN）倡议。目标是改善发展中国家用于疾病监测的人力资源，加强国家监测、报告和应对疫情的能力；支持区域网络，促进

各国在疾病监测和应对方面的合作；在区域和全球监测工作之间建立桥梁，以更好地应对世界流行性传染疾病的发生。

目前，这一倡议取得的初步成果包括：

第一，建立湄公河流域疾病监测项目（MBDS）。湄公河流域疾病监测网络是由中国、缅甸、老挝、柬埔寨、泰国、越南等六个国家合作，基于国家之间的相互信任与信息共享共同建立的，其目的是提高区域内国家对艾滋病、结核病等传染性疾病暴发疫情的快速反应及处理能力。建立之后，MBDS 成功调查并帮助控制了 2005 年老挝和泰国之间暴发的登革热疫情、2006 年老挝和越南暴发的伤寒和疟疾疫情，以及 2007 年老挝和泰国暴发的禽流感疫情。[1] 在洛克菲勒基金会 DSN 倡议的拨款下，MBDS 现已成功转变为 MBDS 基金会，保障 MBDS 的长期可持续性发展。

第二，建立东非疾病综合监测网络（EAIDSNet）。EAIDSNet 通过建立一个强有力的网络，为未来有可能发生的流行病提供有用的流行病学信息以及制定规划和共同采取控制措施，降低东非区域常见传染病造成的高发病率和死亡率。在洛克菲勒基金会的支持下，EAIDSNet 开展的活动包括：在每个东非共同体伙伴国家建立疾病监测和控制机制；确定每个国家需要监测的重点疾病；在研究者、实施者、政策和决策者之间建立强有力的联系；帮助每个国家制定并测试疾病监测准则以及开展与疾病监测和控制有关的业务协调中心和活动、建立完善的疾病监测网络协调机制和信息简讯。[2]

第三，建立南非传染病监测中心（SACIDS）。由南非十四个国家组成的南非传染病监测中心于 2008 年正式成立，作为一个学术和研究机构联合会，其目的是加强监测并识别人类、动物和植物交叉传染疾病的能力。洛克菲勒基金会早期帮助 SACIDS 绘制卫生系统资源图，增强其应对大流

---

[1] The Rockefeller Foundation Initiative: Disease Surveillance Networks, https://www.rockefellerfoundation.org/wp-content/uploads/Disease-Surveillance-Networks-Initiative.pdf, visited on 2021-10-11.

[2] 资料来源：https://www.eac.int/health/disease-prevention/east-african-integrated-disease-surveillance-network，2021 年 10 月 11 日访问。

行性流感和新出现的传染病的能力。随后又资助 SACIDS 与 EAIDSNet 开展合作项目，评估移动技术对动物和人类疾病预警、监测和应对系统的效率影响和成本效益，评价国家和地区可持续监测系统的扶持政策和法律框架。①

第四，建立联合区域疾病监测机构（CORDS）。为增强区域疾病监测网络之间的协调性，2008 年 CORDS 成立。CORDS 通过提供一个中心论坛，用于全球交流监测数据、最佳实践做法、培训课程、技术革新以及案例研究等，为疾病的根除及其他全球卫生战略的确定提供跨国界的共享学习机会。除此之外，CORDS 可以放大单个监测网络的效益，从而加速 CORDS 所有成员国之间监测网络的发展。②

（2）发动精准公共卫生倡议，重视数据和技术在全球公共卫生领域的作用

大数据和人工智能等先进技术给高收入国家的医疗保健带来革命性变化的同时，却往往未能惠及最有需求的低收入国家。洛克菲勒基金会看到数据和技术在全球公共卫生领域可能发挥的重要作用，致力于通过提高数据质量和数据能力进而改善低收入国家和弱势群体的健康状况。2014 年西非埃博拉疫情期间，洛克菲勒基金会将数据应用在公共卫生领域：帮助当地社区卫生工作者获得透明的、特定地点的、实时的数据，比如人们因埃博拉病毒致死的地点、他们的亲属以及其他密接者是谁，进而精确定位、预防和及时采取应对措施。③

2019 年 9 月 25 日，洛克菲勒基金会和全球卫生合作伙伴（包括联合国儿童基金会、世界卫生组织、全球基金、由世界银行集团支持的全球融资机制、疫苗联盟以及各国卫生部和技术公司等）宣布了一项高达 1 亿美

---

① The Rockefeller Foundation Initiative: Disease Surveillance Networks, https://www.rockefellerfoundation.org/wp-content/uploads/Disease-Surveillance-Networks-Initiative.pdf, visited on 2021-10-11.
② Ibid.
③ 资料来源：https://www.rockefellerfoundation.org/news/remarks-dr-rajiv-j-shah-president-rockefeller-foundation-announcing-rockefeller-foundations-precision-public-health-initiative/，2022 年 5 月 24 日访问。

元的精确公共卫生倡议（Precision Public Health Initiative）。该倡议通过帮助一线卫生工作者具备使用简单、廉价的数据分析工具的能力，致力于到 2030 年挽救至少 600 万妇女和儿童的生命。在这项倡议中，一方面，洛克菲勒基金会通过为社区卫生工作者及其主管配备数字工具，利用数字技术，提高干预措施的针对性和有效性；另一方面则是利用大数据，确定由于收入水平、教育、粮食安全和实际环境等因素影响而面临健康挑战的最大风险人群，以促进卫生干预措施的实施。[①]

洛克菲勒基金会采取的措施包括：

第一，与合作伙伴合作，扩大倡议覆盖范围。精准公共卫生倡议从印度和乌干达开始，计划到 2030 年扩大到 8 个国家。在印度和乌干达，洛克菲勒基金会与当地政府及其他合作伙伴合作，将一线卫生工作者收集的信息创建成详细的数据集，利用信息平台、大数据分析和人工智能技术对不同数据进行整合分析，实现近乎实时的监测，从而采取更加精准的措施保障患者的健康。除此之外，洛克菲勒基金会的合作伙伴——联合国儿童基金会，负责总结最佳做法和主要经验教训，并应用于其他国家，以加快工作进展和扩大规模。

第二，让私营部门参与，加强地方数据科学能力。洛克菲勒基金会提出的精准公共卫生倡议致力于汇集顶尖技术专家、全球卫生行业参与者以及国内领导人，促进科技领域前沿的各种声音进行对话，探讨如何让所有人都能从数据科学中受益。基金会通过帮助各国加入全球专家联盟，共享知识和数据；利用私营部门的创新，以便在传染病暴发等公共卫生挑战发生之前更好地作出预测；与国家卫生机构结成伙伴关系，根据不同国家的情况和人口需求，制订行动的工作计划，并投资于地方卫生部的数据科学人才和能力建设。[②] 精准公共卫生倡议已被洛克菲勒基金会确定为未来十

[①] The Rockefeller Foundation's Precision Public Health Initiative，https://www.rockefellerfoundation.org/report/precision-public-health-initiative-overview/，visited on 2022-5-24.

[②] Using Data to Save Lives: The Rockefeller Foundation and Partners Lanunch $100 Million Precision Public Health Initiative，https://www.rockefellerfoundation.org/news/using-data-save-lives-rockefeller-foundation-partners-launch-100-million-precision-public-health-initiative/，visited on 2021-10-11.

年卫生工作的重点。

(3) 推动新冠病毒大流行中发展中国家、地区的技术基础设施建设和包容性绿色复苏

第一，推进发展中国家、地区的技术基础设施建设。新冠肺炎疫情在全球暴发后，洛克菲勒基金会采取紧急措施，致力于推进发展中国家、地区的技术基础设施建设，以有效应对疫情。2020年4月22日，洛克菲勒基金会向非洲医学和研究基金会提供100万美元的赠款，这笔资金用于非洲医学和研究基金会采购100张医院病床、300个红外线体温计、10000个口罩、10个通风设备、5000个个人防护用品包、20个病人监护仪和10000个面罩。① 5月28日，洛克菲勒基金会与亚洲和非洲的国家、地区和社区合作，向应对新冠肺炎疫情的组织提供三笔新的赠款。这些赠款分别用于为社区卫生工作者配备新的数字工具，以及用于对离网技术的支持，这种技术可以迅速解决目前没有电力运行的医疗保健设施的能源需求。为了支持那些抗疫一线的国家，基金会还向4家机构提供总计300万美元的赠款。这些资金将用来改善卫生工作者、监督人员、社区和护理人员获取知识的方式，进而提高护理质量。②

第二，促进后疫情恢复阶段更具包容性的绿色复苏。2020年10月，洛克菲勒基金会宣布将在未来三年内投入10亿美元，目的是促进在后新冠肺炎疫情恢复阶段，实现更具包容性的绿色复苏。在当前努力和前期项目的基础上，基金会重点关注两个关键领域：

一是确保各地能够公平获得新冠病毒检测和疫苗、增加人们获得医疗保健的机会，以结束大流行。洛克菲勒基金会在一个由顶尖科学家、相关行业技术人员和经济学家组成的多元化团队的支持下，启动了一项美国新

---

① The Rockefeller Foundation Awards Amref Health Africa USD 1 Million Grant to Boost Covid-19 Response, https://www.rockefellerfoundation.org/news/the-rockefeller-foundation-awards-amref-health-africa-usd-1-million-grant-to-boost-covid-19-response/, visited on 2021-10-11.

② The Rockefeller Foundation Announces New Awards to Strengthen Covid-19 Response in Communities Across Africa and Asia, https://www.rockefellerfoundation.org/news/the-rockefeller-foundation-announces-new-awards-to-strengthen-covid-19-response-in-communities-across-africa-and-asia/, visited on 2021-10-11.

冠病毒检测和追踪行动计划。但鉴于当前新冠病毒的流行规模，该计划的范围不再局限于美国国内。目前，基金会增加了在世界各地的投资，以扩大筛查测试、治疗和疫苗的可获得性，希望通过扩大新冠病毒检测，获得更多的数据，确定慢性病和传染病以及其他健康问题的高风险社区，并将资源用于那些最需要的地方，采取具有针对性的措施，使用预测分析和其他技术防止疾病暴发演变为大流行。①

2020年9月28日，洛克菲勒基金会与非洲公共卫生基金会、非洲疾病控制与预防中心合作，宣布向非洲公共卫生基金会提供1200万美元的新赠款，帮助扩大非洲新冠病毒检测的地理覆盖范围，并加强对密接者的追踪，推动整个非洲大陆对新冠病毒大流行作出更有效和更具包容性的反应，帮助非洲从疫情中恢复。② 2020年10月19日，洛克菲勒基金会宣布向细胞和分子平台中心、卫生适宜科技组织（Program for Appropriate Technology in Health，PATH）提供两项新的赠款，用于支持在印度扩大新冠病毒检测和接触者追踪。这些赠款属于洛克菲勒基金会正在实施的新冠病毒应对战略的一部分，旨在改善公共卫生，扩大公平获得检测和追踪的机会。迄今为止，洛克菲勒基金会已将赠款用于支持非洲和亚洲的前线组织，并加强美国国内的应对行动。③

二是促进数十亿美元的私人和优惠投资，在发展中国家推广分布式可再生能源。在过去十年中，洛克菲勒基金会始终重视通过清洁、可持续的方式来消除能源贫困现象。拥有可靠的电力，这对于经常受到气候变化冲击的社区来说，是摆脱贫困的一个重要机会。获得电力能源可以促进灌溉、提高作物产量和当地农业的生产力。农民还可以通过冷藏进一步保护

---

① The Rockefeller Foundation Commits USD 1 Billion to Catalyze a Green Recovery from Pandemic, https: //www. rockefellerfoundation. org/news/the-rockefeller-foundation-commits-usd1-billion-to-catalyze-a-green-recovery-from-pandemic/, visited on 2021-10-11.

② The Rockefeller Foundation Announces Grant to Expand Access to Covid-19 Testing and Tracing in Africa, https: //www. rockefellerfoundation. org/news/the-rockefeller-foundation-announces-grant-to-expand-access-to-covid-19-testing-and-tracing-in-africa/, visited on 2021-10-11.

③ The Rockefeller Foundation Awards New Grants to Scale up Covid-19 Testing in India, https: //www. rockefellerfoundation. org/news/the-rockefeller-foundation-awards-new-grants-to-scale-up-covid-19-testing-in-india/, visited on 2021-10-11.

作物价值，或者通过收获后的处理增加收益。2015年，洛克菲勒基金会启动"农村发展的智慧动能"计划，该计划旨在未来三年内为1000个村庄供电，为比哈尔邦（印度东北部的一个邦）和北方邦（印度北部的一个邦）的100万印度人提供电力。① 拥有电力将为印度农村地区的经济发展带来更多机会，为其更具包容性的经济铺平道路。目前，洛克菲勒基金会的投资已经改善了印度、缅甸和撒哈拉以南非洲部分地区近50万人的生活。获得电力，也就意味着获得更好的教育机会、贸易和经商机会，以及信息服务和医疗保健服务机会。基金会通过与全球投资者、国际组织和政府合作，重点推动对基础设施的公私投资，加速非洲、亚洲和拉丁美洲对清洁、安全和可靠的可再生能源的获取。②

3. 洛克菲勒基金会在国际突发公共卫生事件中的经验与局限

（1）经验

第一，注重跨国界合作而非单向援助。洛克菲勒基金会在发展中国家建立跨国界疾病监测网络，提高发展中国家在面临世界流行性传染疾病时的合作与协调能力，从而有效应对大流行病的发生。相比于单纯的金钱和物资援助，洛克菲勒基金会帮助发展中国家建立跨国疾病监测网络，提升发展中国家应对能力的做法，更可持续和有效。

第二，将数字技术应用到公共卫生领域。洛克菲勒基金会于2019年9月25日发动的精准公共卫生倡议，强调数据和技术在全球公共卫生领域发挥的重要作用。通过收集掌握临床数据、疾控数据等关键相关信息，利用数字技术，开展科学协调防控措施，大力提高医护人员采取干预措施的有效性和效率。

第三，在后疫情时代关注更具包容性的绿色复苏。2020年10月，洛克菲勒基金会宣布将在未来三年内投入10亿美元，以促进在后新冠肺炎疫情恢复阶段，实现更具包容性的绿色复苏，包括在发展中国家推广分布

---

① The Rockefeller Foundation Launches Smart Power for Rural Development Initiative, https://www.rockefellerfoundation.org/news/the-rockefeller-foundation-launches-smart-power-for-rural-development-initiative/, visited on 2021-10-11.

② Ibid.

式可再生能源，解决绿色能源问题的同时促进经济发展。这一举措有利于推动后疫情时代发展中国家的经济健康发展，解决全球经济不平等问题。

（2）局限性

第一，区域网络覆盖范围有限，发展中国家与发达国家之间难以有效对接。洛克菲勒基金会注重建立区域网络，以应对世界流行性疾病的发生。然而，仅局限于在部分发展中国家之间建立的疾病监测网络，在全球化的背景下，难以全面应对大流行病的发生。发展中国家与发展中国家之间、发达国家与发展中国家之间缺乏有效对接，难以共同应对全球公共卫生事件。

第二，数字技术在提高数据分析效率的同时存在隐私泄露隐患。西非埃博拉疫情期间，洛克菲勒基金会利用大数据帮助当地卫生工作者获得可靠的数据，进而采取有效的治疗措施。然而，由于收集的信息包含个人数据、位置信息等敏感数据，数字技术的应用在提高效率的同时存在隐私泄露的风险。

第三，推动经济绿色复苏的后续工作困难且复杂。洛克菲勒基金会关注经济的绿色复苏，在发展中国家推广分布式可再生能源，帮助这些国家获得可靠、可持续的电力。然而，对于贫困的发展中国家来说，清洁能源的解决只是经济发展中的一方面，后续工作的展开仍需付出更多努力。

（五）比尔及梅琳达·盖茨基金会在全球突发公共卫生事件中的策略与机制

1. 比尔及梅琳达·盖茨基金会简介

1994 年，比尔·盖茨以父亲的名义成立威廉·盖茨基金会，1997 年又创立了盖茨图书馆基金会，后更名为盖茨学习基金会。为提高工作效率、加强沟通，比尔·盖茨于 2000 年将两个基金会合并为比尔及梅琳达·盖茨基金会[①]，盖茨夫妇和父亲共同担任联合主席，总部设在美国西

[①] 《了不起的盖茨夫妇基金会——一封来自比尔·盖茨和梅琳达·盖茨的信》，载《中国企业家》2007 年第 B09 期。

雅图。2006年，沃伦·巴菲特向基金会捐赠300多亿美元，自此，基金会在盖茨夫妇和巴菲特的指导下，由首席执行官马克·苏斯曼管理，截至2020年捐款总额达538亿美元。①

比尔及梅琳达·盖茨基金会秉持着所有生命价值平等的信念，致力于通过创新来减少健康和发展领域的不平等现象，以确保未成年人健康成长、帮助贫困人群遏制传染性疾病、增强妇女和女童改善生活的能力、激励人们行动起来以改变世界为使命。② 围绕着这些目标，基金会展开全球发展计划、全球增长与机会计划、全球卫生计划、全球政策与宣传，以及美国项目计划等五方面的工作，与政府、私人企业、研究机构以及国际和社区组织等不同的团体广泛建立合作关系，并积极开发新型多边合作伙伴关系，汇聚政府、企业及NGO的力量，为重点议题筹集资金、为政策决策提供支持，与其他全球卫生资助者共享资源，确保能为最广泛的人群带来最大的益处。

2. 比尔及梅琳达·盖茨基金会在全球新冠肺炎疫情援助中的策略

(1) 持续推进合作与科技创新探索应急响应的新突破

第一，充分发挥流行病预防经验。对于大流行病的预警预防和应对一直以来是比尔及梅琳达·盖茨基金会的工作重点，基于长久以来积累的经验，基金会在面对突发公共卫生事件时，迅速形成资助与应对机制，成立专门的跨国工作组以便更快决策。

在新冠肺炎疫情暴发的早期，由基金会和世界卫生组织（WHO）、联合国儿童基金会等国际组织捐赠支持的脊髓灰质炎消除计划（Global Polio Eradication Initiative，GPEI）便迅速调整了现有的工作内容，用来识别COVID-19的新病例，并对公众进行教育，以求更好协调所服务国家的应对措施。

在埃博拉疫情暴发时期，GPEI就发挥了至关重要的作用。通过在尼

---

① Bill and Melinda Gates, Why We Swing for the Fences, https://www.gatesnotes.com/2020-Annual-Letter, visited on 2021-10-11.
② 《比尔及梅琳达·盖茨基金会》，载"盖茨基金会"微信公众号，https://mp.weixin.qq.com/s/5OgfeO4ub5Pi1sxCdG12Tg，2021年8月24日访问。

日利亚的长期运行，GPEI 形成了十分完善的疾病监测体系。因此，在 2014 年 7 月，当尼日利亚政府接到埃博拉预警时便马上联系了 GPEI 并建立了紧急运营中心，GPEI 的卫生工作者利用过去对抗脊髓灰质炎的经验追踪埃博拉病人和接触情况，汇报数据，让疫情第一时间得到控制。[1]

由于新冠病毒大流行严重危及脊髓灰质炎的疫苗接种工作（脊髓灰质炎疫苗接种是密切接触的医疗行为，与新冠防疫所需的保持社交距离相悖），不得不优先支持对新冠肺炎疫情的回应，暂停疫苗接种活动。当然，这也释放其广泛的资源帮助对抗新冠肺炎疫情，如监测系统和成千上万的一线卫生工作者。在疾病监测方面，通过广泛的脊髓灰质炎监视网络，可用于报告类似流感的疾病（ILI）、严重急性呼吸道疾病（SARI）以及新冠肺炎，判断疑似、确定和死亡的病例；由经验丰富的监视人员（如小儿麻痹症监视人员）对可疑的新冠肺炎病例进行病例调查、采样收集和联系追踪；对于社区的监视则需要充分发挥社区志愿者的力量，由指定的协调中心负责协调和培训，并为其提供基本的个人防护装备。在数据管理方面，支持新冠肺炎监视数据管理系统的开发和扩展，根据新冠肺炎响应的数据报告需求，报告需要转换为日常统计，并及时分发给决策者。

第二，推动 ACT-A 加速计划。作为全球公共卫生领域的共识，药物、疫苗和诊断对于拯救生命、结束流行病并防止再次发生至关重要。2020 年 4 月底，世界卫生组织总干事、法国总统、欧盟委员会主席和比尔及梅琳达·盖茨基金会共同启动"全球合作加速开发、生产、公平获取新冠肺炎防控新工具"（Access to COVID-19 Tools Accelerator，ACT-A）。[2]

ACT-A 以公平获取为核心原则，将各国政府、科学家、企业界、民间社会、慈善家以及全球卫生领域众多组织等联合起来，致力于让最需要的人们和国家获得应对新冠肺炎疫情的检测、治疗和疫苗，从而达到近期全面恢复全球社会和经济活动，中期内促进对新冠肺炎疫情疾病进行高水平控制，加速终止这一大流行疫情。作为国际社会迄今为止最高级别和最

---

[1] 李一诺：《从传染病看世界》，载《国际人才交流》2020 年第 3 期。
[2] What is ACT-Accelerator，https://www.who.int/initiatives/act-accelerator/about，visited on 2021-10-11.

大规模的多边卫生合作机制之一，ACT-A 不是一个新的组织，而是一个协调和协作的框架，围绕疫苗、治疗、诊断和卫生系统连接四个支柱开展合作。[①]

诊断支柱由促进创新诊断方法基金会（FIND）和全球基金共同领导，致力于为市场带来两到三种高质量快速检测试剂，对 50 个国家 1 万名医务专业人员进行培训，并且到 2021 年中期为低收入和中等收入国家 5 亿人提供检测服务。治疗支柱由国际药品采购机制（Unitaid）和惠康基金会（Wellcome Trust）共同领导，旨在加快新冠肺炎疫情各阶段治疗工具的开发和公平提供，确保不论地理位置和经济资源水平，所有人都能获得治疗。疫苗支柱，也称为"新冠肺炎疫苗实施计划"（COVAX），由流行病防范创新联盟（CEPI）、全球疫苗免疫联盟（GAVI）和世界卫生组织共同领导，确保尽快开发出疫苗并投入生产与交付使用。卫生系统连接支柱由世界银行、全球基金和全球融资机制共同领导，旨在加强建设能力和基础设施，以便在新工具准备就绪时有效部署，确保全球各地能够通过卫生系统和地方社区网络在与新冠病毒的战斗中充分支持其他三个支柱。此外，该支柱还致力于系统创新、支持推出产品，如开展追踪接触者、保持社交距离、采用各种隔离方法以及促进社区参与这些工作等。

第三，积极开展多边合作。面对复杂的全球挑战事件，任何一个单一的组织都无法独善其身。政府在抗击新冠肺炎疫情中发挥着最关键的作用，慈善组织无法替代也不应该替代政府的工作。但慈善组织擅长检验因为风险而可能不会被轻易尝试的创新，可以承担政府无法承担、企业不愿承担的风险，具有能够快速提供灵活资金的优点，可以帮助各国和组织迅速采取行动并填补资源缺口，与政府、企业以及其他 NGO 工作互补。比尔及梅琳达·盖茨基金会一直将基金会定位为资助者和塑造者，认为慈善发挥着重要但有限的作用，致力于扮演"催化剂"的角色。

在与国家的合作中，比尔及梅琳达·盖茨基金会积极动员美国政府投

---

① What is ACT-Accelerator, https://www.who.int/initiatives/act-accelerator/about, visited on 2021-10-11.

入资源援助发展中国家，基金会与 USAID 同埃塞俄比亚政府卫生部展开密切合作，利用数字化手段对有关新冠肺炎的信息进行处理。在中国，为了更好作出疫情研判，基金会与疾病预防控制中心（CDC）合作展开流行病学分析工作，与国家自然科学基金委员会、科技部合作研发医药产品，帮助中国药品监督管理局提高监管能力，帮助提升药监局和国际接轨的能力，推动中国疫苗企业"走出去"。此外，基金会还通过搜集相关数据、资料等，联合学术伙伴，对数据资料进行分析形成报告，为政府提供决策支持。

企业是疫苗研发、生产，进入到发展中国家及贫困地区全过程的最主要推动力。基金会通过筹集资金帮助企业减少研发过程中投入产生的风险，考虑到运营与销售成本，针对不同国家的需求进行双边协调，帮助聚合不同国家地区的疫苗需求，将分散的市场聚合为大市场，吸引医药企业进入市场进行生产及销售。

比尔及梅琳达·盖茨基金会还与银杏伙伴基金会合作，了解中国一线 NGO 在抗击疫情中所做的工作，通过行动研究为未来 NGO 应急响应工作提供参考。在疫情后期，比尔及梅琳达·盖茨基金会与中国扶贫基金会、新阳光基金会等组织共同发起联合基金，支持一线机构、社区以及疫情后重建的工作。除了基金会本身的大量资金捐赠，还鼓励其他慈善家参与 ACT-A 计划的捐款，同时接受了很多小额捐赠人的捐款。

（2）聚焦发展中国家和贫困地区的应急体系、能力和卫生系统建设

无论是在常规的捐助还是突发公共卫生事件中，比尔及梅琳达·盖茨基金会都将经济水平较低、应急管理能力较差、卫生建设薄弱的发展中国家和贫困地区放在了非常重要的地位，致力于完善这些国家与地区的公共卫生应急管理体系。尽管在疫情的冲击之下，大部分发展中国家面临的首要与严重问题都是诸如病毒检测不及时、医疗物资紧缺等相似问题，但是基金会仍然试图了解每个地区的亚文化和参与者，结合当地的实际情况进行捐助工作。基金会为战略投资基金提供了高达 7.5 亿美元的批量担保、可免除贷款和其他有风险融资，以便迅速采购基本医疗用品，并为低、中等收入国家生产用于抗击新冠病毒产品的公司提供资金。其中，3 亿美元

的可免除贷款用于支持低收入和中等收入国家生产多达 2 亿剂 COVID-19 疫苗；2 亿美元的担保用于支持低收入和中等收入国家面临的单克隆抗体治疗的风险；2.5 亿美元的担保用于帮助低收入和中等收入国家提供负担得起的诊断。①

在非洲，基金会不仅及时响应，帮助合作伙伴和政府提升应急运作能力，同时做好长期努力的准备，最大限度支持当地加强卫生系统建设，以期实现保护最脆弱者、加快病毒的检测和遏制、开发疫苗和药物治疗以及尽量减少社会和经济影响等目标。基金会在年度计划预算之外捐赠了 4750 万美元用于加强撒哈拉以南非洲和南亚的国家或地区应对新冠肺炎疫情。② 基金会的短期应急援助不只是简单将资金给到合适的受赠方手中，由他们进行自主工作。由于非洲经济、科技、医疗各方面实力较落后的现状，基金会在加大资金投入的基础上，必须起到"授之以渔"的引导作用。首先，基金会加强与世界银行和世界卫生组织非洲区域办事处等合作伙伴的合作，共同建立起紧急行动中心（EOCs），帮助各国政府和区域机构改进疾病监测和检测，提高诊断新冠肺炎病例的能力，同时建立医疗基础设施，以便进行更有效的安全隔离和治疗；其次，基金会与私营公司加强合作，帮助稳定新冠肺炎患者所需的医疗用品市场，确定分发食品和基本药物的新方式；最后，当突发公共卫生事件暴发，在最需要干预的地区研究干预措施，有利于最大限度验证干预措施的效果，再加上非洲地理位置以及环境的特殊性，基金会和其他机构尝试在非洲进行疫苗研制试验，以确保研究结果适用于各种人群和环境。③

印度相对于非洲等发展中国家经济实力较好，但由于其人口密度较大且自身卫生系统建设状况较差，同时存在性别歧视、犯罪等其他社会问

---

① Bill and Melinda Gates Call for Collaboration, Continued Innovation to Overcome Challenges of Delivering COVID-19 Scientific Breakthroughs to the World, https://www.gatesfoundation.org/Media-Center/Press-Releases/2020/12/Bill-and-Melinda-Gates-call-for-collaboration-innovation-to-deliver-COVID-19-breakthroughs, visited on 2021-10-11.

② Ibid.

③ Our Approach to COVID-19 in Africa with Oumar Seydi, https://www.gatesfounda-tion.org/ideas/articles/coronavirus-oumar-seydi-africa-response, visited on 2020-04-15.

题，在面对突发疫情时所暴露出的问题也不容小觑。基金会一直与印度中央和州政府、地方慈善机构以及国内生物制药公司保持密切合作，帮助增加必要病毒检测设施的供应，培训和保护一线卫生工作者，并支持推出尖端技术工具以应对新冠肺炎的影响。首先，基金会认识到印度良好的创新能力，因此与许多顶级印度疫苗制造商建立了长期合作伙伴关系，帮助加快疫苗研发速度、增加产量，鼓励信息共享和技术转让。为了收集更多有关印度特有的疾病的数据，寻找潜在的治疗方法，基金会还支持印度医学研究理事会（ICMR）、生物技术部（DBT）和其他方面分享治疗方案的全球最佳做法。其次，强有力的初级保健体系不仅有利于对抗新冠病毒，长期看还可以提高印度人民的生活质量，因此基金会在帮助疫苗研发与病毒检测的基础工作上，进一步加大投资帮助加强卫生系统建设，确保初级卫生保健和基本保健服务能够到达印度各地的需要。最后，为了最大程度上缓解新冠肺炎疫情对弱势群体的经济影响，基金会与政府、NGO 建立更牢固的伙伴关系，进一步加强与当地企业及民间社会的合作，鼓励发展地方经济，试图在农业和其他部门创造更多的就业机会。①

（3）充分利用市场机制推进疫苗的公平分配

根据美国东北大学的模型，如果富裕国家购买了前 20 亿支疫苗，而不是按照全球人口比例分配的话，那么死于新冠肺炎的人数将几乎翻倍。因此，比尔及梅琳达·盖茨基金会的工作主线就是通过创新解决不平等问题，倡导并推动疫苗公平分配。

基金会积极支持新冠肺炎疫苗实施计划（COVAX 计划），COVAX 计划由全球疫苗免疫联盟推出，旨在安全有效的疫苗上市后，能够确保所有国家的人们都能快速、公平公正地获得疫苗，截至 2020 年 10 月，已有 184 个国家和地区参与。作为 ACT-A 加速计划的疫苗支柱，COVAX 计划是唯一与政府和厂商合作确保全球较高和较低收入国家都能获得新冠肺炎疫苗的全球倡议。而基金会的工作理念，就是让市场为穷人服务，基金

---

① Combating COVID-19 in India，https：//www.gatesfoundation.org/ideas/articles/coronavirus-india-response-m-hari-menon，visited on 2020-03-27.

会将额外承诺向先进市场推进疫苗计划（Advance Market Commitment，AMC）机制提供5000万美元。①

3. 比尔及梅琳达·盖茨基金会在全球新冠肺炎疫情援助中的经验②

（1）与各方合作是最佳解决方案

全球公共卫生问题是当前世界面临的巨大挑战，而强化多边合作是最为现实、迫切的应对之策。创新型非国家行为主体的参与改变了全球公共卫生治理格局，为多边合作注入新动能。疫苗从研发到投入生产再到交付使用，是一个复杂、长期且面临极大风险的过程，大规模的国际合作不仅可以共同承担过程中的风险，还可以有效降低疫苗研发和生产成本，促进公平分配，大大提高效率，通过多边合作机制推动新冠疫苗成为全球公共产品。在应对全球大流行的情况下，能取得最终胜利的根本就是合作，在疫苗研发、生产、采购、分配等各个阶段，都离不开合作与协调。尽管比尔及梅琳达·盖茨基金会是全球规模最大的慈善机构，但基金会深知仅仅依靠自身的资源是远远不足以解决全球面临的社会挑战。因此，基金会的定位非常清晰，扮演的是催化剂的角色，旨在撬动各国政府、国际组织、其他NGO和市场的力量，共同解决社会问题。

（2）大胆创新是战疫动力

比尔及梅琳达·盖茨基金会深信，作为推动抗击新冠肺炎疫情工作的动力，仅仅依靠技术和产品的突破是远远不够的，更需要理念革新、国际合作机制创新。理念上，改变疫苗产业的思维模式，如COVAX集中需求、集中供给，整合购买力，并为参与者提供获取、使用一个广泛且有积极管理的候选疫苗组合的机会，给生产商提供可以进入庞大的、需求有保障的市场的机会。合作机制上，创新融资机制，如通过AMC机制使新冠

---

① Gates Foundation Announces New Funds to Develop COVID-19 Vaccines and Increase Access to Affordable Vaccines in Low-income Countries, https://www.gatesfoundation.org/MediaCenter/Press-Releases/2020/11/Gates-Foundation-announces-new-funds-to-develop-COVID-19-vaccines, visited on 2021-10-11.

② 与比尔及梅琳达·盖茨基金会中国办公室工作人员的访谈记录，2021年3月4日，北京。

疫苗在全球范围内公平可及。技术、产品是外显层面的表达，制度与机制在中间层，思想、意识和观念在核心层，破解难题、实现创新靠的不是某一笔钱或一项技术，那并不稳定且不可持续，核心层的公共理性与共识，中间层的有效衔接与运转，才是治本之道。

4. 比尔及梅琳达·盖茨基金会在全球新冠肺炎疫情援助中的局限

（1）基金会的性质决定其影响力有限

基金会的性质决定了其无法替代，也不应该替代政府的工作，基金会所希望建立的全球疫情防控系统，只有在各界共同努力与协作之下才具有可行性。基金会虽然在全球卫生健康领域担任倡议者的角色，可以帮助构建出联系国家、企业、NGO 的合作网络，但网络的顺利运行还是离不开国家间的协调，发挥主要作用的仍然是国家政府，基金会作为一个 NGO，其话语权较小，往往是"心有余而力不足"，国家利益关系的复杂可能会使现实情况达不到基金会的理想效果。

（2）基金会面临的信任问题严峻

国际 NGO 的可信度表现为援助国（国际 NGO 总部所在国家）和受援国政府、人民对其的信任。援助国和受援国政府对 NGO 的信任主要指能力的信任，这种信任既包括对基金会的组织能力、管理能力以及合作能力的信任，也包括政府对 NGO 参与重大疫情防控的行为目标与政府目标统一的信任。如果援助国和受援国政府对 NGO 信任不够，NGO 将难以发挥作用，最终无法在重大疫情防控中发挥重要价值。植根于西方价值体系，在财务上对援助国捐赠人负责的国际 NGO 易受到受援国政府的质疑，受援国政府不信任则不愿意接受援助，援助国政府不信任则无法合作展开援助，最终导致基金会无法在重大疫情防控中有效配合政府工作。作为有着多年援助经验的"老牌"NGO，在疫情期间捐款几十亿美元的比尔及梅琳达·盖茨基金会在"比尔·盖茨制造疫情清除人类""借助新冠疫苗植入人体芯片"等纷至沓来的谣言面前虽不至于毫无招架之力，但却使基金会的可信度大打折扣，一定程度上影响了防疫抗疫工作的展开，难以达到原有的应对效果与工作效率。

三、美国 NGO 参与国际突发公共卫生事件的体制机制分析

美国 NGO 往往在国际公共卫生突发事件中扮演了较有影响力的角色，足迹遍布非洲、亚洲、欧洲、拉丁美洲等地区。在回应国际突发公共卫生事件方面，美国 NGO 形成了具有自身特色的发展路径。通过研究发现，美国 NGO 参与国际突发公共卫生事件的体制机制主要有以下几方面：

（一）全球网络化响应体制

从对国际公共卫生事件的响应体制来看，美国 NGO 始终重视建立和运用跨国界运行的全球网络。这种全球网络包括多种类型，全球疾病监测网络、疫苗和药物研发网络以及全球公共卫生协作网络等。这些全球网络通过筛选、评估、开发和规模化推广全球大流行疾病的疫苗生产和治疗方法，加速疫情应对工作；动员全球伙伴开展全球筹款行动和建立通往全球公共卫生合作的桥梁，帮助各个国家扩大医疗卫生能力，并且减轻大流行的社会影响。全球公共卫生网络的建立与网络化的响应机制帮助美国 NGO 实现在国际突发公共卫生事件中做到及时响应。同时，网络化的响应机制提高了美国 NGO 在公共卫生事件响应中的话语权和影响力。

（二）多元主体动员机制

从国际公共卫生事件响应中的动员机制来看，美国国际 NGO 在参与突发公共卫生事件应对中，不只是自己捐赠，而是高度重视与国际组织、母国政府、受援国政府、企业和社会多元主体的合作与资源动员。美国 NGO 与本国政府的关系表现为两个方面：一方面会在接受美国政府（如 USAID）赠款的情况下开展国际响应工作，如国际美慈等一些大中型的国际 NGO；另一方面，会倡导美国政府投入资源参与国际援助，以及在一些共同关注的项目领域开展合作，如比尔及梅琳达·盖茨基金会等大型基金会不接受政府赠款，全部国际援助资源来自私人捐赠，但是与 USAID

共同就新冠肺炎信息采集数字化同埃塞俄比亚政府卫生部开展工作合作。在响应过程中，美国 NGO 十分注重与国际组织、受援国政府、私人公司、NGO 和所服务的社区合作，充分发挥各个机构和外部专家的专长，利用组织内外的专业知识，开发实用的长期解决方案。在与受援国政府合作方面，注重为受援国卫生系统部门提供实证和数据支持，提高受援国政府的科学决策和管理能力，推动其参与全球公共卫生合作。在与企业合作方面，高度重视发挥企业在突发公共卫生事件响应中筹集善款、疫苗开发、药物推广等方面的关键性作用，通过提供研发和市场等方面的协同支持，调动企业参与的积极性。

（三）需求导向与机制创新

从对国际公共卫生事件的响应内容与方式上看，美国 NGO 的国际援助工作体现出了注重需求导向与机制创新的突出特征。美国 NGO 参与国际突发公共卫生事件的立足点首先是受援国当地的实际需求。无论是在医疗领域的疫苗和药物研发及推广，或是基于社区层面居民实际需求与现实问题的物资救援和公共卫生宣传，还是以促进经济复苏为目标的市场撬动工作，均从全球公共卫生事件对不同国家与地区带来的实际影响出发，并根据受援国和地区需求的阶段性变化持续进行调整。在具体的响应工作中，一些在公共卫生领域具有领导力的 NGO 高度重视通过响应机制创新提高国际公共卫生事件响应能力。例如，比尔及梅琳达·盖茨基金会发起的新冠肺炎治疗加速器，筛选、评估、开发和规模化推广新冠肺炎的治疗方法，通过共享研究、协调投资和汇集资源，加快研究速度，降低风险，确保资源匮乏的国家获得这种途径，加速疫情应对工作。美国 NGO 也普遍重视联合疾病监测和数字化协同等创新机制在疾病预防和疫情响应中的应用。

此外，新冠肺炎疫情为国际人道主义援助组织的资金援助带来了新的挑战和反思。美国一些 NGO 探索了创新性的解决方案和援助计划。例如，国际美慈创新性的金融工具"Agri-Fin"，在新冠病毒大流行中，潜移默化地改变了脆弱社区和人群的生活和生态。通过数字金融和信息服务低成本、可扩展的技术优势，迅速吸引了受疫情影响地区的农民，对于确保这些地区的粮食安全，起到了至关重要的作用。

（四）发挥 NGO 优势和进行价值倡导

在国际突发公共卫生事件响应中优先事项的安排方面，美国 NGO 普遍坚持从机构优势出发，结合需求确定工作优先级。与此同时，注重机构的全球价值倡导。例如，国际美慈在国际公共卫生事件响应中更突出国际人道主义救援的阶段性任务重点；救世军能够第一时间调动遍布全球的医院和诊所对社区进行援助；而全球联合之路则侧重作为支持型组织的资源整合和社区对接；洛克菲勒基金会作为全球公共卫生领域的传统重要行动者，注重疾病预防及精准响应方面的倡议；比尔及梅琳达·盖茨基金会作为目前全球公共卫生领域的领导者，则高度重视在疫苗、药物等研发领域发挥关键性作用。同时，美国 NGO 在突出机构优势的基础上，始终坚持将价值倡导贯穿国际公共卫生援助工作始终，最为突出的就是强调公平分配、性别平等和包容性复苏。这种价值倡导分别体现在：（1）疾病预防和治疗方面，通过创新解决不平等问题，扩大筛查测试的可获得性、药物的全球推广及推动疫苗公平分配；（2）社区缓解方面，保证女性和孕产妇的健康与权利，防止家庭暴力、性暴力，提高女性生计、发展能力及领导力；（3）经济复苏方面，在发展中国家通过清洁、可持续方式消除能源贫困，推动包容性经济发展等。

第八章 英国 NGO 参与全球突发公共卫生事件的策略和机制

作为 OECD 发展援助委员会主要成员国和第三大 ODA 贡献国的英国，2020 年新冠肺炎疫情暴发以来，凭借其几十年来在全球建立的发展援助渠道，以及从各类世界人道主义危机和自然灾害救援中积累的经验，英国 NGO 在保护中低收入国家和脆弱地区人民免受新冠肺炎疫情侵害和持续影响方面开展了一系列工作。本章将对英国官方发展援助支持 NGO 参与全球新冠肺炎疫情应对的情况进行初步分析，并对英国 NGO 在全球抗击新冠肺炎疫情的案例开展分析，从而系统呈现英国 NGO 参与国际突发公共卫生危机对应的路径和机制，以期为中国社会组织参与国际发展援助，特别是应对国际公共卫生事件提供经验和教训。

一、英国官方发展援助支持 NGO 参与全球突发公共卫生事件概况

（一）英国官方发展援助支持 NGO 参与全球突发公共卫生事件的整体情况

推动全球公共健康是英国近几年国际发展援助最为关注的议题之一，

健康领域的 ODA 投入在 2019 年为 14%，2020 年上升到 16.7%①，为所有双边资金投入中占比最高的领域，主要用于加强发展中国家全民健康服务覆盖率、提高基本公共卫生服务质量、增加脆弱国家和地区的灾害应对能力，以及支持对肺结核、疟疾、脑膜炎和热带病等可能造成公共卫生风险的疾病的诊断试剂、特效药、疫苗等新产品和新技术的研发。②

2020 年，英国 ODA 共投入 16.6 亿英镑用于防控新冠肺炎疫情全球大流行，回应发展中国家疫情对社会和经济的负面影响，其中既包括投资 2.187 亿英镑设立的"新冠病毒大流行—英国响应"一揽子援助计划 (COVID-19 Outbreak - UK Response)③、2.5 亿英镑配资援助项目（UK Aid Match Fund)，用以支持 92 个贫穷国家建立新冠肺炎疫苗实施计划预先市场采购协议（COVAX-AMC)④，还包括支持国际货币基金组织的灾难遏制和救济信托以帮助最贫穷的国家偿还债务，使它们能够将有限的资源集中在应对新冠病毒大流行上。2021 年年初，英国政府宣布追加 5 亿英镑，用于在未来十年继续支持 COVAX-AMC，以进一步降低新冠肺炎的发病率和死亡率，结束新冠病毒大流行的急性期。⑤

---

① 根据英国政府披露的英国发展援助资金年度统计数据整理而来，历年数据报告可参见英国政府官方网站：https://www.gov.uk/international/international-aid-and-development#research_and_statistics，2021 年 10 月 11 日访问。

② Annual Report and Accounts 2018-19, https://assets.publishing.service.gov.uk/government/uploads/system/uploads/attachment_data/file/815787/ARA-2019.pdf, visited on 2021-10-11.

③ Coronavirus Outbreak-UK Response, https://devtracker.fcdo.gov.uk/projects/GB-GOV-1-301150, visited on 2021-10-11.

④ UK Aid Match Fund 为近年来英国官方发展援助资金的一种主要资助形式，旨在通过提供配套资金的方式动员更多社会资源共同投入。此轮的筹资中，英国政府许诺 COVAX-AMC 每获得 4 美元捐赠，英国 ODA 资金将配套捐出 1 美元，最高限额为 2.5 亿英镑。这一呼吁成功调动了加拿大、日本、德国等共同出资，总计为 COVAX-AMC 筹措到 10 亿美元捐赠。See UK Meets £250m Match Aid Target into COVAX, the Global Vaccines Facility, https://www.gov.uk/government/news/uk-raises-1bn-so-vulnerable-countries-can-get-vaccine, visited on 2021-10-11.

⑤ COVID-19 Vaccine Funding for the COVAX Advance Market Commitment Using IFFIm, https://devtracker.fcdo.gov.uk/projects/GB-GOV-1-301271, visited on 2021-10-11.

（二）以资助多边机构为主的"新冠病毒大流行—英国响应"一揽子援助计划

英国政府一向重视国际多边机制在全球减贫和可持续发展中的作用。近五年来，英国提供的多边援助资金和通过多边机构执行双边援助项目的 ODA 资金，是 OECD 发展援助委员会成员国中金额和占比最高的，2019 年投入金额为 64 亿美元，占英国年度 ODA 资金的 33%。[①] 在本次对新冠病毒大流行的应对中，英国政府同样强调国际多边机制的作用。

基于联合国全球人道主义应急计划（UN's Global Humanitarian Response Plan）和世界卫生组织战略准备与应对计划（World Health Organisation's Strategic Preparedness and Response Plan），英国政府于 2020 年 2 月启动为期一年的"新冠病毒大流行—英国响应"一揽子援助计划（以下简称"响应计划"），支持对全球新冠病毒大流行的快速回应。"响应计划"所资助的 2.187 亿英镑中，接近九成的资金（1.92 亿英镑）用于资助世界卫生组织、红十字会与红新月会国际联合会（英国红十字会）、联合国难民署、联合国儿童基金会、红十字国际委员会、世界粮食计划署以及联合国人口基金会等多边机构开展的援助项目。其余 10% 的资金中，有 2000 万英镑用以支持快速响应协作（Rapid Response Facility, RRF）和人道主义援助网络（Humanitarian-to-Humanitarian Network, H2H Network）等 NGO 组织开展工作，另有 200 万英镑用于对"响应计划"执行效果的监测评估，以及 470 万英镑用于临时聘请专家和组建工作团队，以弥补参与计划的多边机构和 NGO 紧急应对疫情时的人力资源和运力短缺。表 8-1 呈现了"响应计划"对各机构的具体资助金额和主要任务。

[①] Development Co-operation Report 2020: Learning from Crises, Building Resilience, https://doi.org/10.1787/f6d42aa5-en, visited on 2021-10-11.

表 8-1 "新冠病毒大流行—英国响应"一揽子援助计划资助金额及主要任务

(单位：英镑)

机构类型	合作伙伴	预算	主要任务
多边机构	世界卫生组织	72000000	应对疫情的全球影响，提供应对疫情的全球战略领导
	红十字会与红新月会国际联合会/英国红十字会	38000000	协同世界各国的红十字会（包括英国红十字会），领导各国的社区援助
	联合国难民署	20000000	领导全球各地难民营和安置点的疫情预防和健康应对
	联合国儿童基金会	20000000	领导全球各领域关于受疫情影响的儿童保护和疫情预防
	红十字国际委员会	17000000	调整现有人道主义计划，以更好地应对疫情的全球影响
	世界粮食计划署	15000000	维持全球响应，支持全球供应链和人道主义援助的后勤保障
	联合国人口基金会	10000000	加强国家和地方卫生体系，维持性健康和生殖健康，及预防基于性别的暴力等服务
	多边机构预算合计	192000000	
NGO	人道主义援助网络	2000000	整合各类提供人道主义救援的中小型NGO，协同开展社区教育、宣传倡导、信息管理和能力建设等服务，营造有利于人道主义响应的社会环境
	快速响应协作	18000000	资助在11个国家开展的7个NGO项目，预防和响应疫情对最脆弱个体和社区产生直接影响和次生灾害
	NGO预算合计	20000000	

(续表)

机构类型	合作伙伴	预算	主要任务
评估和部署	监测和评估	2000000	DFID委托进行评估，为决策提供实证证据
	人员和运力部署（如英国紧急医疗团队、联合国备用金、临时空运资源等）	4705200	为世卫组织和部分受援国卫生部提供医疗专家、建立治疗中心，使用英国军用飞机来支持联合国的人道主义救援，培训短期急救人员，以及为部分英国人道主义援助人员采购防护装备和设施
	评估和部署合计	6705200	
	总计	218705200	

资料来源：Business Case Summary Sheet：Covid-19 Outbreak-UK Response，https://devtracker.fcdo.gov.uk/projects/GB-GOV-1-301150/documents，visited on 2021-10-11。

大多数"响应计划"所支持的行动并非为应对新冠肺炎疫情专门设立，而是此前英国ODA长期支持的工作和机制针对新冠肺炎疫情的扩展和延续，如对世界卫生组织的支持，则是支持全球卫生系统健全和完善的持续性投入，对人道主义响应的支持，也是在新冠肺炎大流行的背景下更有针对性地巩固和强化从2015年11月开始启动的英国人道主义援助战略的成果。在制定应对新冠肺炎疫情大流行的宏观战略时，英国总结汲取了之前抗击埃博拉病毒的经验教训，特别强调有效的社区参与、强有力的国际协调、充分赋权的联合国领导力以及多部门协同的重要性，重申在发展援助工作中，支持受援国政府的自主权和领导力，尽可能使用和加强现有系统的重要价值。

（三）英国NGO参与全球新冠肺炎疫情应对的情况

支持NGO参与紧急援助是英国政府抗击埃博拉病毒的重要经验之一。NGO最大的优势在于能直接接触到疫情冲击最为严重的社区，并直接向妇女和儿童、贫困人口和难民等最弱势的群体提供服务。很多发源于英国的国际NGO基于自身的经验和特长，深度参与了全球新冠肺炎疫情响应，体现出 NGO 应对重大突发公共卫生事件的作用和价值。"响应计划"资助了 RRF 和 H2H Network 这两个网络型 NGO 的紧急援助项目。这两个机构实际上均是由多个 NGO 组建的联盟，其中 RRF 包括 36 个前期通过审核的 NGO 组织，可在洪灾、饥荒和地震等国际重大危机发生时提供快速紧急援助[1]；H2H Network 则是一个由 57 个小型 NGO 组成的网络，提供人道主义援助领域内的各类专业服务，包括数据和信息管理、社区参与和问责、安全保障等。[2]

除了直接资助 NGO 开展应对疫情的项目以外，英国还积极鼓励 NGO 采用"适应性策略"（adaptive approach），即充分利用其组织优势和特点，在开展服务和管理项目时通过体系化又不失灵活的方式，针对疫情复杂多变的特点和可能产生的次生灾害，转变项目实施模式以提升和改善发展援助成效。在"适应性策略"的宽松态度下，大量由 ODA 资助的正在进行中的发展援助项目调整了其 2020—2021 年度重点内容，纷纷结合自身的业务专长，聚焦到与疫情应对和灾后恢复等领域的工作。例如，ODA 资金在也门、叙利亚、伊拉克、巴基斯坦等十多个冲突地区和脆弱国家由冲突稳定与安全基金（Conflict Stability and Security Fund，CSSF）资助的项目，在其 2020—2021 年的工作计划中，全部加入了应对疫情的工作内容，包括疫情暴发紧急应对、非疫情医疗资源的补充和改善，社区生计恢复以及防止针对弱势群体特别是妇女儿童的暴力等。[3] 这种"适应性策略"将在下文国际救助儿童会的案例中进一步详细分析。

---

[1] 资料来源：https://www.rapid-response.org/about/，2021 年 10 月 11 日访问。
[2] 资料来源：http://h2hnetwork.org/about-us/，2021 年 10 月 11 日访问。
[3] 资料来源：https://devtracker.fcdo.gov.uk/search?query=Covid-19&includeClosed=0#page-3，2021 年 10 月 11 日访问。

二、英国 NGO 参与全球疫情应对的案例分析

(一) 国际救助儿童会：全球疫情应对行动中的"适应性"策略①

救助儿童会于 1919 年由埃格兰泰恩·杰布女士在英国成立。1923 年杰布女士起草了《儿童权利宪章》，这个具有历史开创意义的文件后来成为联合国《儿童权利公约》的基础，并被世界上几乎所有的国家写入了本国的法律。在一百年的历程中，救助儿童会为促进每一个儿童的健康、教育质量和消除一切形式的针对儿童的暴力而不懈努力。到今天，救助儿童会已发展为一个国际联盟组织，包括总部注册于英国的国际救助儿童会 (Save the Children International, SCI, 负责管理救助儿童会遍布全世界的 56 个国家级项目) 和 30 个独立的国家级会员组织 (包括英国救助儿童会、美国救助儿童会、瑞典救助儿童会、挪威救助儿童会、日本救助儿童会等，主要为 SCI 在全球的项目筹款，并在本国开展儿童慈善项目)，拥有 25000 名员工，在全球 113 个国家和地区开展工作。救助儿童会主要的工作领域包括儿童生存、教育、保护、紧急援助和倡导。

2020 年新冠肺炎疫情一暴发，救助儿童会即展开快速反应，于 2020 年 5 月启动"保护下一代：新冠肺炎疫情全球响应计划"(Protect A Generation of Children, A Global Response Plan to Covid-19)，共筹集 2.88 亿美元在 87 个国家开展工作，在疫情大流行之下保护儿童安全和健康的同时，为儿童提供持续学习和发展的机会，同时支持家庭获得生计和保障。至 2020 年年底，有 2950 万人从救助儿童会全球工作中获益，其中包

---

① 参见国际救助儿童会网站披露的两份相关报告，即《2020 年我们应对新冠肺炎疫情的影响》(Our Covid-19 Repones Impact in 2020) 和《新冠肺炎疫情的全球应对计划：保护这一代儿童》(Global Response Plan to Covid-19: Protecting a Generation of Children), https://resourcecentre.savethechildren.net/library/save-childrens-global-response-plan-covid-19-protecting-generation-children，2021 年 10 月 11 日访问。另参见救助儿童会关于安全保护和紧急援助的内部政策，以及 2021 年 3 月笔者与国际救助儿童会驻联合国代表王乐女士、国际救助儿童会（英国）北京代表处儿童保护经理佟贞贞女士的访谈内容。本案例所使用的数据截止到 2021 年 3 月 29 日。

括 1180 万儿童。基于各国疫情发展的不同情况和当地社区的实际需求，救助儿童会在世界各国开展的项目也各不相同。例如，在意大利为 45 个移民社区中受疫情影响而无成人陪伴的儿童提供桌椅、书本等以支持儿童继续学习；在缅甸为超过 10 万个家庭发放现金补贴并提供商业支持以帮助这些家庭渡过由疫情引发的经济危机；在美国和墨西哥向贫困儿童提供千万份营养餐食；在塞拉利昂与多个本地 NGO 合作共同为受疫情影响的儿童提供继续接受教育的机会；在索马里向当地儿童送出 17000 多个收音机，并专门制作广播节目在难民营播放。救助儿童会在全球应对疫情的工作，基于"四大支柱"的方法论，整合其强大的治理、筹资和协同能力，注重实时学习和及时总结，成为 NGO 在全球运作中积极采用"适应性策略"的良好实践。

1. 基于"四大支柱"，为受疫情影响的儿童提供系统性保护

基于儿童权利项目规划视角，为儿童带来系统、持续的改变一直是救助儿童会所有工作的基本方法论，应对疫情的项目也不例外。降低疫情对儿童生存和健康的不利影响、帮助儿童在家获得教育并尽早返回学校、支持家庭生计和食品安全，以及在家庭和社区保护儿童免遭伤害，是救助儿童会在此次全球应对当中的主要工作目标。

(1) 降低疫情对儿童生存和健康的不利影响

基于长期从事社区健康服务的经验，救助儿童会在疫情暴发初期就强调，社区防控是预防疫情传播的第一道防线。因此，为了减少儿童感染新冠病毒的发病率和死亡率，以及减少由于疫情冲击公共医疗系统而造成的严重后果，救助儿童会将基层一线医护人员和家庭作为两个工作重点。例如，为孟加拉国科克斯巴扎尔（Cox's Bazar）难民营的 10 万余名基层医护人员开展疫情防控和救治知识的培训，并为其提供必备的防护物资。倡导"健康社区"的概念，告诉人们疫情传播的路径和社区防控的方法，通过制作广播节目、宣传海报以及在偏远地区使用扩音喇叭等方式宣传疫情防控知识。在对家庭的服务方面，包括示范正确的洗手方式、发放卫生用品包，以及为家庭和社区提供蓄水池和净化设施等。另外，救助儿童会注意到因受疫情影响而导致的基本卫生和医疗资源的匮乏，如在尼日利亚等

非洲国家，为将近 40 万名因疫情导致家庭经济困难而罹患急性营养不良的 5 岁以下儿童提供治疗和检查。

（2）帮助儿童获得教育机会并尽早返回学校

2020 年新冠肺炎疫情大流行导致大量儿童无法在学校接受教育，有一些儿童甚至因此辍学，伴随着新冠肺炎疫情同时也产生了一场全球教育危机。一方面，救助儿童会积极参加联合国教科文组织的"全球教育特别会议"，与 65 个国家一起倡导必须持续增加政府对教育的投入，要将教育作为"新冠肺炎疫情刺激计划"的中心。另一方面，救助儿童会也在最贫困和脆弱的国家帮助儿童获得在线教育，有 300 多万儿童从中受益，其中还包括 8.8 万名残障儿童。救助儿童会还特别强调要将对新冠肺炎疫情的紧急应对计划应用于所有面向儿童的教育活动中。到 2020 年年底，已经有超过 2/3 由救助儿童会开展的儿童学习小组（工作组）纳入这一计划，并将疫情预防、个人卫生等内容作为重点教育内容。

（3）提供系统性支持，恢复家庭生计

在疫情中为帮助那些贫困脆弱家庭的儿童提供基本生活供给，以避免饥荒、营养不良和其他对儿童可能产生的不良影响，救助儿童会在全球为超过 55 万个家庭提供现金或购物券救济，以缓解这些家庭的燃眉之急。通过向家庭中的成年人进行财商教育，确保这些现金救助能切实用到儿童养育上，还为成人和年龄较大的儿童提供职业技术培训，以扩大家庭收入、为维持家庭生计提供更多的机会。另外，尽可能利用救助儿童会在其他领域所获经验，将现金转移与其他服务结合起来，如在提供现金救济的同时，提供营养干预或提供保护服务等，以最大程度地发挥项目服务的系统性作用。

（4）在家庭和社区中保护儿童免受暴力、剥削和虐待的风险

基于之前应对埃博拉、疟疾等传染病的经验，救助儿童会认为由于病毒传播导致的预防和控制措施失灵，儿童遭受剥削、暴力和虐待的风险会显著增加，儿童和青少年的心理健康尤其令人担忧。救助儿童会发挥其作为儿童专业机构的优势，开发了很多有关积极养育子女的资源和指导，如

英国救助儿童会官网上线专门面向父母的亲子娱乐网页"DEN"[①],救助儿童会阿富汗项目编写了《家长和青少年居家期间社会心理支持工具手册》[②],这些材料提供了丰富的居家隔离期间亲子互动游戏、故事素材,以及认识新冠病毒、预防和治疗、保持心理健康的支持性工具和自我调节方法,缓解父母和儿童的照料者因疫情造成的压力,进而减少儿童在家中或在上网时遭受暴力的风险。针对疫情可能为青少年带来的心理影响和压力,救助儿童会在全球为11万名儿童提供心理个案辅导,为近25万名儿童和37万名成人提供社会心理支持服务。另外,还向一些处于危险中的家庭提供现金和购物券援助,并开展行动以防止疫情中童工、童婚的发生率上升。

2. 三个维度建构"适应性策略"

新冠肺炎疫情大流行中,救助儿童会在87个国家开展的全球性援助中展现出了较强的"适应性",是机构沉淀多年的治理能力、筹资能力和协同能力在紧急状态下的集中呈现。具体来说,这种"适应性"体现在基于需求评估的紧急响应决策、机构安全保护程序,以及与多层次合作伙伴协同合作这三个维度上。

(1) 基于需求评估的紧急响应决策

开展行动前必须进行需求评估,是救助儿童会基于儿童权利的项目规划的起点。在有自然灾害、流行病暴发或是有紧急事件发生后,救助儿童会要求各国家项目办公室开展快速需求评估(Rapid Need Assessment),从儿童的生存、保护、发展和参与等维度,就突发风险可能对该地区儿童及社区产生影响的严重程度、儿童和社区最迫切的需求和应开展的服务内容进行分析,并向区域办公室或总部发出预警。例如,2020年4月,救助儿童会在柬埔寨十个省开展快速需求评估,通过电话采访和在线问卷对

---

① 资料来源:https://www.savethechildren.org.uk/what-we-do/coronavirus-information-advice/resources-parents-kids,2021年10月11日访问。

② Afghanistan Programme, Home-based Psychosocial Wellbeing Activities for Children, Teens and Parents, https://resourcecentre.savethechildren.net/node/18811/pdf/homebasedpsychosocialwellbeingactivitiesforchildren_afg2020_eng.pdf, visited on 2021-10-11.

241名10—17岁的城乡儿童进行调查，了解儿童对新冠肺炎疫情的认识程度、自我保护知识、儿童首选和最信赖的沟通渠道、目前的家庭状况等信息。该评估发现儿童的疫情认知、预防措施和应对行为之间存在巨大差异，生活在农村地区没有手机或偏远地区无法接入互联网的儿童面临着远程教育难以获得等迫切问题。这些基于实证研究所获取的发现，指导救助儿童会柬埔寨项目设计和开展更有针对性的服务，有效提高了在柬埔寨新冠肺炎疫情应对策略的"适应性"。[1] 另外，救助儿童会还要求各国家项目办公室在开展需求评估时，必须同时对可能面临的潜在风险进行系统评估并制定周密预案，还要特别体现出社会性别视角，以避免紧急状态下发生基于性别的暴力和不平等对待。

（2）机构安全保护程序

救助儿童会一向非常重视保护所服务社区当中的儿童和成人，以及对其员工的安全保护，制定有专门的《安全保护政策》（Safeguarding Policy）[2]，其中对儿童保护措施，以及一旦出现不恰当对待或潜在虐待案例时机构内部报告和响应程序作出详细规定，以在最大限度上保护儿童不因救助儿童会员工、合作伙伴、承包商和项目访客的故意或无意行为而面临伤害风险或受到实际伤害。救助儿童会还特别重视紧急情况下的儿童安全保护，制定了《紧急情况下的安全保护程序工具包》[3]。其中提到，在紧急情况下须开展干预和降低儿童风险的保护项目，并建立更加专业和完备的工作团队，以回应受人道主义危机影响地区的儿童所面临的更为严重的伤害和虐待风险。除对儿童的保护以外，《安全保护政策》还有针对员工保护的详细规定，包括制定适当的保护员工措施、配备基础设施以及为员工提供资金、信息、指导、培训、学习和发展资源以促进其工作等内容。在疫

---

[1] Evidence to Action Report：Understanding Knowledge，Attitudes and Practices of Children About Covid-19，https：//resourcecentre.savethechildren.net/node/17724/pdf/evidence_to_action_report-_save_the_children.pdf，visited on 2021-10-11.

[2] 《国际救助儿童会政策：儿童保护》，http：//www.savethechildren.org.cn/upload/file/20201026/1603680701953842.pdf.，2021年10月11日访问。

[3] Safeguarding in Emergencies Toolkit，https：//resourcecentre.savethechildren.net/node/16365/pdf/safeguarding_in_emergencies_toolkit.pdf，visited on 2021-10-11.

情响应期间，救助儿童会为保障员工安全，制定了周密的疫情期间日常办公管理制度，鼓励远程在线办公和弹性工作时间，为员工和办公室配备防疫物资，救助儿童会肯尼亚项目办还为深入防疫一线开展工作的员工专门购买了可以赔付新冠病毒感染的补充性商业医疗保险，尽最大可能做好员工的劳动安全保障，使整个机构在应对疫情全球大流行这一空前冲击时，始终保持足够的韧性和耐力，扎根最偏远弱势的地区持续开展工作。

（3）与多层次合作伙伴协同工作

为促进更大范围内儿童权利保护，协助各国政府采取行动以加速全球可持续发展目标的实现，救助儿童会将政策倡导作为重要的工作方法，与其生存和健康、儿童保护、教育和紧急援助等项目同步开展。救助儿童会的政策倡导对象和合作伙伴的层次非常丰富，既包括联合国及区域性多边合作机制，也包括国家或省级政府部门和项目落地的基层社区。从国际倡导层面看，作为全球化程度最高、规模最大的儿童慈善组织，救助儿童会以"捍卫全球儿童的权益"为机构目标，因此非常注重参与国际多边对话。此次新冠肺炎疫情应对中，救助儿童会参与了联合国教科文组织发起的"全球教育特别会议"，向世界各国政府倡导儿童教育可能因为疫情受到的严重影响，并呼吁将教育作为"新冠肺炎疫情刺激计划"的中心。"与国家和地方政府及利益相关方合作，在需要时提供资金和技术的支持"是救助儿童会在"保护下一代：新冠肺炎疫情全球响应计划"中十大工作原则之一。在全球开展疫情应对工作时，均秉承与国家和地方合作伙伴协同的模式，一方面与联合国多边机构在当地的分支部门合作，另一方面与当地的政府部门和民间社会网络深度合作。例如，救助儿童会在印度的疫情应对中，与联合国教科文组织印度办公室达成合作共同推进疫情中儿童的教育改善，也作为国家健康和家庭福利部的技术专家，参与疫情期间新生儿护理机构的疫情防护和服务提供等工作。[①]

---

① Save the Children India, Saving Lives by Building Partners, https://www.savethechildren.in/our-approach/building-partnership/, visited on 2021-10-11.

3. 实时学习、注重总结，基于实证制定项目规划

"实时学习和总结经验，以制定更有针对性、灵活性的项目规划"也是"保护下一代：新冠肺炎疫情全球响应计划"十大工作原则之一。基于救助儿童会在全球积累的政府合作渠道和跨领域专家资源，在2020年新冠肺炎疫情暴发至今，救助儿童会在数十个国家就疫情对儿童和社区各方面产生的影响进行了深入系统的研究。例如，《保护下一代：新冠肺炎疫情对儿童生活的影响》对37个国家和地区的25000名受访者，其中包括8000名儿童进行调研[1]，还就疫情对儿童保护、福利、教育等议题在不同国家的影响和应对措施的效果作了大量研究。例如，疫情对巴拿马、中西部非洲、缅甸等地儿童影响的研究报告[2]，疫情影响下孟加拉助产士项目提升基层健康卫生体系[3]、非连续性现金转移对赞比亚卢旺瓦山区儿童的影响[4]等对于项目模式和效果的反思性研究，还有在疫情下国家项目开展人道主义援助的协调方法[5]、指导家长和儿童在疫情期间开展亲子游戏以舒缓情绪等内容的指导手册[6]。这些研究和项目工具为救助儿童会更深入

---

[1] Protect a Generation: The Impact of COVID-19 on Children's Lives, https://resourcecentre.savethechildren.net/library/protect-generation-impact-covid-19-childrens-lives, visited on 2021-10-11.

[2] The Impact of Covid-19 of Children in West and Central Africa: Learning from 2020, https://resourcecentre.savethechildren.net/node/18647/pdf/rapport_covid_anglais.pdf, visited on 2021-10-11; Under the Same Sky: How a Year of Covid-19 Affected Asia-Pacific Children, https://resourcecentre.savethechildren.net/node/18906/pdf/covid-19_anniversary-compressed.pdf, visited on 2021-10-11.

[3] Intergration of Midwifery Services into the Health System, https://resourcecentre.savethechildren.net/node/18905/pdf/snmp_brief_final_080221.pdf, visited on 2021-10-11.

[4] Falling Through the Cracks: The Impact of Inconsistent Social Cash Transfers on Children in Lufwanyama District-Zambia, https://resourcecentre.savethechildren.net/node/18891/pdf/social_cash_transfers_zambia.pdf, visited on 2021-10-11.

[5] Humanitarian Coordination and the Cluster Approach: A Quick Guide for Local and National Organizations, https://resourcecentre.savethechildren.net/node/18774/pdf/accessible_humanitarian_coordination_guidance_-_final.pdf, visited on 2021-10-11.

[6] Save the Children Afghanistan Programme, Home-based Psychosocial Wellbeing Activities for Children, Teens and Parents, https://resourcecentre.savethechildren.net/node/18811/pdf/homebasedpsychosocialwellbeingactivitiesforchildren_afg2020_eng.pdf, visited on 2021-10-11.

准确地理解新冠肺炎疫情对全球不同国家和地区各类儿童群体产生的持续性影响，以及掌握各类项目干预手段和应对政策的效果评价等提供了实证证据，也为今后开展更具有适应性、更能准确回应儿童和社区需求的项目奠定了基础。

（二）牛津政策管理有限公司：全球疫情应对和发展援助的民间智库

英国在国际发展援助领域形成了较为完整且丰富的行业生态，其中就包括提供全球发展政策研究、项目监测评估等领域智力服务的第三方服务智库机构。牛津政策管理有限公司（Oxford Policy Management Limited，OPM）就是其中的佼佼者。OPM 的前身是英国牛津大学于 1979 年建立的一个研究撒哈拉以南非洲粮食安全供应的课题组，该课题组研究人员从 20 世纪 80 年代起在肯尼亚建立了第一个全球粮食安全供应监测体系，持续在安哥拉、南非等国家开展与食品供应体系、城市更新、农业政策、生活水平相关的系列研究，并建立了相应的监测和数据收集体系。1996 年 OPM 独立注册为非营利性有限责任公司，以公共政策改革帮助中低收入国家实现增长，减少贫困和不利条件为机构的新使命。

历经近三十多年的发展，OPM 已在非洲、亚洲、欧洲、北美洲和大洋洲成立了 13 个分支机构，从事卫生、金融、教育、气候变化和公共管理等广大领域的经济和社会政策研究和咨询业务。作为英国发展援助资金监测评估服务的主要供应商之一，OPM 曾参与英国配资援助项目（UK Aid Match II，2016—2020）、联合国人道主义改革核心资金（Humanitarian Reform of the United Nations through Core Funding，2017—2020）、埃塞俄比亚复原力增强项目（To Build Ethiopia's Resilience，2017—2022）等数十个大规模国际援助项目的监测评估。[①] 除此以外，OPM 还为部分中低收入国家的政府部门，澳大利亚、加拿大、德国和挪威等国发展援助机

---

① Research Results for "Oxford Policy Management", https://devtracker.fcdo.gov.uk/search?query=Oxford+Policy+Management&includeClosed=1#page-1，visited on 2021-10-11.

构，欧盟、联合国儿童基金会等多边组织，以及比尔及梅琳达·盖茨基金会、洛克菲勒基金会、阿迦汗基金会等提供研究和评估服务。①

2020年新冠肺炎疫情暴发后，OPM依托其在全球公共政策研究和经济社会数据分析等方面的优势，一方面开发旨在帮助中低收入国家政府制定疫情应对决策的指导性工具，另一方面参与一系列紧急援助项目的监测评估，还从第三方的视角开展疫情对中低收入国家社会经济宏观影响进行评估，为日后改善干预模式、提升政策效率积累了数据和经验。

1. 为中低收入国家制定新冠肺炎疫情应对政策提供决策工具②

由于多数中低收入国家缺乏强大的医疗保健系统和大规模病毒测试能力，这些国家的决策者对于是否采取严格措施来控制新冠肺炎疫情传播往往陷入两难境地。基于对中低收入国家政策决策的长期跟踪研究的积累，OPM联合牛津大学纳菲尔德医学院全球卫生政策和大数据模型专家，设计了一套决策参考工具，以协助中低收入国家决策者对是否实施严格控制措施进行评估。OPM首先提出一个新冠肺炎疫情应对措施决策的影响因素模型，其中包括卫生系统容量、疫苗研究和接种情况、新药研发和现有药物应用、新冠病毒研究进展、病原体毒性、严格控制措施对经济和社会的破坏性后果、对其他疾病和公共卫生服务的影响、国家老龄化程度、长期执行严格控制措施的现实困境，以及携带抗体群体规模等十个维度。图8-1呈现了这个决策参考框架。

基于以上维度，OPM开发了一个交互式自评指标体系，通过打分生成指数并提供是否采取严格管控措施的建议。当然OPM也指出，是否采取严格管控措施是个极其复杂的决策过程，无法单纯依靠这个框架性的工具就作出决策，但OPM开发的这套工作至少提供了一个决策时所需考虑的各主要因素的指导性框架。

---

① 资料来源：https://www.opml.co.uk，2021年10月11日访问。
② Rashid Zaman, Lisa White, Covid-19 Decision Support Tool for Low and Middle Income Countries, https://www.opml.co.uk/covid-19/decision-support-tool, visited on 2021-10-11.

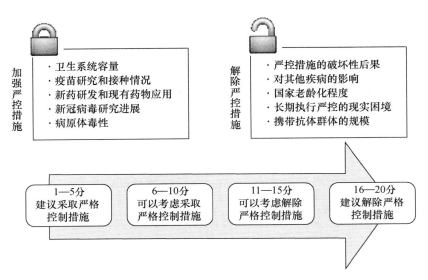

图 8-1 新冠肺炎疫情应对措施决策的参考框架

表 8-2 新冠肺炎疫情应对措施的影响因素

因素	选项的分值	
卫生系统容量	已经全负荷运行，没有接收更多病例的能力	0
	可以根据需求承受50%—100%病例增长的需要	1
	可以根据需求承受一倍以上病例增长的需要	2
疫苗研究和接种	很可能在6个月内生产出有效的疫苗	0
	很可能在6—12个月内生产出有效的疫苗	1
	没有可能在12个月内生产出有效疫苗	2
新药研发和现有药物	很可能在6个月内生产出有效药物	0
	很可能在6—12个月内生产出有效药物	1
	没有可能在12个月内生产出有效药物	2
新冠病毒研究新进展	关于病毒致病和治疗的系统认知已经比较清楚	0
	已经有了一些关于病毒致病和治疗的知识	1
	对病毒的致病原理和治疗方法还不太了解	2
病原体毒性	没有明确证据表明病毒毒性降低	0
	流行病学数据表明毒力下降	1
	基因组测序数据表明毒性降低	2
严控措施对经济社会的破坏性后果	经济和社会可以承受严格的控制措施	0
	因为严控措施导致社会经济受到重大破坏	1
	因为严控措施导致社会经济濒临崩溃	2

（续表）

因素	选项的分值
老龄化程度	65 岁以上人口的比例大于 10%　…………………………… 0 65 岁以上人口的比例在 5%—10%　………………………… 1 65 岁以上人口的比例小于 5%　……………………………… 2
对其他疾病和公共卫生服务的影响	对其他疾病和公共卫生服务几乎没有产生负面影响　……… 0 对其他疾病和公共卫生服务有一定的负面影响　…………… 1 对其他疾病和公共卫生服务有明显且严重的负面影响　…… 2
长期执行严格控制措施的现实困境	10%以上的人口可能不遵守严格控制措施　………………… 0 10%—50%的人口可能不遵守严格控制措施　……………… 1 50%以上的人口可能不遵守严格控制措施　………………… 2
携带抗体群体的规模	小于 10%的群体携带病毒抗体　……………………………… 0 10%—50%的群体携带病毒抗体　…………………………… 1 大于 50%的群体携带病毒抗体　……………………………… 2
总得分	

除此以外，OPM 还开展多项比较研究，为疫情影响下中低收入国家（受援国）在社会和经济方面如何克服不利因素，接受全球多边和双边发展援助的策略选择提供建议。如新冠肺炎疫情大流行初期，发布《新冠肺炎疫情的成本：基于流行病学模型估算第一轮全球新冠肺炎疫情应对措施对经济、福利和公共财政的影响》研究报告，指出无论采用何种措施设法避免疫情对经济和公共卫生系统的冲击，世界上大多数国家，包括最大的经济体，都将面临非常严重的挫折。[①] 另外，通过对非洲和亚洲 15 个国家分类比较研究后指出，双边捐赠和专门制定的全球方案（如全球基金）仍是较贫穷国家的重要资金来源，但如何根据各个国家的不同需求和特点在全球进行金融工具匹配和资源分配极具挑战。[②]

---

① Cost of COVID 19：Recruiting Epidemiological Models to Estimate First Round Economic，Welfare and Public Finance Effects of COVID 19 Strategies，https：//www.opml.co.uk/files/Publications/cost-of-covid-final-12may20.pdf? noredirect=1，visited on 2021-10-11.

② Stevan Lee et al., Development Finance and the Macro Economic Impact of COVID-19，https：//www.opml.co.uk/files/Pages/1614603416_development-finance-and-the-macro-economic-impact-of-covid.pdf? noredirect=1，visited on 2021-10-11.

2. 为中低收入国家的疫情应对效果提供实证评估和决策依据

作为英国发展援助中重要的监测评估服务提供方，新冠肺炎疫情暴发后OPM即受外交、联邦事务及发展部（FCDO）的委托开展了多个快速研究和评估。这些工作大致可分为两类：第一类是协助FCDO及时掌握疫情对受援国社会保护体系与贫困脆弱群体的影响，估计下一阶段发展援助资金的重点领域和支持渠道，并讨论是否需要调整后续的援助模式。如2020年8月发布的《新冠肺炎疫情及政府的应对措施对埃塞俄比亚城市地区贫困弱势群体的影响》发现，地方政府和NGO虽为城市贫困人口提供了大量粮食和现金支持，但还不能满足贫困弱势群体的巨大需求，因此需要动员社区以加强社区支持网络，特别是迫切需要更多的当地NGO参与。① 第二类是受委托对已实施的疫情应对项目效果进行及时评估，如受联合国儿童基金会东部和南部非洲区域办事处委托，对联合国儿童基金会在东南部非洲21个国家和地区的疫情应对进行实时评估，以为其下一阶段在该区域的项目设计和调整提供参考。②

3. 基于现有项目架构提供新冠肺炎疫情影响的全球证据③

作为FCDO教育领域的旗舰项目，"教育体系改革研究"（The Research on Improving Systems of Education，RISE）是一项对七个国家（埃塞俄比亚、坦桑尼亚、尼日利亚、印度、巴基斯坦、越南和印度尼西亚）教育系统改革中儿童学业表现促进机制为期十年的跟踪研究（2014—2023）。④ 通过

---

① Donna Harris et al., The Effect of COVID-19 and Government Response Measures on Poor and Vulnerable Groups in Urban Areas in Ethiopia, https://www.opml.co.uk/files/Publications/a2422-building-resilience-ethiopia/covid-19-urban-study-monthly-report-1-june-july-2020-v3.pdf?noredirect=1, visited on 2021-10-11.

② Assessing UNICEF's Response to Covid-19 in Eastern and Southern Africa, https://www.opml.co.uk/projects/assessing-unicef-response-covid-eastern-southern-africa, visited on 2021-10-11.

③ 本部分内容参考Development Tracker上披露的相关资料，特别是2021年1月发布的《第6号年度计划》[Annual Review (6) -January 2021]。资料来源：https://devtracker.fcdo.gov.uk/projects/GB-1-204322/documents，2021年10月11日访问。

④ "教育体系改革研究"由英国DFID（现为FCDO）联合澳大利亚外交与贸易部（DFAT）和比尔及梅琳达·盖茨基金会共同出资3766万英镑，由OPM与牛津大学布拉瓦特尼克政府学院合作成立项目管理办公室负责日常管理和研究执行。

前期多年的积累，RISE 在这些国家已建立了嵌入于日常机制的监测体系，形成了一套比较成熟的数据汇集机制，这使得担任项目管理方的 OPM 团队在 2020 年面对所有项目实施国均受疫情严重冲击时，仍能相对稳定地开展数据收集和研究工作。

疫情发生前，RISE 研究团队至少在各自国家和地区运行了 3—4 年，与当地政府建立了牢固且相互信赖的关系。疫情暴发后，各国研究团队围绕疫情大流行的影响进行追踪研究，如坦桑尼亚团队研究了父母和家庭支持儿童接受远程学习的策略，越南团队关注学校停课如何造成新的教育不平等，巴基斯坦团队专注于学校应开展哪些活动可促使学校重新开放后快速弥补学业损失。这些研究成果为各国政府制定重新开放学校和提供远程教育等战略提供了实证参考。

从全球视角看，RISE 是为数不多的、横跨多个国家进行长期追踪的研究计划。RISE 建立的跨国数据库和研究网络所获得的疫情对全球教育的影响的数据，为国际相关政策提供了宝贵参考。如 2020 年 RISE 一项基于对儿童在疫情期间学习损失的预测性研究，指出长期停课不仅会危害教育公平，而且还对儿童的学习和长期人生成就产生巨大影响。因而建议提供持续时间更长的补救措施和教育调整方案。这一研究成果得到了联合国疫情应对教育政策简报的引用。

从上述做法可以看出，基于自身在全球发展领域的研究基础和长期以来搭建的数据监测网络，以 OPM 为代表的英国发展援助第三方评估机构在疫情发生后能够快速反应，为英国政府、受援国政府和国际社会提供基于证据的对策建议。发展领域的智库机构往往还会重点关注世界各地那些易被忽视的脆弱、贫困群体，通过对公共卫生、社会保障以及金融工具等领域的政策倡导，促进最边缘化群体的权益和福祉的提升。这些第三方机构成为国际发展援助在更广大的范围内取得实效的重要中介力量，对这一类民间智库的培养、引导和支持，也应成为国际发展援助中政府的重要责任和工作任务。

（三）人道主义援助网络：全球人道主义援助整合服务创新体系[①]

在世界各个国家和地区提供人道主义紧急援助，面对灾害类型繁多，局势错综复杂，所需的援助内容、专业技术和工作手段也复杂多样，单靠几家大型人道主义援助机构显然无法回应全球各地的紧急需求，而中小型机构的经验往往聚焦于某个领域或某些地区，凭借单打独斗很难在更广大地区提供综合性援助服务。在此背景下，2016年在伊斯坦布尔召开的世界人道主义峰会上，作为一种全球创新型人道主义援助整合服务供应商，H2H Network应运而生。成立初期，H2H Network以会员机构轮流担任项目协调员的形式运营，所承担的第一个整合技术服务包是2017年在加勒比海地区应对伊尔玛飓风的人道主义援助。至2019年，H2H Network有了人道主义响应专项备用金，建起专职运营团队，各个会员组织以理事身份参与决策。目前H2H Network平台上有57家各具特色的会员机构、7个进行中的整合技术服务项目，总支出为340万英镑。H2H Network并非英国本地注册的组织，其发起方和主管机构为丹麦难民署，会员组织也来自世界各地，该组织由于其跨地区和跨领域整合的优势，成功获得DFID的青睐。从建立至今，英国发展援助资金是H2H Network唯一资金提供方，H2H Network也成为2020年英国应对新冠肺炎疫情的"响应计划"资助的两个NGO之一。

2020年以来，H2H Network开展了两期新冠肺炎疫情响应和援助项目。第一期从2020年2月至6月，投入资金48万英镑，在亚太地区针对新冠肺炎疫情大流行后的大数据分析、信息传播等内容开展工作；第二期从2020年5月至2021年1月，投入170万英镑，针对全球健康卫生系统比较薄弱的国家展开全面综合的人道主义援助，主要包括数据和信息管理、社区参与和问责、分领域专业化服务，以及安全后勤和项目支持等四大方面服务的整合。

[①] 资料来源：http://h2hnetwork.org，2021年10月11日访问。

1. 数据和信息管理

在紧急情况发生时，独立客观、及时准确的数据收集和信息分析，对于真实掌握需求、提升人道主义救援的响应质量有着极大的关系。H2H Network 联合了近十家擅长在紧急情况下提供地理空间技术、大数据分析追踪和研究等领域的独立供应商，如英国慈善机构地图行动（MapAction），通过训练有素的专家志愿者，向世界各地响应新冠肺炎疫情援助的团队提供所需的地理空间信息和技能，以协助其尽快将亟须的援助送到有需求的地方。① 另一个英国慈善机构证据援助（Evidence Aid）通过为决策者提供基于世界各地开展援助实践所获的证据以支持其制定政策，新冠肺炎疫情暴发后，该机构获得 H2H Network 的资金支持，建立了关于各国在患者治疗、隔离管控和减轻大流行方面对经济影响的干预措施等有效性的开放数据库。② CartONG 是一家成立于 2006 年的法国 NGO，专门为人道主义援助和国际发展项目提供包括地理信息系统、社会发展指标追踪等数据分析和研究方法的技术服务，通过更有效的需求调研和监测评估以提升发展援助项目质量。2020 年 5 月至 2021 年 1 月，CartONG 建立了"新冠肺炎疫情信息管理支援中心"，通过热线接听和在线课程，协助一线工作的 NGO、志愿者团队收集和使用数据、创建项目进度的监测工具和动态地图等，有 19 个国际和国内的 NGO 直接获得支援中心的帮助。③ 美国慈善机构人道主义开放街道地图团队（Humanitarian OpenStreetMap Team，HOT）运用开放街区地图与人道主义行动相结合，协助 NGO 在政府援助无法抵达的地区提供服务。④ 2021 年 3 月，HOT 还联合地图行动、CartONG 等几个从事信息和地理数据服务的机构，联合展开新冠疫苗交付地理信息管理计划（The Geographic Information Management Initiative for COVID-19 Vaccine Delivery），旨在利用每个合作伙伴在地理数据系统分析的专业能力，增强新

---

① 资料来源：https://mapaction.org，2021 年 10 月 11 日访问。
② 资料来源：https://evidenceaid.org/resource/，2021 年 10 月 11 日访问。
③ 资料来源：https://www.cartong.org，2021 年 10 月 11 日访问。
④ 资料来源：https://www.hotosm.org/projects/integrating-openstreetmap-data-into-caribbean-disaster-response-efforts-geocris/，2021 年 10 月 11 日访问。

冠疫苗在 15 个亟须人道主义援助的低收入地区有效运送和交付。①

2. 社区参与和问责

以受危机影响的人们作为人道主义行动的中心，是国际人道主义援助领域的共识理念，但在现实中因信息和服务获得渠道的限制，加之不同的社会和政治地位，可能造成人道主义援助获取不平等的问题。H2H Network 及其伙伴机构希望能整合打通面向所有受危机影响人群的服务递送模式，包括使用世界多种语言提供灾难通信信息、为不同文化背景的人们提供应对灾害的能力建设，以及协助社区建立起参与和反馈的机制。例如，H2H Network 的伙伴机构希隆德基金会（La Fondation Hirondelle）在英国政府"响应计划"资助下，与 H2H Network 其他伙伴机构一起，在塞拉利昂、布基纳法索、尼日尔、缅甸等国开展媒体传播项目，为广大受众提供有关新冠肺炎疫情大流行的日报或周报、帮助民众识别新媒体平台的谣言、使用弱势群体（如乌干达的难民）的本地语言传播信息等服务。② H2H Network 网络伙伴还包括一些网络型组织，如受灾害影响社区沟通网络（Communicating with Disaster-Affected Communities Network，简称"CDAC 网络"）是一家联合了 30 多个从事人道主义援助、社会创新、电信技术服务的中小型组织的英国 NGO，旨在通过信息的高效交流和社区参与以挽救生命并提高援助效率。2020 年 5 月，同样在"响应计划"资助下，CDAC 网络启动了"新冠肺炎疫情和人道主义援助的社区参与和问责机制的系统性改善"项目，利用创新手段增强援助机构与社区开展有效沟通的能力，CDAC 网络创造性地把人道主义沟通、社区参与和问责机制嵌入于疫情响应结构之中，通过与国家级政府部门与基层民众建立多层次合作关系，确保在突发卫生事件或人道主义危机发生之前、之中和

---

① Humanitarian OpenStreetMap Team，A Joint Approach to Facilitate Covid-19 Vaccine Delivery，https：//www.hotosm.org/updates/a-joint-approach-to-facilitate-covid-19-vaccine-delivery/，visited on 2021-10-11 日。

② 希隆德基金会于 1995 年成立，总部位于瑞士洛桑，该基金会开展的有关新冠肺炎疫情应对的工作情况可参见基金会网站：https：//www.hirondelle.org/en/blog/1427-media-working-with-local-communities-against-covid-in-uganda-guinea-and-sierra-leone，2021 年 10 月 11 日访问。

之后均能与民众进行有效沟通以减轻危机的影响。①

3. 分领域专业化服务

H2H 网络的伙伴机构还致力于提供人道主义救援和突发灾害响应等工作的监测评估、模式和经验总结、组织化发展、规范和标准化建设、能力建设以及开展专项研究等专业领域的服务。总部位于瑞士的环球计划（Sphere）是一家以提高灾害响应期间的人道主义援助质量、制定援助和服务的标准化指南享誉世界的 NGO，其最广为人知和获得国际社会认可的成果，是旗舰出版物《环球计划手册》（*Sphere Handbook*），现已经成为国际社会关于人道主义救助的共同原则和普遍标准，受到各个国家政府、联合国机构、INGO、捐赠者等的认可。② 2020 年 2 月，在英国"响应计划"的资助下，环球计划编写了《环球计划标准与新型冠状病毒响应》，对新冠肺炎疫情响应中整体性原则和医疗响应原则进行论述。该手册在全球通过多个国家的当地机构和个人志愿者的翻译整理，以英、法、日、中、西、意、波斯语、尼泊尔语等十余种语言公开发布。③ 环球计划还通过广泛的会员网络，建立了涵盖各类专业机构制定的在疫情响应中关于现金补贴、儿童保护、紧急状况下的教育、老人和残疾人权益保障、疫情相关数据分析工具等新冠肺炎疫情和人道主义响应的指南和工具数据库。④ 人道主义领导力学院（The Humanitarian Leadership Academy）是隶属于国际救助儿童会的一项全球性学习计划，开发了免费在线学习平台"Kaya"（https：//kayaconnect.org）为 20 万名人道主义志愿者和专业人员提供培训，还为合作伙伴提供量身定制的学习计划和培训课程。⑤ 另一

---

① Global Crisis，Local Solutions：Community Engagement in the African Context，http：//www.cdacnetwork.org/i/20200923185439-8cd3t，visited on 2021-10-11.

② *The Sphere Handbook* (2018 Edition)，https：//handbook.spherestandards.org/en/sphere/#ch001，visited on 2021-10-11.

③ Applying Humanitarian Standrds to Fight COVID-19，https：//spherestandards.org/coronavirus，visited on 2021-10-11.

④ COVID-19 Guidance Based on Humanitarian Standards，https：//spherestandards.org/coronavirus/，visited on 2021-10-11.

⑤ 资料来源：https：//www.humanitarianleadershipacademy.org/products-and-services/，2021 年 10 月 11 日访问。

个值得关注的伙伴机构是人道主义发展学院（Humanitarian Academy for Development，HAD），作为伊斯兰国际救济组织（IRW）中负责开展研究、提供能力建设的战略事业部，2020 年在新冠肺炎疫情暴发后，获得英国政府"响应计划"对 H2H Network 网络伙伴的资金支持，为伊拉克、叙利亚和也门等国的本地 NGO 提供远程能力培训和跟进指导，以增强在当地情况下应对疫情的能力。①

4. 安全后勤和项目支持

新冠肺炎疫情大流行后，世界上很多国家特别是贫穷、脆弱国家和地区的生活物资、医疗用品和药品等供应链也遭受严重冲击，在此情形下安全保障和后勤支持不仅仅是人道主义援助的支持性工作，更是人道主义援助的重要环节。H2H Network 成员通过对危险环境中生活和工作的人们所面临各类威胁的研究分析，提供针对各类安全保障、物流管理和后勤服务，并通过在偏远和落后地区工作的 NGO 智能协同的方式，为人道主义援助团队提供高质量的安全保障和技术支持以提升援助效率。总部位于瑞士的不安全洞察（Insecurity Insight）的主要工作就是收集、分析和研究处于各类危险环境中生活和工作的人们所面临的威胁，基于增强人道主义援助机构的关键服务能力，提供相应服务以保障援助人员的工作安全。基于 H2H Network 的项目资助，不安全洞察通过收集整合包括公开数据、援助机构和专业机构的内部数据等方式，建立了全球暴力冲突对疫情下卫生保健服务供给的监测地理数据系统（Interactive Map），截止到 2021 年 2 月的数据显示，从 2020 年以来在全球范围内发生了 417 起对新冠肺炎疫情响应的医疗保健产生严重威胁的暴力冲突。② H2H Network 网络中，人道主义后勤保障协会（Humanitarian Logistics Association）在紧急援助的后勤保障和物流支持方面较有特色，该机构同英国物流与运输学会（CILT-UK）合作，培训人道主义援助物流专业人才，并通过制定人道主

---

① 资料来源：https：//had-int.org，2021 年 10 月 11 日访问。
② Attacked and Threatened: Health Care Targeted in Conflict and COVID-19, http://mapbox.insecurityinsight.org, visited on 2021-10-12.

义援助的后勤保障标准，提升会员组织的援助效率。另一家专门从事人道主义危机期间的物流服务和供应链管理的机构是阿特拉斯物流（Atlas Logistique），该机构是国际人道主义援助组织人文和全纳（Humanity & Inclusion，HI）①的一个分支机构，阿特拉斯物流可为需要援助的国家政府和当地提供服务的各类组织提供后勤需求分析、脆弱性监测和能力建设，以及必需的设备和车辆使用服务，还能为当地提供运输和仓储服务。另外，紧急情况下开展必要的土木工程工作也是阿特拉斯物流的特色，其专业团队可以提供从清理废墟到修复道路、桥梁和轮渡运输路线，以解决可能影响援助物资运输的实际问题。② 新冠肺炎疫情响应中，阿特拉斯物流引用"物流脆弱性"（logistics vulnerability）这个概念，通过分析现有数据确定最难到达的地区，对这些地区的供应链安全、市场和运输条件等方面进行评估，从而最终确定了后勤保障和运输供给最为严峻或面临较高风险的地区，将其提交给其他在当地开展人道主义工作的组织，以帮助当地居民获得最大可能的帮助。③

2020年全球新冠肺炎疫情响应的经验和教训显示，国际发展援助的资金支持机制往往比较缓慢而被动，当危机发生后才去申请和审批项目，不必要的延误会对千万人的生命安全和健康产生影响。还有很多资金申请常常将中小型组织拒之门外，无法提供一线响应者所需的及时支持。因此，H2H Network设立了"准备就绪基金"（The Get Ready Fund），以支持所有会员机构在紧急情况发生时可以迅速响应，以创新方式快速提供急需的服务。"准备就绪基金"还将专门支持成员开发流程，升级系统和提升服务效果，使他们能更有效地应对危机。④

---

① 人文和全纳（Humanity & Inclusion）的前身是国际助残联盟，该组织于1982年在法国成立，是致力于为残疾人提供人道主义援助、为维护残障人士权益奋斗的国际非政府、非宗教、非政治和非营利机构，该组织于2018年进行了机构改革，并更名为现名。资料来源：https://humanity-inclusion.org.uk/en/our-new-brand，2021年10月12日访问。
② Atlas Logistique，https://hi.org/en/atlas-logistique，visited on 2021-10-12.
③ Sophie Meyer，A New Concept for Humanitarian Logistics in DRC，http://h2hnetwork.org/news-and-events/new-concept-humanitarian-logistics-drc/，visited on 2021-10-12.
④ H2H Network Get Ready Fund Support Package，https://h2h-prod-website.s3.amazonaws.com/documents/GRF_Matrix__Who_what_how_FINAL.pdf，visited on 2021-10-12.

三、英国 NGO 参与全球公共卫生危机应对的启示

全球新冠病毒大流行中 NGO 面临着诸多挑战，表现为自身工作安全受到严峻影响、所服务的社区脆弱程度和边缘化加剧、政府合作伙伴的关注点转移、项目活动和工作方式发生剧变等。在这样的情况下，仍然有大量 NGO 基于已有的业务渠道，积极开展筹款，扎根一线社区为应对疫情全球大流行做出努力。基于对 SCI、OPM 和 H2H Network 三个案例的分析，可以初步概括英国 NGO 参与全球公共卫生危机应对的经验。

（一）秉持"适应性"策略并将之贯穿于项目始终

如 SCI 将"适应性"作为新冠肺炎疫情应对原则之一，从需求评估、项目设计、实施渠道，到公众教育、政策倡导和监测评估，所有环节都体现出灵活开放和坚守原则的有机统一，韧性十足地达成目标。这些措施基于的方法论，则是在全球多元文化和社会结构中长期从事一线工作并进行实时学习和反馈改进，且将这种灵活机动的策略作为原则写进机构的各类章程和指南。基于实时收集的信息迅速回应社区的迫切需求，以此作为"敲门砖"逐步扩大项目服务内容和覆盖面，既根据社区最基本的需求在第一时间提供卫生包、清洁水源、消毒用品等物资支援，也为更多因为疫情而失学或为家庭生计必须从事采矿、乞讨等危险工作的儿童提供社区儿童保护网络等系统性支持策略，是"适应性"在实践中的体现。除此以外，NGO 在社区的服务往往面临着中断的处境，因此尝试使用广播、电视、新媒体等渠道开展公众教育工作，线下的工作也通过调整活动规模、改变实施方式等，重构项目的实施方式和递送渠道，也是提升"适应性"的具体做法。NGO 自身的工作模式也出现新变化，出于健康的考虑和旅行限制，线上办公已经成为许多 NGO 的"新常态"，也因而创造了一个更为高效、公平和包容的工作环境。

（二）立体多元的倡导渠道和合作网络

与英国发展援助强调国际多边机制和联合国的全球领导力理念一脉相承，英国 NGO 在全球公共卫生危机应对中，也将援助目标和业务模式深嵌于国际多边机制之中，通过积极参与联合国和区域性多边机制的对话，向全球更多国家和政府发出呼吁，以期达成对 NGO 所重点关注议题的国际共识。在国家和社区层面，英国 NGO 也非常注重与该国政府及本地 NGO 的合作伙伴关系建设，具体的策略包括签署合作备忘录、为该国的疫情应对团队提供专业支持、与当地卫生医疗和教育机构合作开展服务、培训当地基层医疗卫生人员、支持本地 NGO 开展应对干预并协助其开展长期的恢复性社区建设等。除了与受援国政府、本地 NGO 开展合作以外，还积极与联合国机构在地代表处、各类研究机构、社区意见领袖、企业，以及服务对象（如救助儿童会将儿童视为其重要的合作伙伴，并将咨询儿童的意见作为机构的工作原则之一）建成形态丰富的合作伙伴网络，进而帮助英国 NGO 树立良好的国际形象，提升了在差异化极大的各个国家和社区都能有效执行发展项目的可能性和可行性。例如，H2H Network 整合了全球各个国家在各自领域内颇具特色的人道主义援助专业团队，形成了一个比较完备的人道主义援助服务供应链，这些伙伴机构也形成了一个良性的人道主义援助组织的"生态圈"，共同提升了人道主义援助的公平性、可及性和援助效果。

（三）基于证据的项目决策和实时学习反馈的管理机制

项目规划必须起始于严谨的需求评估，且设计完整的监测评估体系，是英国国际发展援助资金对于实施机构申请项目的基本要求。英国 NGO 也愈发重视基于证据的项目决策，在全球的公共卫生应对行动中，小到针对一个社区采取应对干预措施的快速需求评估，大到全球疫情流行后期中低收入国家应当采取的恢复性社会政策，均有相应的研究证据以支撑其项目决策。通过长期建立的全球性合作网络，英国参与发展援助的很多 NGO 不但形成了在多个国家同步开展业务的基础，也具备了对各国的经验模式开展比较性研究的能力，不但为机构自身确定国际化发展目标和提升全球筹资竞争力提供了重要支撑，也为国际社会深入理解 NGO 所关注和倡导的发展议题提供了全球性证据。另外，对于人道主义援助和危机干预中的大数据分析、基于地理信息技术的全球援助地图的研发，以及对各类可能发生风险的预判和总结，也是实时学习和及时反馈的具体表现。这些基于详细数据的分析结果，也为突发重大危机下指引政府、企业和人道主义组织在确保安全的前提下实施有效响应，提供了有利的指引。

（四）提高政府和利益相关方对边缘化社区和脆弱群体的关注

公共卫生危机引发的巨大经济和社会压力，可能导致政府和公众对边缘社区和脆弱群体的忽视，进而引发脆弱社区和困难人群在疫情发生时甚至大流行结束后面临着生计和发展的进一步恶化。英国 NGO 以降低全球性贫困为目标，长期在非洲和亚洲脆弱国家开展人道主义援助、健康与疾病应对、教育与社区发展等工作。无论是在一线项目服务和物资供给上，还是跨国研究和国际倡导上，英国 NGO 均强调公共卫生危机给贫困人口和脆弱社区带来的持续严重影响，NGO 还通过与政府、企业和公众等利益相关方的广泛沟通和倡导，确保了社区当中最为弱势和脆弱的群体能够在社区中获得帮助和信息。通过多元沟道和坚实证据，英国 NGO 的诸多做法获得了国际社会、本国政府和其他利益相关方对这些群体和地区的关注，在一定程度上实现了针对这些人群和地区的政策改善，从而推进全球可持续发展目标的实现。

新冠肺炎疫情全球大流行为 NGO 在全世界更广泛深入地参与发展援助、应对全球性危机提供了巨大的机遇与挑战。英国 NGO 在应对危机时秉持"适应性"策略，在国际社会和基层社区建构立体多元的倡导渠道和合作网络，基于证据的项目决策和实时学习反馈的管理机制，以及关注最边缘化社区和脆弱群体等策略，对于今后中国 NGO 更为有效地参与国际发展援助，在区域性或全球性危机中展现中国民间力量，具有一定的参考价值。

第九章 日本 NGO 参与全球突发公共卫生事件的策略和机制

作为发达国家的日本,通过全民保险制度改善了日本国内医疗服务水平,并通过疫苗接种等方式,较好解决了传染病等公共卫生事件所带来的潜在社会风险。在此基础上,日本开始探索如何将本国在公共卫生事件防控方面的经验、技术、资源输出到国际,提升日本在国际社会全球健康治理(Global Health Governance)上的话语权和影响力。本章将围绕日本 NGO 参与国际公共卫生事件案例,分析日本政府为 NGO 参与国际公共卫生事件提供的支持情况、日本 NGO 参与全球公共卫生事件的主要做法和特点。期望通过对日本案例的分析,为中国社会组织参与全球突发公共卫生事件提供参考。

一、日本官方发展援助支持 NGO 参与全球公共卫生事件概况

2008 年在日本北海道洞爷湖召开的八国集团(G8)首脑会议上,作为东道主的日本将改善卫生健康体系、促进全球卫生事业发展以及实现全民健康覆盖(Universal Health Coverage,UHC)作为峰会的重要议题。2016 年在七国集团(G7)首脑伊势志摩峰会,日本进一步将国家卫生健康作为重要议题,提出实现 UHC、构建传染病管理体制、应对耐药性的发展目标。2019 年,在日本大阪召开的二十国集团(G20)首脑峰会上,日本再次确认了 UHC 发展目标。日本参与全球健康治理的主体

主要包括四类：政府、NGO、企业和个人，而 NGO 在其中扮演了重要的角色。

日本政府参与全球健康治理主要通过官方发展援助，参与的政府机构主要包括外务省、厚生劳动省和财务省等，参与的方式包括双边援助（有偿资金援助、无偿资金援助和技术援助）和多边援助。虽然日本外务省是官方发展援助（ODA）的主要管理部门，但是在国际健康援助方面，厚生劳动省以及其他相关部门也会提供技术咨询等方面的支持。此外，在双边援助中的有偿资金援助（日元贷款）方面，财务省负责相关的援助预算。在为国际机构提供资金支持的多边援助方面，根据提供资金部门的不同，由相应的中央政府部门负责具体的援助业务。

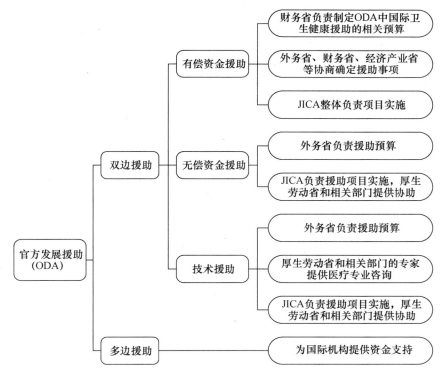

图 9-1　日本政府参与全球健康治理的路径

资料来源：笔者自制。

关于 NGO 参与全球健康治理的必要性及重要性，日本学者入江昭在《创造全球社区——国际机构与 NGO 创造的世界》一书中提出，20 世纪末，各国积极推进 NGO 参与社会治理，主要因为社会资金在援助项目中发挥越来越大的重要作用、不适合主权国家参与的项目越来越多以及 NGO 可以在一些全球性或区域性问题解决方面发挥更大的作用。[1] 其中，全球公共卫生事件逐渐成为 NGO 参与全球治理的重要领域之一。但是，相较于欧美 NGO，日本 NGO 在参与全球健康治理方面存在不足，主要体现在：参与全球健康治理的 NGO 数量较少，根据日本国际合作 NGO 中心（JANIC）的统计，截至 2021 年 2 月，日本开展国际医疗和健康卫生援助业务的 NGO 数量为 108 个，其中机构年收入低于 500 万日元的有 18 个、500 万—1000 万日元的有 11 个、1000 万—2000 万日元的有 18 个、2000 万—5000 万日元的有 18 个、0.5 亿—1 亿日元的有 10 个、1 亿—25 亿日元的有 25 个、5 亿—10 亿日元的有 2 个、10 亿日元以上的有 6 个[2]；操作型 NGO 数量相对较多，政策倡导类 NGO 数量相对较少。对此，兵藤智佳和胜间靖研究指出，政府资金是日本很多 NGO 的主要收入来源，如何有效实现项目的具体目标是 NGO 首先必须考虑的问题；其次，日本 NGO 的发展更多地依赖具体的援助项目，缺少政策倡导的经验。[3]

从日本 NGO 参与全球健康治理的资金来源来看，可以分为社会捐赠型 NGO，公共资金型 NGO 和复合型 NGO 三大类。其中，社会捐赠型 NGO 以个人捐赠或企业捐赠为主要资金来源；公共资金型 NGO 以 ODA 等公共资金为主要资金来源；复合型 NGO 包含公共资金、社会捐赠、商品研发筹资、国际捐赠等多种资金来源。关于社会捐赠型 NGO，由于捐赠者的个人或企业具有要求资金用于具体的公益慈善项目的偏好，一方面要求 NGO 具有高度的透明度，另一方面也造成 NGO 管理费和运营费出

---

[1] 〔日〕入江昭：《地球村：国际机构与 NGO 创造的世界》，早稻田大学出版社 2006 年版。

[2] 资料来源：http://directory.janic.org/directory/directory_search.php，2021 年 10 月 12 日访问。

[3] 〔日〕兵藤智佳、胜间靖：《日本 NGO 在国际卫生保健决策过程的作用与问题》，日本国际交流中心出版社 2009 年版。

现不足。公共资金型 NGO 由于使用的是 ODA 等公共资金，资金难以用于宣传和政策倡导等，被限制用于具体的项目。因此，此类的 NGO 除了公共资金之外，为了实现项目和机构的可持续发展，需要开拓更多的资金来源。

在政府、NGO、企业和个人等四类主要公共卫生国际援助主体当中，NGO 扮演了中介者、捐赠者、实施者、倡导者等不同角色。其中，中介者角色主要体现在四类参与主体中，NGO 通过发挥自身非营利性和非政府性的角色功能，将政府、企业和个人接入公共卫生国际援助体系，在援助国日本和受援国的发展中国家之间扮演着中介的角色，实现了日本资源供给与发展中国家资源需求的精准对接；捐赠者角色主要体现在日本 NGO 通过向日本政府（实施主体为 JICA）申请 ODA 项目资金、向企业和个人募捐社会捐赠资金，在此基础上，设计和组织实施具体的援助项目，实现公益基金从日本国内向受援国转移；实施者角色是指日本参与国际公共卫生援助的 NGO 更偏向于参与具体的公益项目操作方式，在发展中国家开展活动，通过设立项目办公室，与国际 NGO、受援国当地合作伙伴以及当地居民合作推进援助项目的实施；倡导者角色是指随着日本市民社会的愈发成熟，日本政府和日本社会对 NGO 参与国际援助认可度越来越高。在此背景下，如何扩大日本援助在国际社会的影响力，提升 NGO 在 ODA 中的比例都需要发挥 NGO 的倡导功能，推动日本政府和日本社会对本国 NGO 参与国际援助的支持。因此，在日本国内，除了传统的操作型 NGO 之外，还存在一定数量开展政策倡导业务的 NGO。

为了具体分析日本 NGO 如何参与国际公共卫生事件，本章将选择三个具有代表性的案例进行分析。其中，两个案例关注的是 NGO 如何参与新冠肺炎疫情防控，一个案例关注的是 NGO 如何参与国际消除疟疾援助。

二、日本 NGO 参与国际公共卫生事件案例分析

（一）难民救助会[①]

1. 难民救助会机构概况

难民救助会（Association for Aid and Relief, Japan, AAR）成立于 1979 年，主要是以救助东南亚地区难民为主要目的的非政治、非宗教机构，该机构是被联合国承认并在联合国登记的国际 NGO。该机构于 2000 年获得"特定非营利活动法人"资格[②]，2003 年通过日本国税厅的"认定 NPO 法人"[③]，2014 年通过东京都"认定 NPO 法人"。

难民救助会的宗旨是在尊重每一个人的个性与作为人应有尊严的基础上，创造可持续发展的社会。组织使命是为陷入战争、自然灾害以及贫困状态的人们提供必要的援助，赋予人们"创造美好明天"的生存希望。通过全世界爱心人士的帮助，创造和平与稳定的世界，构建"拒绝'少数派'，不抛弃社会弱者"的社会。

在推进国际援助过程中，难民救助会形成了一套独立的援助准则：在坚持人道、公平、独立和中立四大人道主义原则的基础上，在开展人道救援活动中，还会遵守其他人道救援相关的准则；活动不受特定政党和宗教的影响；项目具有透明性，推进项目信息公开；真诚面对不同地区的人，最大限度地尊重当地的传统、习惯、文化和历史；推动当地居民参与当地

[①] 本部分案例参考了难民救助会官方网站（https://aarjapan.gr.jp）的信息，案例涉及资料和数据截止到 2022 年 5 月 23 日。

[②] 1998 年日本开始实行《特定非营利活动促进法》，该法规定，获得"特定非营利活动法人"资格的机构可以开展灾害救援活动、地区安全活动等 20 项活动，并以法人的名义签订契约和进行土地登记等交易行为。

[③] 即指《特定非营利活动促进法》中一项有关 NPO 和 NGO 机构获得免税资格的规定。该法规定，NPO 法人在成立 5 年后，如果机构能够满足组织和活动相关要求的话，可以获得税收上的优惠措施。

社会发展；提升机构安全管理和危机应对能力，确保机构能够在高风险地区开展人道救援活动；通过演讲和政策倡导等方式，获得外界对日本难民救助会正在关注的世界性问题的认同；提供方案，让所有人能够参与促进世界和平和稳定发展的活动。

在组织架构方面，日本难民救助会总部位于日本东京都品川区，机构的最高权力机构是年度大会，在年度大会之下设有常任理事会和理事会，除了东京总部之外，还另外设立佐贺事务所和国际事务所两个事务所。其中，国际事务所又根据活动区域划分为东南亚和南亚片区、中亚和西亚片区与非洲片区，在每个片区之下，根据国别又下设了地区事务所。例如，东南亚和南亚片区包括柬埔寨（金边事务所）、老挝（万象事务所）、缅甸（仰光事务所、帕安事务所）、孟加拉国（库克斯巴扎尔事务所）；中亚和西亚片区包括巴基斯坦（伊斯兰堡事务所、皮尔索哈瓦事务所）、阿富汗（喀布尔事务所）、塔吉克斯坦（杜尚别事务所）、土耳其（尚勒乌尔法事务所、伊斯坦布尔事务所、马尔丁事务所）；非洲片区包括肯尼亚（内罗毕事务所、卡库马事务所）、乌干达（坎帕拉事务所、永贝事务所、霍伊马事务所）、赞比亚（梅赫巴事务所）。

在业务内容方面，日本难民救助会的业务主要包括紧急救援、反地雷援助、残障人士援助、传染病应对以及政策倡导等。

在组织财务方面，以 2019 年为例，日本难民救助会共在全球 15 个国家（老挝、柬埔寨、缅甸、印度、孟加拉国、巴基斯坦、阿富汗、塔吉克斯坦、土耳其、叙利亚、苏丹、肯尼亚、乌干达、赞比亚、日本）开展了 36 项援助业务，直接受益人群数量达到 300642 人，当年的收入约 20.6 亿日元，其中社会捐赠和会费收入占比 14.9%、日本政府补贴占比 48.6%、日本企业和机构的捐赠占比 2.3%、国际捐赠占比 15.5%、业务委托费占比 0.5%、慈善商品和慈善晚宴收入占比 0.6%、其他收入占比 0.4%、上一年度结转资金占比 17.2%。

2. 难民救助会援助新冠肺炎疫情的基本情况

新冠肺炎疫情暴发后，难民救助会从 2020 年 3 月开始，在日本国内外开展了一系列的新冠肺炎疫情援助工作。

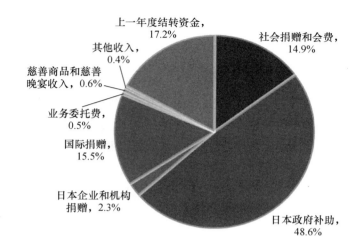

图 9-2　难民救助会的收入来源
资料来源：https://www.aarjapan.gr.jp/about/annualreport.html，2021 年 10 月 12 日访问。

(1) 开展新冠肺炎疫情需求调查

在开展新冠肺炎疫情国际援助之前，了解受援国政府和居民的相关需求是设计和推进援助项目的前提，也是实现公益项目资源供给与资源需求精准匹配的重要保障。为此，难民救助会开展了一系列的调查工作。

在国际需求调查方面，难民救助会针对受援国新冠防疫的需求调查主要采用了传统的线下调查和信息化的线上调研两种方式。

首先，在线下需求调查方面，主要是利用难民救助会在各受援国设立的项目办公室以及难民救助会在当地的志愿者等开展需求调查。这种线下需求调查方式得以实现的前提条件是 NGO 在受援国设立了项目办公室，并且项目办公室的人员除了日本本国的工作人员之外，还招聘了当地的工作人员。此外，还需要在当地构建由志愿者、在地 NGO 等构成的伙伴关系网络。新冠肺炎疫情暴发后，日本本国工作人员撤离回国后，难民救助会的需求调查采用了线下调查方式。例如，在柬埔寨，难民救助会从 2013 年开始在柬埔寨开展了针对残障儿童的全纳教育（Inclusive Education）援助活动，援建并运营了针对特殊儿童教育的班级。新冠肺炎疫情暴发后，难民救助会援建的特殊儿童教育班级的老师通过家访或电话的方式，了解学生的情况，并进行预防感染的教育。在意大利，难民救助会通过参加慈善晚宴的作曲家杉山洋一了解到意大利米兰地区的一家针对残障儿童救治的医院存在大量的家庭困难儿童，这些儿童因为疫情难以进行康复训练和学习。为此，难民救助会通过将平板电脑捐赠给家庭困难的儿童这种援助方式，实现捐赠与需求的高度匹配。

其次，在线上需求调查方面，主要采用电话和在线通信软件了解受援国的需求。这种在线调查方式突破了传统线下调查的时间和空间限制，能够有效解决突发公共卫生事件可能造成的空间隔离问题。例如，由于新冠病毒的传染性，各国都不同程度地采取了隔离和限制人员流动等措施，难民救助会在各个国家和地区开展的援助项目都面临着暂停的情况，派驻到各项目点的日本员工也不得不暂时回国，如何解决因人员流动限制和日本员工缺位所造成的需求信息传递渠道不足问题，需要采用不同于传统的线下调查方式。难民救助会从2014年开始为在土耳其的叙利亚难民提供援助活动，当新冠肺炎疫情暴发后，土耳其政府出台了一系列的政策，如限制65岁以上人群以及患有慢性病患者外出、禁止居民跨城移动等。但是，相关的防疫政策主要针对土耳其当地的居民，相关的通知和宣传也主要采用土耳其当地的语言，对于生活在土耳其的叙利亚难民而言，缺少特殊的关注，造成叙利亚难民难以获得有效的防疫信息和物资。为此，难民救助会通过电话和"WhatsApp"（一款在线通信软件）等调查叙利亚难民的相关情况，调查对象包括土耳其伊斯坦布尔省的84人、尚勒乌尔法省的258人、马尔丁省的340人、加济安泰普省的45人。通过调查发现，面对新冠肺炎疫情，叙利亚难民面临的困境主要体现在：由于隔离政策造成的失业、土耳其政府为叙利亚难民提供的资金援助可能会中断、残障人士和慢性病患者因就医感染新冠病毒的可能性增大等。在此基础上，叙利亚难民的需求主要体现在：获得最新的新冠肺炎疫情信息、就医时提供翻译等服务、提供口罩和消毒液等防疫物资等。

（2）提供防疫和生活物资紧急援助

面对新冠肺炎疫情，发展中国家面临最紧迫的问题是缺少防疫物资。

在疫情暴发初期，不仅发展中国家，发达国家也面临着防疫物资短缺问题，但是，发达国家可以通过组织企业生产和调动全球商品采购渠道等方式缓解防疫物资短缺的现实困境。发展中国家，特别是较为贫困的农村地区，则面临着严峻的形势。为此，难民救助会通过采购口罩、消毒液等防疫物资紧急援助发展中国家的农村地区。例如，在阿富汗，随着疫情的扩大，难民救助会与阿富汗当地的伙伴合作采购了肥皂、洗手液、洗衣液、洗碗液等物资，为喀布尔省、帕尔旺省、卡比萨省的 1250 个家庭、10 个诊所和 50 处清真寺提供紧急的物资援助。在肯尼亚，难民救助会与在当地开展活动的其他 NGO 合作，为生活在肯尼亚的南苏丹和索马里难民发放口罩。

此外，难民救助会援助的对象很多是贫困的民众，由于疫情造成经济生活活动暂停，使得这些国家的底层居民的基本生活受到冲击，为此，难民救助会为这些贫困群众提供基本生活用品紧急援助。例如，在缅甸，从 2001 年开始，难民救助会开始在缅甸为残障儿童提供康复和教育援助活动，面对疫情可能对贫困的残障儿童家庭造成的影响，难民救助会开始为这些残障儿童家庭提供大米、大豆、鸡蛋等食物援助。

（3）提供防疫信息和心理介入紧急援助

面对未知的疫情，由于信息不对称，贫困的发展中国家居民，特别是农村地区居民缺少足够的信息来源，造成其对疫情传播机制和防疫知识认识不足。为此，难民救助会通过发动难民救助会在各援助国项目办公室以及当地志愿者为当地居民提供疫情防控相关信息。例如，在孟加拉国，难民救助会通过孟加拉国当地的合作机构为难民营的居民开设了疫情防控培训班，培训的对象包括当地的 5 个缅甸难民营以及难民营周边的居民，培训共开展了 252 次；同时通过一对一的方式，由当地的志愿者为 385 人提供了疫情防控卫生知识讲解；为了鼓励难民营居民和当地居民养成洗手和咳嗽时用口罩或衣物进行遮挡的卫生习惯，难民救助会与当地的合作机构制作了展板，并告知居民机构的咨询电话；为了方便女性和儿童进行咨询，难民救助会与合作机构专门设立了儿童友好型空间（Child Friendly Spaces，CFS）和女性友好型空间（Woman Friendly Spaces，WFS）。在塔吉克斯坦，难民救助会利用塔吉克斯坦卫生部制作的防疫动画短片，向当地居民讲解使用肥皂洗手的正确方法以及如何防止通过眼睛和口腔传播疫情的相关知识。在柬埔寨，难民救助会援建的特殊儿童教育班级的老师通过家访或电话的方式，了解学生的情况，并进行预防感染的教育；难民救助会柬埔寨办公室的工作人员和援建的特殊儿童教育班级的教师们与其他NGO团体合作，通过在线方式或印刷教材的方式为学生提供在线教育或线下视频指导等；针对学校所在村庄的村民和学校教师开展培训活动。

此外，难民救助会针对疫情可能对难民和贫困居民产生的心理压力，通过提供心理咨询服务等，缓解难民和贫困居民因生活维系和自身安全所产生的焦虑。例如，为了缓解土耳其的叙利亚难民们紧张的心情，难民救助会与心理医师合作，为他们提供心理咨询服务。在巴基斯坦，为了缓解居家隔离可能产生的压力，以及在此基础上出现的家庭暴力和儿童虐待等风险，难民救助会与世界卫生组织驻巴基斯坦代办处合作，为受援助的家庭分发了缓解新冠肺炎疫情可能造成精神压力的相关宣传手册。在乌干达，难民救助会不仅为南苏丹难民提供肥皂等防疫物资，还针对伴随疫情产生的心理压力造成的针对女性和儿童的暴力提供了心理咨询服务。

3. 难民救助会援助新冠肺炎疫情的主要做法与经验

第一，将国际突发事件援助嵌入现有的援助体系。难民救助会作为一个国际NGO，从1979年开始涉足国际援助，曾经在60个以上的国家和地区开展援助活动。截至2020年6月，共在阿富汗、土耳其、叙利亚、苏丹等15个国家开展援助项目，并设立了17个国际援助项目办公室。新冠肺炎疫情暴发后，国际人员流动受到限制，受援国的人员流动也受到影响，难民救助会从受援国撤回了大部分的日本工作人员，这在一定程度上影响了项目的开展。但是，在疫情暴发之前，难民救助会已经在受援国构建了较为完善的项目援助组织架构。因此，在疫情暴发后，难民救助会可以借用现有的项目办公室、合作伙伴、国际机构等援助体系，开展居民需求调查、防疫物品发放、防疫知识宣传等。通过分析难民救助会在受援国开展的新冠肺炎疫情紧急援助项目可以看出，所有的项目都是通过难民救助会在当地设立的项目办公室开展，在日本工作人员撤离后，项目主要以在当地雇用的工作人员和志愿者为主开展。

第二，基于受援国居民需求设计紧急援助项目。在新冠肺炎疫情暴发初期，面对未知的疫情，如何防控疫情、居民的迫切需求是什么、提供什么样的援助项目，是难民救助会在设计援助项目初期必须考虑的首要问题。为此，难民救助会一方面通过受援国项目办公室开展需求调查，如针对土耳其的叙利亚难民，难民救助会在当地的项目办公室通过电话和"Whats App"等调查叙利亚难民的相关情况，在此基础上，难民救助会选择提供防疫信息、开展心理干预和提供经济援助；另一方面，通过受援国的志愿者等了解当地的需求，开展针对性的援助，如在意大利利用难民救助会在当地的志愿者了解残障儿童就医困难的情况，针对性地提供了平板电脑。

第三，构建国内国际双循环援助体系。作为一个 NGO，难民救助会提供的援助活动需要募集资金、物资等为受援国居民提供援助。针对新冠肺炎疫情，难民救助会构建了国内国际双循环的援助体系。一方面，积极利用日本国内的资源，筹集资金和物资。例如，疫情暴发后，日本平台（Japan Platform，JPF）从 2020 年 4 月发起了"新冠肺炎疫情应对紧急援助项目"，项目资金为 3.2 亿日元（其中，民间资金 2 亿日元，政府资金 1.2 亿日元），难民救助会作为日本平台的会员，向日本平台申请了 5600 万日元的资金用于在乌干达生活的刚果（金）难民新冠肺炎疫情防控。此外，与日本的啤酒制造商 Far Yeast Brewing 株式会社合作发起了"Cheers to Support"项目，Far Yeast Brewing 将销售的精酿啤酒和木制啤酒杯垫的部分收入捐赠给难民救助会，用于发展中国家难民的新冠防疫援助项目。在国际援助体系方面，面对未知的新冠肺炎疫情，难民救助会借助世界卫生组织在专业性方面的支持，与世界卫生组织驻巴基斯坦代表处合作，为当地的居民发放了权威性的应对新冠肺炎疫情心理压力宣传手册。

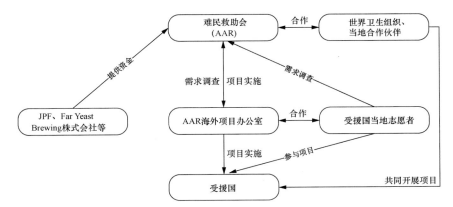

图 9-3 难民救助会开展的新冠肺炎疫情紧急援助项目模式
资料来源：笔者基于案例分析绘制而成。

(二) 国际保健合作市民会案例分析[①]

1. 国际保健合作市民会机构概况

国际保健合作市民会（Services for the Health in Asian and African Regions，SHARE）是一家成立于1983年的特定非营利活动法人。[②] 20世纪70年代末，随着南亚局势的动荡，大量的柬埔寨和老挝难民逃亡到泰国。为了救助这些在泰国的外国战争难民，1980年成立了日本国际志愿者中心（Japan International Volunteer Center，JVC）。JVC的志愿者中有很多是医生和护士。在此基础上，1983年，JVC专门成立了以开展国际医疗为主要目标的"国际援助活动医疗团队"。之后，国际援助活动医疗团队从JVC独立出来成立了SHARE。SHARE的宗旨是构建人类身

---

① 本部分案例参考了国际保健合作市民会官方网站（https://share.or.jp/）的信息，案例涉及资料和数据截止到2022年5月23日。
② 所谓的"特定非营利活动法人"是根据1998年颁布实施的《特定非营利活动促进法》设立的一类以开展特定非营利活动为主的法人形式。其中，特定非营利活动主要包括：促进卫生医疗或福祉事业发展、推进社会教育、推进城市建设、旅游产业振兴、乡村振兴、学术文化艺术体育振兴、环境保护、灾害救援、区域安全、人权保护和和平推进、国际合作、男女共同参与社会建设、儿童健康成长、信息化社会发展、科学技术振兴、经济发展、职业能力开发和就业保障、消费者保护等。

心健康成长的社会（Health for all）。为此，SHARE 通过向发展中国家派遣医疗和发展领域的专家，与受援国当地居民共同开展援助项目，同时在援助过程中，重视当地居民的参与，促进当地居民直接参与到援助项目，培养了在地人才。SHARE 在设计和推进项目过程中，坚持初级卫生保健（Primary Health Care，PHC）原则：第一，基于居民需求设计项目，在推进项目之前，SHARE 会通过调查与居民一起探讨受众群体的实际需求；第二，合理采用技术，促进当地资源的有效利用，实现居民的自主性发展，充分发挥当地民众的智慧和当地资源，从社会、文化和经济可承受角度设计项目；第三，促进居民的参与，以当地民众为主体推动项目，从项目策划到实施，再到项目评估的全流程，积极鼓励当地居民的参与；第四，培养内生型人才，通过培养和团队建设，发现关键人，明确当地居民在健康卫生方面的主体性责任；第五，基于多元健康视角，从教育、社会福利、社会发展等视角综合考虑可能造成健康问题的原因。

2. 国际保健合作市民会参与新冠肺炎疫情国际援助的基本情况

随着新冠肺炎疫情在全球范围内的暴发，SHARE 再次认识到疾病预防教育和健康卫生人才培育的重要性。但是，随着疫情的蔓延，世界各国逐渐采取了限制人员流动、禁止集会等限制性措施，这对 SHARE 的国际援助项目产生了一定的影响。在此背景下，SHARE 一方面关注国际员工、项目实施地居民等相关人员健康的同时，与国内外相关机构积极沟通，积极协助日本保健省等卫生健康国际援助政府部门开展新冠肺炎疫情防控。

（1）推出新冠肺炎疫情专项信息发布版块

面对未知的新冠肺炎疫情，如何认识疫情以及如何防控疫情，现有的疾控系统缺少有效且经整合的信息。为此，SHARE 基于国内外项目实施地居民的需求，发挥其在卫生健康领域的专业知识，在机构的网站上开设了专门的新冠肺炎疫情信息发布版块。

第一，介绍新冠肺炎疫情发展情况。SHARE 通过引用世界卫生组织的相关疫情数据和信息，不断更新疫情在日本国内和国际上的发展情况。此外，还引用日本厚生劳动省的数据和信息，详细介绍新冠肺炎疫情的相关防控知识。截至 2021 年 2 月 1 日，SHARE 共发布了 20 期的新冠肺炎疫情信息。

第二，建立多语言的信息发布系统。由于 SHARE 是一个国际 NGO，主要在泰国、东帝汶、柬埔寨等国家开展援助活动，为方便受援助居民获得可靠和完整的新冠肺炎疫情防控知识，SHARE 专门开设了多语言的信息发布系统，主要包括日语、英语、尼泊尔语、越南语、缅甸语。

第三，针对孕妇等特殊群体设立专门的信息发布渠道。在日本厚生劳动省的许可下，SHARE 将厚生劳动省发布的《针对孕妇等群体的新冠肺炎疫情传染病对策》翻译成阿拉伯语、缅甸语、柬埔寨语、英语、印尼语、韩语、汉语、蒙语、尼泊尔语、西班牙语、菲律宾语、越南语等语种。

（2）推进政策倡导

政策倡导是 SHARE 开展国际健康卫生援助的重要手段之一。20 世纪 90 年代，随着"全球健康治理"概念的提出，关于市民社会在全球健康治理中的作用，主要集中在全球健康治理议程设置、政府公共卫生政策压力以及话语体系构建等方面。从日本 NGO 参与全球健康治理政策倡导的探索实践而言，活动主要集中在两个方面：一是基于具体援助项目的经验以及全球健康治理公共网络参与，构建政策倡导体系；二是基于宏观视角引导政府政策制定，与公共政策相关利益方开展有效的对话，提升组织的话语权。[1]

新冠肺炎疫情暴发之后，SHARE 积极推进相关政策倡导，与其他合作机构共同开展新冠肺炎疫情防控的宣传。例如，从 2020 年 12 月到 2021 年 2 月，SHARE 与非洲日本论坛（Africa Japan Forum，AJF）、太平洋亚洲资料中心（PARC）、无国界医生（MSF）、亚洲健康研究所（AHI）、世界民众健康运动（People's Health Movement）、日本基督教国际医疗援助会等机构共同组成了"所有人都能够公正地享受新冠肺炎防治医疗资源

---

[1] 〔日〕兵藤智佳、胜间靖：《日本 NGO 在国际卫生保健决策过程的作用与问题》，日本国际交流中心出版社 2009 年版。

联席会",向日本政府提交了"促进药品和医疗技术知识产权共享,全球紧密合作克服新冠肺炎疫情"的倡议书,要求政府在应对新冠肺炎疫情方面,为了确保新冠肺炎防治药品和技术在全球范围内的推广和使用,打破相关知识产权壁垒,促进全球在新药品和技术研发方面的合作。支持南亚、印度等国家提出的在现行世界贸易组织框架下,相关疫情防控产品的知识产权保护一定程度上阻碍了发展中国家疫情防控的提议,在此基础上,提出推进发达国家参与"新冠肺炎疫情防控技术获取资源池"(COVID-19 Technology Access Pool),实现新冠病毒的疫苗、检测用具、治疗药物的共享。

(3) SHARE 提供新冠肺炎疫情防控紧急物资援助和疫情防控宣传

除了搭建信息发布平台和推进政策倡导之外,SHARE 还针对具体的国家提供新冠肺炎疫情防控紧急物资援助和疫情防控宣传。

在东帝汶,疫情暴发后的最初阶段,在位于东帝汶首都帝力大约 30 公里的阿陶罗岛上,SHARE 作为当地唯一一个常驻的 NGO,为当地居民提供了各种援助。例如,在当地政府的邀请下,与当地警察局合作,派遣工作人员,并提供车辆和船舶等交通工具,在社区内开展新冠肺炎疫情防控知识宣传;SHARE 动员曾经参与过 SHARE 学校卫生项目的当地志愿者与当地卫生部门合作,在缺水的地区设立简易洗手设备。2020 年 4 月 24 日,东帝汶出现首例新冠肺炎患者后,SHARE 与当地卫生部门合作,开展了疫情防控宣传、小学洗手设备情况调查等,并为卫生部门提供船只搬运防疫物资。同时,动员乡村卫生志愿者,为农村居民提供防疫宣传。

在柬埔寨,随着柬埔寨针对外国人发布劝返政策,SHARE 在柬埔寨的员工返回了日本国内,相关的援助活动主要依靠 SHARE 的当地员工开展,如在柏威夏省为农村居民提供新冠肺炎疫情防控宣传讲座。2020 年 8 月,SHARE 与柬埔寨卫生部合作,开展了新冠肺炎疫情防控知识宣传。

3. 国际保健合作市民会援助新冠肺炎疫情的主要做法与经验

第一,既有援助项目的功能更新。在柬埔寨,针对农村地区发展落后、缺少基础设施等情况,SHARE 从 2017 年开始在柬埔寨柏威夏省开展了儿童营养改善援助项目,为改善当地儿童的健康情况,开展了预防、诊断和治疗相关活动。为贯彻初级卫生保健援助原则,SHARE 从村民中选拔健康志愿者,促进预防接种、孕妇健康检查等相关知识的普及。在东帝汶,SHARE 从 1999 年开始利用日本外务省"日本 NGO 合作无偿资金援助项目"和民间捐赠资金推进健康志愿者培育、学校卫生发展等援助项目。疫情暴发后,SHARE 依靠当地的机构和健康志愿者在柬埔寨和东帝汶开展新冠肺炎疫情防控知识宣传等活动。

第二,构建新冠肺炎疫情政策倡导网络。为实现所有人都能够公正地享受新冠肺炎防治医疗资源的目标,SHARE 与非洲日本论坛等国内的其他 NGO 合作,构建了"所有人都能够公正地享受新冠肺炎防治医疗资源联席会",并向日本政府提出共享新冠肺炎防治产品知识产权的倡议,确保发展中国家能够获得相关的疫苗和设备等。通过政策网络组织一定程度上解决了日本传统 NGO 在政策倡导方面单打独斗的局面,提升了 NGO 在政府政策议程设定等方面的话语权。

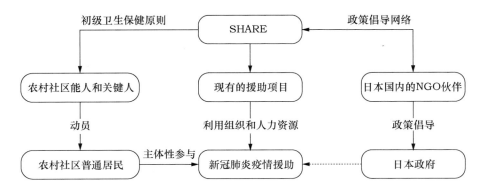

图 9-4 SHARE 开展的新冠肺炎疫情紧急援助项目模式
资料来源:由笔者基于案例分析绘制而成。

第三,构建居民参与型项目模式。SHARE 在推进国际健康援助方面,坚持初级卫生保健原则,即要保障受援国居民能够享受相应的基本卫生保健服务,同时也要促进居民的充分参与,尊重居民在援助项目中发挥主体性作用。无论是在传统的卫生健康援助领域还是在新冠肺炎疫情等突发公共卫生事件援助方面,SHARE 一直将激励居民的参与作为首要的任务,通过发现农村社区中的能人和关键人,通过培训方式,为居民赋权增能,进而促进更多人的参与。

(三) 消除疟疾 (日本)[①]

1. 消除疟疾 (日本) 机构概况

疟疾是一种在热带和亚热带地区广泛分布的传染病。根据 2018 年 2 月 "消除疟疾 (日本)" 发布的统计数据[②],截至 2017 年 11 月,全球共有 91 个国家和地区存在疟疾传染病,2016 年疟疾的感染人数相比 2015 年增加了 500 多万例,达到 2.16 亿人;因疟疾死亡的人数为 44.5 万人。从 2015 年到 2016 年,东南亚、西太平洋以及非洲等地区的疟疾致死率有所缓解,但是在东地中海和美洲等地区,致死率却不断增加;疟疾感染人数在 1 万人以下的国家数量从 2010 年的 37 个国家增加到 2016 年的 44 个国家。

为了应对疟疾传染风险,2006 年,一家名为消除疟疾 (Malaria No More,MNM) 的国际 NGO 在美国成立。2009 年,MNM 在英国成立了 "消除疟疾 (英国)" 组织;2012 年成立了 "消除疟疾 (日本)" (MNMJ) 组织。MNMJ 是 MNM 在日本设立的分支机构,也是日本唯一一个以消除疟疾为使命的 NPO 法人。

MNMJ 的资金来源主要包括法人组织捐赠、会费以及个人捐赠。其中,法人组织捐赠分为 3 个档次,分别为 3 万日元/股、5 万日元/股和 10 万日元/股;法人组织会费标准为 4 万日元/股。除了直接的资金捐赠或成为会员,法人组织还可以通过委托 MNMJ 为公司组织策划演讲;在企业销售给顾客的邮寄物中加入 MNMJ 的宣传手册;为企业探索企业社会责任或为社会企业提供员工培训和人才培养服务;采用慈善商品形式,

---

① 本部分案例参考了消除疟疾 (日本) 官方网站 (https://www.malarianomore.jp/) 的信息,案例涉及资料和数据截止到 2022 年 5 月 23 日。

② Zero Malaria 2030 Update (2018),https://www.malarianomore.jp/archives/category/news/mnmj_mailmagazine,visited on 2021-11-17.

将企业销售的产品中部分收入捐赠给 MNMJ 等。目前，MNMJ 的法人组织会员以及为 MNMJ 提供资金捐赠的企业达到了数十家之多，其中包括住友化学、日产化学、荣研化学、大日本住友制药等大型企业。在个人捐赠方面，除了直接的资金捐赠之外，个人可以通过遗产捐赠、继承捐赠、购物捐赠（在乐天线上购物，购物金额的 0.5% 作为捐赠资金）为 MNMJ 提供资金支持。

2. 消除疟疾（日本）参与国际疟疾防控的基本情况

MNMJ 的活动主要分为三大部分：疟疾多发地区的项目援助、有关疟疾的政策倡导、宣传教育。

(1) 疟疾防控项目援助

在项目援助方面，MNMJ 主要采取以预防为主的项目方式。由于疟疾疫苗尚未研发成功，从预防的角度而言，主要是避免蚊虫的叮咬。为此，MNMJ 为疟疾多发地区的民众捐赠添加了日本企业研发的防蚊虫药剂的蚊帐。在坦桑尼亚、赞比亚以及西非的塞内加尔等国家，MNMJ 与当地的 NGO 合作，为当地的居民分发蚊帐、疟疾快速检测试剂盒以及抗疟疾药物。按照一顶蚊帐 500 日元、运输和使用宣传费 500 日元计算，捐赠一顶蚊帐的成本在 1000 日元，检测试剂盒的成本在 60 日元，抗疟疾药物的成本在 40 日元，因此，一套疟疾防疫物资的总成本为 1100 日元。MNMJ 每年会捐赠 2000—4000 顶蚊帐。除了非洲地区，MNMJ 还在亚洲的印尼开展国际援助活动，主要是在印尼东努沙登加拉省繁花岛一个叫西卡（Sikka）的地区捐赠疟疾诊断用的显微镜以及培养疟疾检测技术人员，建立疟疾早期发现和治疗的体制机制。

在消除疟疾项目援助实施过程中，MNMJ 积极与日本国内企业合作，除了获得直接的资金捐赠之外，还利用日本企业的技术，推进疟疾防控产品的研发。日本企业在对抗疟疾方面主要发挥了四方面的作用：一是生产蚊帐，特别是含有杀虫剂成分的蚊帐对防止疟疾传播具有较好的效果，受到疟疾发生地居民的高度评价；二是生产防蚊虫涂料，日本的企业研发了能够涂在墙壁的具有防蚊虫效果的涂料；三是疫苗研发，目前疟疾相关疫苗正在研发当中；四是成立"全球健康技术振兴基金"（Global Health Innovative Technology Fund，GHIT），面向发展中国家，推动药品研发的全球合作，投资药品的研发等。例如，住友化学作为 MNMJ 直接的发起方之一，除了为 MNMJ 捐赠资金之外，还生产制造具有预防疟疾传播功能的蚊帐，住友化学最早从 2003 年开始生产蚊帐，但是主要是面对亚洲市场。2005 年，考虑到非洲地区对蚊帐的需求，住友化学将蚊帐制造产业转移到非洲坦桑尼亚，不仅为当地提供能够预防疟疾传播的蚊帐，而且在当地创造了就业机会。

（2）政策倡导

除了直接的物资捐赠之外，MNMJ 非常重视政策倡导。为了提高国际社会对疟疾防治重要性的认知，MNMJ 会通过搜集疟疾发生地区的相关信息以及国际社会针对疟疾防治的相关援助情况，利用国际 NGO 网络，为日本政府提供政策建议。此外，还倡导和推动日本的企业发挥企业社会责任（CSR），参与制定疟疾防控的方案。

2000 年，在日本冲绳召开的 G8 峰会上，作为主办国的日本提议将应对传染病作为会议的议题之一。最终，G8 峰会确认了为全球范围内传染病防控提供更多的援助资金并构建全球合作伙伴关系的发展目标。在此背景下，2002 年，G8 以及民间企业针对艾滋病、结核病和疟疾三大传染病，成立了"全球基金"。日本政府承诺从 2017—2019 年向该基金出资 8 亿美元。对此，MNMJ 一直呼吁日本政府加大对全球基金的出资金额。

此外，针对发展中国家的国际援助更偏向于提供基础设施、教育和环境等方面的援助，而针对疟疾的援助呈现不断减少的趋势，因此，MNMJ 一直呼吁日本政府加大对疟疾防控的援助。

（3）宣传教育活动

虽然日本也曾出现过疟疾，但是随着卫生医疗条件的改善，1962 年疟疾从日本本土消失。在此背景下，日本国内民众对疟疾的认知越来越模糊，为此，MNMJ 为推动疟疾防治国际援助、调查研究和政策倡导，开始推动疟疾相关知识的宣传和普及，并向日本民众宣传为疟疾发生地提供国际援助的重要性。MNMJ 利用运动会、音乐会和公共交通工具张贴宣传画册等方式，让更多的日本民众了解疟疾相关知识。例如，2014 年

"世界蚊子日"（World Mosquito Day），MNMJ组织策划了"Feel Malalia Promotion"活动，在路上行人不注意的时候，将蚊子贴画贴在行人身上，从而让行人体验蚊子的可怕之处；在每年的"世界疟疾日"（World Malaria Day），组织策划慈善义捐活动，邀请肯尼亚等疟疾多发国的代表来日本讲述自身关于疟疾的体验和认识。此外，为了表彰参与到消灭疟疾活动的人或组织，MNMJ还策划了"零疟疾奖"。

3. 消除疟疾（日本）在消除疟疾国际援助方面的主要做法与经验

（1）参与国际消除疟疾网络体系。作为国际消除疟疾组织MNM的一员，MNMJ积极与美国MNM、英国MNM等其他消除疟疾组织合作，沟通信息或共同组织召开消除疟疾的相关国际会议。目前，MNMJ参与的国际消除疟疾网络体系主要包括 Zero Malaria Ambassadors、End Malaria Council、Zero Malaria CSOs Network、NIKKEI Disease Conference Malaria Consortium。通过参与消除疟疾网络体系，一方面，MNMJ宣传了MNMJ以及日本政府和日本企业在消除疟疾方面发挥的作用和主要做法，增强了MNMJ在国际上的话语权；另一方面，获得了更多的资源。例如，NIKKEI Disease Conference Malaria Consortium 是由日本经济新闻社于2014年发起的以应对亚洲和非洲国家结核病、疟疾、埃博拉出血热等传染病为主要议题的国际会议，会议每年召开一次，参加会议的组织或个人包括日本国内的政府组织、企业、研究人员、国际机构等。通过参与此类会议，MNMJ能够链接到更多的公共卫生治理主体，为共同组织实施相关项目提供了机会。

（2）与企业建立了紧密的合作关系。MNMJ最早是由住友化学和埃克森美孚公司出资捐赠成立的，在后续的发展过程中也积极与企业建立紧密的联系，一方面获得企业的捐赠，另一方面发挥企业在技术研发方面的优势，生产制造抗疟剂相关产品。在与企业伙伴关系发展方面，MNMJ首先吸引企业作为机构理事参与MNMJ的决策管理。例如，在现有的9名理事当中，企业负责人有6人。其次，在企业会员中，主要是由从事药品研发等企业构成，如荣研化学株式会社、大日本住友制药株式会社、日产化学株式会社、Rainbow药品株式会社等。

272　国外民间组织参与国际援助研究

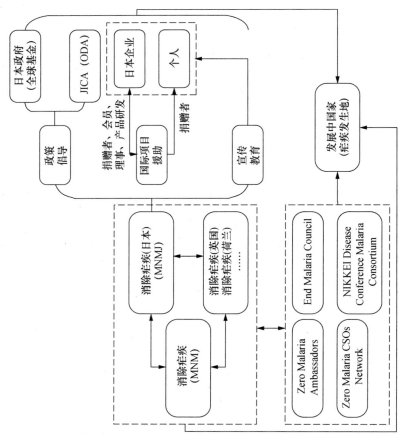

图 9-5　MNMJ 参与消除疟疾国际援助模式

资料来源：由笔者基于案例分析绘制而成。

(3) 推动政策倡导。传统的日本国际 NGO，由于资金、人才、思维定式等限制，在开展国际援助方面，以具体的援助项目为主，缺少政策倡导。MNMJ 作为一个全球性 NGO 在日本的分支机构，在组织网络、渠道资源、组织视野、员工能力等方面都具有天然的优势，因此，在推进消除疟疾国际援助方面，将政策倡导作为重要的业务。通过推进政策倡导，提升了组织在日本国内外消除疟疾国际援助体系中的话语权，同时也推动了日本政府积极参与国际消除疟疾援助活动。在此背景下，日本政府不仅积极推动"全球基金"的成立，同时，还将消除疟疾纳入 ODA 项目。例如，在日本国际协力机构（JICA）推进的 ODA 中，专门设计了"消除疟疾模式构建项目"（The Project for Development of Malaria Elimination Model in Myanmar），该项目从 2016 年 3 月到 2020 年 3 月，与缅甸卫生部公众卫生局合作，在缅甸地区探索消除疟疾模式，验证援助活动的有效性，强化国家在应对疟疾方面的功能，在此基础上将经验推广到缅甸全国。该项目主要包括四方面的内容：一是疟疾传染地区集中介入，如抗疟疾药物分发物流体系建设、政府管理部门协调、信息共享等；二是疟疾传染检测、评估体系开发；三是消除疟疾人才培养，如培养政府卫生部门工作人员、培训昆虫研究者等；四是援助项目成果分析、出版和信息共享等。

三、日本 NGO 参与国际突发事件的体制机制

相较于欧美等国家的 NGO，日本 NGO 的起步晚，加之日本对于本国 NGO 参与国际援助的国内舆论环境相对保守、强政府弱社会的公共治理发展路径等原因，日本 NGO 规模较小、筹资能力和项目发展能力较弱、资助型和倡导型 NGO 数量较少。但是，随着 ODA 对 NGO 参与重视程度的提升、日本企业国际化的加速、市民社会环境的逐步成熟，日本的 NGO 在参与国际发展援助方面也形成了具有日本特色的发展路径。本部分通过三个参与国际公共卫生事件的 NGO 案例，分析日本在参与国际突发事件方面的主要做法和经验。

（一）借助于现有的国际援助平台和体系

关于日本 NGO 参与国际援助，从项目资金来看，可以分为参与 ODA 和社会捐赠资金支持的项目；从 NGO 类型来看，可以分为日本本土 NGO 推进的项目、国际 NGO 在日本设立的分支机构推进的项目；从项目形式来看，分为操作型项目、倡导型项目和宣传教育型项目。无论何种形式的项目，日本 NGO 在推进国际突发事件项目过程中，基本上都要借助于机构现有的国际援助平台和体系，例如，援助的项目借助现有的援助组织架构（如在受援国建立的项目办公室或分支机构），利用受援国当地现有的合作伙伴或政府组织开展项目。借助现有的国际援助平台和体系开展援助的优势主要体现在以下两个方面：

第一，应对突发事件国际援助紧迫性的需求。以公共卫生事件为代表的突发事件是一种难以有效预测的事件，在突发事件出现后，各类援助需求比较集中，需要援助方在短时间内作出响应。因此，借助现有的国际援助平台和体系，能够在最短时间内开展援助项目。对开展新冠肺炎疫情援助的日本 NGO 案例进行分析，可以看出，在疫情暴发后，日本与受援国之间的人员交流因隔离政策受到阻断，但是，受援国又面临着口罩、消毒液等防疫物资的短缺以及防疫知识不足等困难，因此，日本 NGO 通过机构在受援国当地的项目办公室、志愿者、合作伙伴以及政府组织，在短时间内为受援国当地的居民提供了一定数量的防疫物资与防疫知识。

第二，巩固 NGO 与受援国政府以及居民之间的信任关系。日本 NGO 在参与国际突发事件时，援助的对象主要是现有其他援助类项目已经覆盖的群体，当突发事件出现后，通过提供紧急的援助，能够巩固和提升受援国当地居民对日本 NGO 的信任，为后续的常规性援助项目的推进提供了稳定的群众基础。

（二）推进多元主体参与的援助机制

日本 NGO 在推进国际紧急事件援助过程中，较少采取单打独斗的策略，更多地依靠与政府、企业、NGO 等多元主体共同参与的方式。以新冠肺炎疫情援助为例，在疫情暴发后，日本的 NGO 一方面面向日本国内公布了援助国际疫情防控的相关需求，如资金捐赠和物资捐赠；另一方面，通过政策倡导方式，推动日本政府在防疫物资提供和疫苗研发等方面开展知识产权的共享，降低发展中国家可能面临的专利许可障碍。从日本 NGO 开展的国际突发事件的援助项目参与主体来看，主要可以分为日本政府、日本企业、日本民众、世界卫生组织等国际组织以及国际 NGO 等。此外，在受援国，基于全球健康治理、初级卫生保健等视角，注重受援国当地居民的参与，一方面培养了当地居民的主体性意识；另一方面通过发现能人和关键人，为当地培养了内生型人才，为项目的可持续提供了人才基础。

（三）基于机构专业性优势的项目设计理念

专业性是 NGO 获得社会认同的基础，也是政府、企业以及个人在捐赠时考量的重要因素。日本 NGO 在参与国际突发事件时，设计和提供的援助项目主要建立在机构本身现有的专业性以及现有项目的专业性基础之上。基于专业性优势的援助项目一方面能够最大化机构的专业优势，实现社会捐赠公共资金效用的最大化；另一方面，能够精准匹配受援国当地居民的实际需求。无论是 SHARE 还是 MNMJ 都是专业从事卫生健康援助的机构，其所提供的新冠肺炎疫情防控援助项目和消除疟疾援助项目都与机构的专业性一致，在项目设计阶段能够获得资助方的认同，在项目实施阶段能够获得项目的预期效果。

虽然日本的 NGO 在参与国际突发事件中体现了日本 NGO 自身的特点，也形成了一些可借鉴的经验，但是也暴露出一些短板和不足。

第一，国际援助项目碎片化，缺少系统性思维。例如，面对新冠肺炎疫情，日本的 NGO 提供的援助主要体现在提供口罩、洗手液等防疫物资，或者将世界卫生组织和日本厚生劳动省的相关防疫知识翻译介绍给受援国的居民，缺少系统性思维，包括如何与研究机构合作，明确疫情产生和传播的机理；如何与受援国进行深度合作，构建限制人员流动、解决疫情下的贫困问题等。造成这种问题的原因除了突发公共事件的紧迫性之外，还与日本 NGO 擅长具体的项目操作，缺少宏观的视野有关。

第二，缺少规模性的伙伴关系。日本 NGO 在参与国际援助方面，在受援国当地依靠的主要是机构在当地设立的项目办公室、部分当地的非营利组织（NPO）、部分志愿者以及基层政府。在疫情等突发公共事件暴发后，特别是在日本本国的工作人员撤离后，日本 NGO 所能依靠的人员仅仅是小部分的当地员工或志愿者，这也是造成日本 NGO 在参与国际突发事件中参与深度不足、参与规模较小的原因。

第三，公益生态链培育不足。公益生态链是一个集公益需求、公益资源供给、公益服务和公益支持为一体的生态链，不同的主体基于自身的资源禀赋和专业特长选择从不同的维度参与公益活动，由此形成一个去中心化和分布式的公益生态链。但是，日本 NGO 在参与国际公共卫生事件中的表现，显示出日本 NGO 在围绕国际公共事件援助方面缺少公益生态链的思维与视角，特别是在公益资源和公益支持方面还存在较大的不足。例如，在如何调动除了政府资源和企业资源之外的社会个人的资源构建多渠道的资金来源体系方面，虽然日本 NGO 有所尝试和实践，但是受限于日本国内的舆论环境和日本国民个体在公共事务治理方面的主体性认识，日本国民个体的参与程度不深。在公益支持方面，为了最大化公益资源效用，需要通过 NGO 分工方式，实现 NGO 网络中的职能划分。由于日本 NGO 擅长于具体的项目操作，更多的是站在公益援助的一线，造成公益支持体系不健全，缺少为前线 NGO 输送技术、志愿者、政策支持等资源的支持性机构。

第三部分

总结与建议

第十章 国外NGO参与官方发展援助与全球突发公共卫生事件的经验

一、国外NGO参与官方发展援助的经验

(一)政府成立专门部门负责NGO参与官方发展援助工作

美国、英国、德国、日本、韩国等国为了鼓励和引导本国NGO参与官方发展援助工作,均设有专门负责NGO参与官方发展援助工作的部门。例如,美国USAID下设的创新与发展伙伴办公室、原英国DFID下设的公民社会工作组[①]、德国BMZ下设的第三司、日本外务省下设的NGO合作处、韩国KOICA下设的公民社会合作部等。这些专门负责NGO参与官方发展援助部门的主要职责包括:第一,负责NGO参与官方发展援助的计划或政策制定;第二,NGO参与官方发展援助项目的管理;第三,NGO与政府合作关系的统筹与协调;第四,NGO参与国际发展援助工作的能力建设。

从国外的经验看,由于NGO参与官方发展援助有其自身特点,设置专门的部门全面负责NGO参与官方发展援助工作,不仅对外宣示了政府对NGO参与官方发展援助工作的重视,而且有助于切实加强政策的扶持力度和提高政府的监督管理能力。有专门的政府机构负责NGO参与官方发展援助工作,也便于统筹协调政府各个部门的管理,解决NGO参与官方发展援助工作所面临的问题与困难。

---

① 2020年6月英国宣布将DFID合并至外交部成立新的外交、联邦事务及发展部。

（二）将 NGO 视为对外援助工作中的重要合作伙伴

NGO 参与官方发展援助主要有以下优势：第一，NGO 的非官方立场更容易被受援国所接受，更容易与当地建立信任关系，构架民间交流的桥梁；第二，NGO 的参与能够弥补政府和企业在发展援助领域专业性的不足，特别是一些细小的商业机构因无利而不愿踏足的专业领域；第三，与 NGO 合作开展国际援助已成为一种国际认可的常规做法，通过 NGO 走出去是融入国际援助主流体系的一种有效途径。正因为如此，美、英、德、日、韩等国在官方发展援助中都将 NGO 列为法定的对外援助合作伙伴。不过，由于各国的历史文化不同、NGO 发育的程度和发展阶段不同，各国 NGO 参与官方发展援助的经费比例也有很大差异。比较而言，欧美国家资助或委托 NGO 实施的援助资金比例相对较高，而日本、韩国的比例较低。OECD 的统计数据显示，2019 年，美国直接资助或间接通过 NGO 执行的 ODA 经费占 ODA 资金总额（包括多边与双边机制）的 20% 左右，英国为 10.5%、德国为 7.1%、日本为 1.5%、韩国为 2%；而美国 NGO 执行 ODA 经费占 ODA 双边援助经费的比例为 22.6%，英国为 15.1%、德国为 8.9%、日本为 2%、韩国为 2.4%。

（三）行业支持型平台组织发挥了重要作用

美、英、德、日、韩等国均成立了行业支持型平台组织，这些行业支持型平台组织在 NGO 参与官方发展援助机制中发挥了重要的作用。例如，美国有 InterAction，英国有 BOND，德国有 VENRO-INGO 分部，日本有 JANIC，韩国有 KCOC，这些行业支持型平台组织在政府与 NGO 之间扮演了重要的中介角色。一方面，这些支持型机构为参与对外援助的 NGO 之间搭建了沟通交流平台，促进后者相互分享和交流经验，在国际进行项目合作；另一方面，在 NGO 与政府之间搭建沟通交流平台，既向 NGO 宣传政府的对外援助政策，也代表 NGO 开展政策倡导、影响政府政策。与此同时，这类支持型平台组织还会为 NGO 提供从宏观政策解读到微观技术操作层面的各类能力建设服务和资源对接，在 NGO 参与对外援助的生态中发挥了重要的功能。

（四）国外 NGO 参与官方发展援助主要是协助完成政府对外援助战略

调研发现，发达国家官方发展援助资金对 NGO 的资助主要采取的是项目赠款或合作协议的方式，而以直接补贴的方式非常少见。除德国官方发展援助资金给 NGO 的直接补贴比例相对稍高外，其他发达国家直接补贴的比例均非常低。这意味着，发达国家 NGO 参与官方发展援助，其自由度不高，并不是由 NGO 自由设计项目，由政府资助完成，而是根据发达国家的对外援助战略，由 NGO 实施具体的项目，协助政府完成对外援助的战略目标。也就是说，尽管 NGO 名义上具有独立性，政府不干预 NGO 的内部管理，但是，只要 NGO 申请官方发展援助资金的支持，其项目的目标就必须与政府的对外援助战略一致，NGO 实际上是协助政府完成国家对外援助战略的主要主体之一。

各国在支持 NGO 参与官方发展援助方面普遍采用了灵活多样的方式调动 NGO 参与官方发展援助的积极性。在资助形式方面，项目赠款和合作协议是两类主流方式。项目赠款是在两者目标一致的前提下，通过政府项目赠款补充 NGO 从私人捐助者、基金会、私营公司等处筹集资金的不足，政府在批准年度工作计划、监督和评估等方面的要求相对宽松一些，但 NGO 实施项目的进展情况和项目结项需要向政府报告。协议或合同类项目则为政府主管部门按照规定与 NGO 签订协议或合同，明确项目资助的目标与内容，政府对项目的监督管理非常严格。由于这类资助的掌控性更强，近年来，这一方式得到越来越多的国家青睐。在资助规模方面，政府通过设置大小规模不等的项目，有针对性地实施援助计划。大规模项目常见于国家重点发展援助领域，往往与有丰富经验的大型国际 NGO 合作，以求获得更为显著的援助效果和影响；小规模项目更为灵活，能在探索创新领域和支持中小型国际 NGO 发展等方面起到积极有效的作用。

（五）管理运作模式相对成熟

在多年国际援助经验的基础上，国外在资助和管理 NGO 参与官方发展援助过程中逐渐形成了相对成熟的管理运作模式。其中，有三个比较突出的特点：第一，有一整套制度化、流程化的 NGO 资助体系。从资助项目信息发布（固定的申请项目信息发布平台、详细的申请项目信息介绍）、项目申请（规定申请流程、固定的申请表格与信息采集等）、报名组织筛选（谁选择、依据什么条件选择、决策权归属等），到确定支持名单后的管理工作（合同的签订、资金的拨付、项目中的变更沟通等）和监督评估工作（日常监测、正式或非正式评估安排等），都有明确的操作流程和指南。第二，责权分工明确。在主管政府部门内部将援助政策和战略制定、NGO 管理协调、项目监测评估等方面的权力职责明确到部门或职务。第三，较高的公开性和透明性。由于官方发展援助资金来自本国纳税人，因此，国外相关管理机构对资金的使用特别强调透明和问责，会定期公开资金使用用途和效果并接受来自内外部的监督和审查。

（六）重视人才特别是政府管理人才的培养和能力建设

在人才培养方面，各国政府不仅重视 NGO 的人才培养和能力建设，而且特别重视政府内部对外援助管理人员的人才培养和能力建设。例如，英国为了提高官方发展援助项目的评估专业性，在政府内部建立了专门的内部评估人才培养机制，有意了解或参与项目评估的员工可以报名参加定期组织的培训学习课程，若通过定期举办的能力考核则有资格作为内部评估顾问参与项目监测评估活动。该机制为政府培养了一支有专业能力的评估专业人才队伍，将评估思维嵌入项目实施的各个环节，提高了政府管理人员的整体评估能力，从而达到间接提升援助项目效果的目的。再如，日本设置有 NGO 咨询师项目，专门委托国际援助经验丰富的 NGO 人员对有意开展国际发展援助的 NGO 提供专业咨询，而 NGO 实习生项目为有志从事国际 NGO 事业的年轻人提供国际实习的学习机会和经费支持，NGO 国际学习项目则专门资助重点 INGO 工作人员到国际一线机构接受为期 1—6 个月的培训学习。这些经验对于国际援助事业刚刚起步、拥有众多初创或中小型 NGO 参与官方发展援助的国家有一定的参考价值。

（七）与国际通用的评估指标体系接轨

在项目评估方面，OECD 的成员国一般均采用 OECD-DAC 开发的专门评估国际发展与人道主义援助的核心评估指标体系。1991 年，OECD-DAC 首次在《发展援助评估原则》中提出了五个评估指标，分别是相关性（relevance）、有效性（effectiveness）、效率（efficiency）、影响（impact）和可持续性（sustainability）。这套指标体系为 OECD 国家 NGO 开展国际援助项目提供了评估指南。通常，各国在此基础上，也会根据各国实际情况在二级或三级指标中作出相应调整。

2018—2019 年，OECD-DAC 对这套评估指标体系作出了更新和修订，除了对原有五项评估指标的定义和应用作出更新外，特别值得注意的是增加了一条新的评估指标：一致性（coherence）。该指标旨在衡量援助干预措施与当地国家、部门或机构中的其他相关干预措施的兼容性，即是否与其他干预措施协调相容。具体包括内部一致性和外部一致性两个层面：内部一致性指"该干预措施与同一机构/政府实施的其他干预措施之间的协同增效和相互联系，以及与该机构/政府所遵循的相关国际规范和标准的一致性"；外部一致性则指"该干预措施与其他行动方在同一背景下所实施的干预措施的一致性，包括互补性、协调性和合作性，以及该干预措施在多大程度上带来增加值并同时避免重复劳动"[①]。

表 10-1　OECD-DAC 发展援助评估指标体系（2019 年 12 月）

序号	指标	定义
1	相关性	干预措施是否在做正确的事
2	一致性	是否与其他干预措施协调相容
3	有效性	干预措施是否能实现其目标
4	效率	资源是否得到充分利用

---

① 《采用更好的准则实现更优质的评估——评估准则的概念界定和应用援助（修订版）》，https://www.oecd.org/dac/evaluation/revised-evaluation-criteria-chinese-2020.pdf，visited on 2021-10-12。

(续表)

序号	指标	定义
5	影响	干预带来哪些改变
6	可持续性	是否能持久获益

资料来源：Evaluation Criteria，https：//www.oecd.org/dac/evaluation/daccriteriaforevaluatingdevelopmentassistance.htm，visited on 2021-10-12。

二、国外 NGO 参与全球突发公共卫生事件的主要经验

NGO 是各国开展国际援助和民间外交的重要手段，也是参与全球公共卫生事件的重要力量。以此次参与全球新冠肺炎疫情国际援助事件为例，发达国家 NGO 通过采取物资援助、平台搭建、社区整体援助、技术知识工具开发等方式，积极开展全球突发公共卫生事件的援助工作。

（一）为 NGO 参与全球突发公共卫生事件提供良好的制度环境

从国外的经验看，发达国家大都鼓励和支持本国 NGO 参与全球突发公共卫生事件的应对。20 世纪 80 年代以来，发达国家开始建立了一系列吸纳 NGO 参与国际突发事件的制度，形成了较为成熟的 NGO 参与国际救援的合作机制。[①]

首先，在立法层面保障 NGO 参与国际突发事件救援行动的权利。例如，美国 1950 年颁发的《国际开发法案》和 1961 年修订的《对外援助法》在立法上赋予了 NGO 参与国际突发事件和对外援助的权利。

其次，发达国家将 NGO 参与国际援助，包括参与全球突发公共卫生事件纳入国家外交的整体战略和规划之中，并从政策层面进行扶持。2018年，美国国务院和国际开发署共同发布《2018—2022 联合战略计划》，强调在国际事务中加强与 NGO 的合作。在英国，2016 年颁发的国家级战略

---

① 杨义凤、邓国胜：《国际 NGO 参与对外援助的变迁及对中国的启示》，载《中国行政管理》2014 年第 3 期。

性文件《民间社会伙伴关系回顾》以及 2018 年的国家年度报告中均明确提出,"健康、有活力和高效的民间社会领域是英国软实力和全球领导力至关重要的部分,英国政府会给予最强有力的支持"①,同时"不断改革、调整相关支持政策体系"②。在日本,2013 年外务省发布的官方文件《国际合作与 NGO:外务省与日本 NGO 伙伴关系》和 2015 年日本政府修订的《开发合作大纲》,以及历年的政府白皮书③都明确指出,日本 NGO 在支持发展中国家可持续发展中扮演着重要角色,并要将 NGO 对外救援活动置于官方发展援助项目的实施框架之中。④

(二)利用已经设立的国别办公室等国际援助体系

在全球突发公共卫生事件的救援行动中,发达国家 NGO 往往会依托已经设立的国别项目办公室或分支机构,以此为基点开展项目或活动,这不仅大大提高了项目的回应性,而且提升了项目实施的可行性,有助于提升项目的效果和影响力。具体而言,发达国家 NGO 在选择受援国时,多会考虑有项目基础的国家,特别是已经建立了项目办公室或分支机构的国家开展援助活动,并借助机构在该国已经建立的援助体系开展紧急救援项目,从而满足国际突发事件的紧迫性需求。例如,新冠肺炎疫情暴发后,救世军利用在各国或地区设立的国别办公室,在全球范围内快速采取行动,而且充分发挥各地志愿者的作用,通过本地志愿者为救世军评估需求、识别受助人群、发放物资等,极大提高了救助效率。再如,新冠肺炎疫情暴发后,尽管日本难民救助会从受援国撤回了大部分日本员工,在一定程度上影响了项目的开展,但是,利用在受援国设立的项目办公室及当

---

① Civil Society Partnership Review,https://www.gov.uk/government/publications/civil-society-partnership-review,visited on 2021-10-12.
② Annual Report and Accounts 2017-2018,https://bbsrc.ukri.org/news/accounts/bbsrc-annual-17-18/,visited on 2021-10-12.
③ Ministry of Foreign Affairs of Japan,White Paper on Development Cooperation,2015,2016,2017.
④ 赵剑治、欧阳喆:《战后日本对外援助的动态演进及其援助战略分析——基于欧美的比较视角》,载《当代亚太》2018 年第 2 期。

地雇员和志愿者，日本难民救助会仍然得以快速开展需求评估和救助项目。

（三）构建多元化的合作行动网络

发达国家 NGO 进行国际救援的一个共性特征就是构建各类合作行动网络。首先，建立多元化的合作主体。各国 NGO 都高度注重与其他国际组织、受援国政府、受援国 NGO、企业和所服务的社区开展合作，充分发挥各个机构和外部专家的专长，利用组织内外的专业知识，开发实用的解决方案，提升了在差异化极大的不同国家和社区有效执行发展项目的可能性和可行性。例如，比尔及梅琳达·盖茨基金会在抗疫过程中，进一步加强与当地政府、企业及民间社会的合作，鼓励发展地方经济，创造更多的就业机会。

其次，注重建立全球或区域合作网络。例如，美国 NGO 在新冠肺炎疫情国际援助过程中十分重视通过建立和运用跨国界运行的各类全球网络，如全球疾病监测网络、疫苗和药物研发网络以及全球公共卫生协作网络等，实现联合抗疫。网络化的响应机制不仅促进了 NGO 在应对国际突发事件时提供救援的及时性，也提升了 NGO 应对突发事件的响应能力与资源整合能力，提升了 NGO 参与全球公共卫生事件的影响力和话语权。再如，全球联合之路通过区域会员和全球会员建立与在地的企业、基金会、NGO 的合作伙伴关系，迅速启动了强大的区域组织网络共同抗疫。

（四）坚持需求导向和发挥自身的优势

首先，重视基于需求分析的项目内容设计。在全球的公共卫生应对行动中，小到针对一个社区采取应对干预措施的快速需求评估，大到全球疫情流行后期中低收入国家应当采取的恢复性社会政策，均有相应的研究证据以支撑其项目决策。例如，2020 年新冠肺炎疫情暴发至今，英国救助儿童会在数十个国家就疫情对儿童和社区各方面产生的影响进行了深入系统的研究，还就疫情对儿童保护、福利、教育等议题在不同国家的影响和应对措施的效果，开展了大量需求调研与评估研究，在此基础上编写了指导家长和儿童在疫情期间开展亲子游戏以舒缓情绪等的指导手册，为设计更具有适应性、更能准确回应儿童和社区需求的项目奠定了基础。再如，日本难民救助会在新冠肺炎疫情暴发后，针对受援国新冠防疫的需求调查主要采用了传统的线下调查和信息化的线上调研两种方式，评估受援国的需求，并精准设计项目进行有效干预。

其次，发达国家 NGO 的一大共识就是在援助项目的设计中发挥自身专业优势，以实现社会捐赠公共资金效用的最大化。例如，日本的国际保健合作市民会和消除疟疾（日本）都是专业从事卫生健康援助的 NGO，两者开展的针对新冠肺炎疫情的援助项目都与机构自身的专业性一致，不仅顺利获得资助方的认同，也在项目实施阶段收获了预期效果。再如，新冠肺炎疫情暴发后，联合劝募发挥自身作为筹款型组织的优势，在全球开展筹款活动，通过设立"国际捐赠者建议基金"等方式，在全球募集了大量资金参与抗疫。

（五）开发技术工具、科学实施援助项目

发达国家 NGO 参与全球突发公共卫生事件的另外一个重要经验就是利用已有的专家网络资源，充分发挥信息技术的作用，开发一系列知识、技术工具，科学实施援助项目，提高救助效率，同时便于扩散救助知识和经验，提高社会影响力。例如，国际美慈为了提高救援效率，开发了自己的信息技术，解决落后地区信息不通或滞后的问题，通过云处理方式，尽量缩短援助响应。再如，新冠肺炎疫情暴发后，牛津政策管理有限公司依托其在全球公共政策研究和经济社会数据分析等方面的优势，开发了旨在帮助中低收入国家政府制定疫情应对决策的指导性工具。

（六）积极进行政策倡导

发达国家 NGO 除了向受突发事件影响的国家提供救援外，还会积极参与构建相关主题的政策倡导网络，其中包括基于援助项目的实践经验和

搜集到的信息资料向社会公众做宣传，以及资助相关主题的学术研究以引导政府政策制定，并积极同公共政策相关利益方开展有效对话，提升NGO自身的话语权。[①] 例如，英国NGO在参与国际抗疫期间也积极开展同联合国和区域性多边机制的对话，向全球更多国家政府发出呼吁，以期达成NGO所关注议题的国际共识。再如，日本国际保健合作市民会联合多家机构向日本政府提交了"促进药品和医疗技术知识产权共享，全球紧密合作克服新冠肺炎疫情"的倡议书，要求政府在应对新冠肺炎疫情方面，打破相关知识产权壁垒，促进全球在新药品和技术研发方面的合作等。

---

① 〔日〕兵藤智佳、胜间靖：《日本NGO在国际卫生保健决策过程的作用与问题》，日本国际交流中心出版社2009年版。

第十一章　对中国社会组织参与对外援助和"健康丝绸之路"建设的建议

当前，中国正面临着百年未有之大变局。国际格局和国际治理体系正在发生深刻调整和变革，国际力量开始重塑，非传统国家力量，包括跨国公司和国际 NGO 在全球治理中的作用日益凸显。这为中国社会组织参与国际援助、参与全球治理、提升国家软实力和全球影响力提供了重要的历史机遇，特别是"一带一路"倡议和"健康丝绸之路"建设的提出，为中国社会组织参与国际援助提供了前所未有的机遇。

一、中国社会组织参与"一带一路"倡议和全球突发公共卫生事件的重要意义

(一)"一带一路"倡议中的社会组织参与

"一带一路"倡议是中国作为上升中的发展中国家坚持走和平发展道路的体现。自 2010 年以来，中国 GDP 超过日本，成为世界第二大经济体，国际社会日益关注中国如何履行国际责任，为全球提供公共物品和参与全球治理等问题。借由"丝绸之路"的内涵，中国希望传达和弘扬古代丝绸之路"和平合作、开放包容、互学互鉴、互利共赢"的精神。[①] 因此，"一带一路"倡议的发展体现了中国构建人类命运共同体的美好愿望和决

---

① 张蕴岭：《"一带一路"要应对三大挑战》，http://comment.cfisnet.com/2015/0506/1301317.html，2021 年 10 月 12 日访问。

心。然而,"一带一路"倡议并不是具有约束力的国际条约,也不是具有组织架构的国际组织。因此,"一带一路"倡议的顺利推进并不能依靠权利义务的分配,或者规范程序的保障,而是需要借助于各国之间的合作,借助于政府、企业和社会组织的合作。

首先,"一带一路"倡议需要社会组织的参与,促进"民心相通"。"一带一路"倡议提出以来,社会组织走出去开展国际发展援助和参与全球突发公共卫生事件可以作为民心相通的重要依托,服务于国家重大战略布局。2017年5月,习近平主席在首届"一带一路"国际合作高峰论坛上提出要加强民间组织的往来,建设丝绸之路沿线民间组织合作网络。2017年11月,首届丝绸之路沿线民间组织合作网络论坛召开,习近平主席在对论坛的贺信中再次强调,民间组织是推动经济社会发展、参与国际合作和全球治理的重要力量。建设丝绸之路沿线民间组织合作网络是加强沿线各国民间交流合作、促进民心相通的重要举措。2019年,第二届"一带一路"国际合作高峰论坛上,习近平主席再次提出"要积极架设不同文明互学互鉴的桥梁,深入开展教育、科学、文化、体育、旅游、卫生、考古等各领域人文合作,加强议会、政党、民间组织往来,密切妇女、青年、残疾人等群体交流,形成多元互动的人文交流格局。未来5年,中国将邀请共建'一带一路'国家的政党、智库、民间组织等1万名代表来华交流。我们将鼓励和支持沿线国家社会组织广泛开展民生合作,联合开展一系列环保、反腐败等领域培训项目,深化各领域人力资源开发合作"[①]。《中国社会组织报告(2019)》指出,民心相通是"一带一路"建设中的薄弱环节,援助、教育、科技、文化等社会组织所擅长的领域的民间交流,将是今后"一带一路"民心相通的着力点。社会组织在参与国际治理中发挥着政府和企业无法替代的作用,它们不仅可以成为官方外交和企业合作以外的辅助者,而且可以在文化、教育、科技等的传播方面发挥

---

① 《习近平在第二届"一带一路"国际合作高峰论坛开幕式上的主旨演讲(全文)》,http://www.xinhuanet.com/politics/leaders/2019-04/26/c_1124420187.htm,2021年10月12日访问。

中流砥柱的作用。①

其次,社会组织需要借助"一带一路"的平台实现"走出去"。中国参与国际组织多边援助始于 20 世纪末 21 世纪初,社会组织也在这一时期开始"走出去"。三十多年来,一些具有国际化视野和发展战略的社会组织,如中国扶贫基金会等社会组织已经开启了"走出去"的步伐,在国际救灾和发展援助等领域进行了积极的探索。然而,就整体情况而言,与发达国家相比,中国社会组织参与国际援助和国际活动还处于初级阶段,数量较少、规模较小、缺乏话语权,远远不及发达国家社会组织在国际上的参与度和影响力。社会组织亟待通过参与"一带一路"沿线国家的发展援助和突发事件人道主义援助,实现自身业务能力的发展和国际影响力的提高。

最后,中国社会组织可以通过"一带一路"倡议为全球治理提供多元性和创新性价值。中国社会组织走出去的理念价值与发达国家国际 NGO 具有很大差异。发达国家 NGO 在国际援助活动中往往推行的是其价值理念,基于人是社会个体的基本假设。而中国社会组织走出去秉承的是构建人类命运共同体的价值理念,基于人类群体之间相互联系、相互帮助的基本假设,强调各国人民群体间的不可割裂性,目的在于构建一个相互支持、相互促进的和谐共赢的国际社会。"一带一路"广阔的地域范围也使得沿线国家在政治制度、法律体系、文化背景、经济发展水平等方面都有极大的差异。因此,"一带一路"倡议正是一个可以支持中国社会组织为全球治理提供多元性和创新性价值与方案的平台,也是"一带一路"沿线国家的社会组织建立求同存异的价值体系的框架。中国社会组织可以借助于"一带一路"倡议参与对外援助和全球突发公共卫生事件,在运用国际通用的语言和方式的同时,展现中国特有的新的发展经验和模式,讲好中国故事,贡献中国智慧,发挥中国力量,为发展中国家提供多元性和创新性价值。

(二)"健康丝绸之路"与国际公共卫生合作

在以政策沟通、设施联通、贸易畅通、资金融通、民心相通的"五

---

① 黄晓勇主编:《中国社会组织报告(2019)》,社会科学文献出版社 2019 年版。

通"为主要建设内容的"一带一路"合作框架下，社会组织作为推动经济社会发展、参与国际合作和全球治理的重要力量，[①]将承担起促进国家间合作和友好往来的重任，在文化、教育、科技、生态环保、卫生健康、援助减贫等领域发挥积极作用。其中，卫生健康是"一带一路"建设的重要组成部分。而"健康丝绸之路"的概念也于2016年正式提出。2016年6月22日，习近平主席在对乌兹别克斯坦进行国事访问的演讲中，首次提出了打造"健康丝绸之路"的概念，指出要深化医疗卫生合作，加强在传染病疫情通报、疾病防控、医疗救援和传统医药领域的合作。

"健康丝绸之路"由此成为"一带一路"建设的新概念，成为中国参与人类命运共同体构建的重要内容。而新冠肺炎疫情更加凸显了建设"健康丝绸之路"的紧迫性和重要意义。习近平主席在2020年5月18日举行的第73届世界卫生大会视频会议开幕式的致辞中表示："人类是命运共同体，团结合作是战胜疫情最有力的武器。这是国际社会抗击艾滋病、埃博拉、禽流感、甲型H1N1流感等重大疫情取得的重要经验，是各国人民合作抗疫的人间正道。"同时，他表示："中国始终秉持构建人类命运共同体理念，既对本国人民生命安全和身体健康负责，也对全球公共卫生事业尽责。""要加强信息分享，交流有益经验和做法，开展检测方法、临床救治、疫苗药物研发国际合作，并继续支持各国科学家们开展病毒源头和传播途径的全球科学研究。"[②] 2021年2月9日，习近平主席在中国—中东欧国家领导人峰会上进一步表示要"加强联防联控和疫情防治经验交流，探讨开展传统医药合作，提升卫生医疗合作水平，推动构建人类卫生健康共同体"。[③]

---

① 《习近平致首届丝绸之路沿线民间组织合作网络论坛贺信（全文）》，http：//politics.people.com.cn/n1/2017/1121/c1024-29659424.html，2021年10月12日访问。

② 《团结合作战胜疫情 共同构建人类卫生健康共同体——在第73届世界卫生大会视频会议开幕式上的致辞》，http：//www.qstheory.cn/yaowen/2020-05/18/c_1126001624.htm，2022年5月30日访问。

③ 《凝心聚力，继往开来 携手共谱合作新篇章——在中国—中东欧国家领导人峰会上的主旨讲话》http：//www.qstheory.cn/yaowen/2021-02/09/c_1127086797.htm，2022年5月30日访问。

"健康丝绸之路"是一项系统工程，国际公共卫生合作作为"一带一路"建设的重要组成部分，也是中国社会组织走出去开展的重要工作。在2017年11月由中国民间组织国际交流促进会（简称"中促会"）倡议成立的"丝路沿线民间组织合作网络"中，也有来自中国民间的从事卫生工作的社会组织。① 然而，中国社会组织如何切实有效地借助于"一带一路"倡议的平台，参与对外援助和"健康丝绸之路"建设，包括应对全球突发公共卫生事件的挑战，无论对于政府而言，还是对于社会组织而言，都是一个新的挑战。

二、中国社会组织参与"一带一路"倡议和全球突发公共卫生事件的策略与机制

社会组织参与"一带一路"倡议与全球突发公共卫生事件的策略和路径，可以从两个视角进行构建。从政策扶持和监督管理角度来看，政府应当重视中国社会组织在推进"一带一路"倡议中的作用、借鉴国外 NGO 参与对外援助的经验完善中国社会组织参与对外援助的制度建设等；从社会组织能力建设与行业发展的角度来看，可以借鉴国外 NGO 参与对外援助和全球突发公共卫生事件的经验，重视中国社会组织支持型平台的搭建、合作网络的构建、发挥自身优势及开发各种管理与技术工具等。

（一）政策扶持和监督管理的体制机制

1. 宏观层面的政策建议

第一，从战略层面重视社会组织在"一带一路"倡议和民间外交中的作用。正如国家主席习近平所指出的，"一带一路"不是中国一家的独奏，

---

① 《"一带一路"沿线国家民间组织合作的现状与机遇——以"丝路沿线民间组织合作网络"为例》，http://www.bnu1.org/show_1334.html，2021年10月12日访问。

而是沿线国家的合唱。① 要深化"一带一路"倡议内的区域合作，最主要的挑战之一就是协调参与各方的差异，也就是建立求同存异的最大公约数。在这方面，各国 NGO 的民间外交可以扮演重要的角色。要想顺利推行"一带一路"这一重要倡议，首先面临的问题就是要在差异巨大的各个国家之间建立构建人类命运共同体的共识，而各国 NGO 之间的交流与合作，民间外交与民心相通就显得格外重要。

第二，建立"一带一路"社会组织对话合作机制和全球网络响应机制。从国际经验看，发达国家 NGO 之所以能够在全球治理和突发公共卫生事件中发挥重要作用，其原因之一就是构建了多元主体的合作机制，建立了遍布全球的各类疾病监测网络、疫苗和药物研发网络以及全球公共卫生协作网络等响应机制。"一带一路"倡议已经在全球范围内得到了广泛的响应和推动，在已经与中国签订合作文件的 138 个国家和 31 个国际组织中，存在着广泛的开展国际援助合作的基础。中国社会组织可以借助"一带一路"倡议建立中国社会组织与"一带一路"参与国 NGO 对话合作机制，以有效降低"一带一路"参与国所共同面临的风险、提高解决问题相关方案的全面性、综合性和包容性，这也是中国积极参与全球治理、构建人类命运共同体的有效方式。同时，还可以借助"一带一路"倡议下的相关多边与双边合作资源与框架，建立"一带一路"倡议下的突发公共卫生事件的全球网络响应机制，明确"一带一路"参与国在突发事件下的沟通协调机制，提升紧急事件预案、创建物资和物流调度方面的便利性等。具体而言，在"一带一路"参与国的网络响应机制中，全球物资供应机制和跨国信息服务机制尤为重要。"一带一路"倡议本就围绕"五通"而展开，提高物资流动的便利性是"一带一路"倡议的核心出发点之一。而跨国物资运输通常需要较高的交通和时间成本，如果能够借助"一带一路"倡议，搭建对外援助的物资流通国际合作关系网，建立更高效的物资供应机制，确保捐赠物资运输和救援人员运输的舒畅，那么将大大提高突发事

---

① 《习近平的"一带一路"足迹》，http://news.xinhuanet.com/politics/2016-01/06/c_1117679375.htm，2021 年 10 月 12 日访问。

件下的援助效率。此外，借助于"一带一路"倡议，可以建立以风险管理为目的的信息分享机制，与急需援助的国家和地区建立信息分享渠道，以减少社会组织在开展国际合作和国际援助过程中受到的不确定性风险，同时增加援助的有效性。

2. 微观层面的管理建议

第一，设立专门的部门负责中国社会组织参与国际援助工作。从发达国家的经验看，在国际援助工作中，政府与 NGO 的协同非常重要，而设立专门的机构负责这项工作，是很多国家通行的做法。为此，建议国家国际发展合作署设立专门的处室负责中国社会组织参与对外援助工作，其职责可以包括 NGO 参与对外援助的规划、政策制定、政府与社会组织的沟通协调、负责社会组织的能力建设等工作。

第二，完善社会组织参与对外援助的相关法律法规。从国际经验看，NGO 参与官方发展援助是政府扶持 NGO 走出去的重要举措。事实上，正是因为发达国家大幅度提高 NGO 参与官方发展援助的资金比例，才使得发达国家 NGO 在全球治理体系中拥有广泛的影响力和话语权。而各国 NGO 参与对外援助的法律政策为 NGO 的参与提供了制度保障。当前，中国社会组织参与对外援助尚缺乏统一指导性的上位法，各类法规规章结构分散、层级较低、内容缺失。尽管 2021 年国家国际发展合作署、外交部和商务部颁布了《对外援助管理办法》，规定通过南南合作援助基金等方式创新对外援助形式，并首次将社会组织列入对外援助项目的实施主体范围，为中国社会组织参与对外援助、提供志愿服务提供了重要的政策依据。但是，根据《对外援助管理办法》，社会组织参与对外援助还仅限于南南合作援助基金范畴，而且社会组织在走出去过程中的人事管理、税收、财务、会计、票据、用工、工资和员工社会保障等各个方面的工作还需要有具体的实施细则。同时，要完善配套法律体系，在其他同位性法律中完善对社会组织开展对外援助，包括国际捐赠和到国际开展活动的相关权利义务的规定。包括在《中华人民共和国慈善法》《中华人民共和国海关法》《中华人民共和国劳动法》等法律的修订过程中增加关于社会组织开展境外项目的流程等规定，对社会组织在境外设立机构和账户、捐赠物资出口、雇用人员等环节进行规范和引导。在行政法规和规章方面，更有针对性地为社会组织开展对外援助和到国际开展活动提供便利，在《中华人民共和国外汇管理条例》和《中华人民共和国进出口关税条例》等行政法规中解决社会组织在开展对外援助和境外活动时面临的关税和外汇管理方面的瓶颈，给予社会组织进行对外援助过程中的物资通关及税收减免等方面的支持。

第三，完善中国社会组织参与政府对外援助的机制。在政府对外援助的机制中，积极为社会组织的参与提供制度化的渠道。具体包括：政府购买社会组织服务，社会组织通过合同关系执行政府对外援助项目；社会组织帮助政府开发能够向国际社会提供的全球治理公共产品或服务，通过讲好中国故事向经济欠发达国家或地区提供可参考的中国方案。同时，在全球突发公共卫生事件援助的过程中，加强各方对社会组织的支持。社会组织走出去开展援助工作最关键的工作内容在于物资、技术和人力的援助。因此，建立绿色通道和立体化机制以确保各类资源的调度和输送的有效性就至关重要。具体而言，可以从以下几个方面加强对社会组织的支持：

首先，建立社会组织走出去的相关政府部门部际协调机制，减少社会组织走出去的行政成本和监管障碍，提高工作效率。其次，建立政府—社会组织信息服务机制。政府应当发挥信息枢纽的作用，及时让社会组织了解国际突发事件的对外援助中，自己可以发挥专长的地区、时间、方式和投入预期，以减少社会组织在开展国际合作和国际援助过程中受到的不确定性风险，在相关机制中嵌入社会组织走出去风险防控体系和相关专项培训，帮助社会组织加强能力建设、提高抵御各类风险的能力。再次，完善社会组织开展对外援助的物资供应渠道。在突发事件发生时，任何时间成本和行政成本的增加都会使得救灾或援助工作更加艰难。为了使物资流通和供应更加便捷、减少行政程序和沟通成本，提高社会组织援助工作的效率，应当推动有关部委的协同和支持，以便在重大灾害发生时，确保物资运输和救援人员出境的顺畅。最后，建立政企社联动机制，搭建社会组织参与对外援助的有效平台，帮助社会组织及时了解政府规划和海外中资企业履行社会责任的需求情况，以确定应该参与的方向和内容，优化配置资源，减少无效劳动。

第四，加大对社会组织的能力建设。从国际经验看，在 NGO 参与国际援助的起步阶段，需要政府"扶上马、送一程"。为此，政府需要加强对中国社会组织国际化人才的培养，提升中国社会组织参与国际援助的能力。一方面鼓励和引导高校加强社会组织国际化人才教育，培养一批懂国际援助项目管理又懂专业知识的人才。例如，懂得公共卫生应急管理知识、国际扶贫知识的专业人才等。另一方面通过购买服务等方式，委托第三方开展社会组织参与对外援助的培训，分门别类地培育健康类、教育类、扶贫类、救灾类、生态环境类、妇女儿童类等专业领域的社会组织，提升中国社会组织参与全球突发公共卫生事件等专业领域的能力。

第五，提高政府培育和监管社会组织的能力。从国际经验看，政府有意愿、有动力推动 NGO 参与对外援助，主要还在于政府自身有能力培育和规范 NGO，并为 NGO 参与对外援助制定一系列的规范和评估标准。例如，英国为了加强政府对援助项目的监管，一方面在政府内部建立了专门的内部评估人才培养机制，通过考核的公务员有资格作为内部评估顾问参与项目监测评估活动。这些机制的建立大大提高了政府管理人员的整体评估能力。另一方面，也制定了一整套项目评估的体系，不仅规范了 NGO 的管理，而且提高了对外援助项目的绩效。对外援助工作是一项复杂程度很高、项目监管很难的工作，不仅面临不同国家法律、文化等差异，还有交通、语言等障碍，因此，建议加强政府管理人员自身的专业能力培训，同时，通过制定有中国特色又与国际评估标准接轨的评估体系和规范标准、培育发展第三方评估机构等方式，不断提高政府对外援助部门培育与监管社会组织参与对外援助工作的能力。

（二）社会组织层面

第一，注重支持型平台机构的建设。从国际经验看，国际 NGO 的支持型平台机构对促进 NGO 参与国际援助具有重要的作用，政府也会通过购买服务等方式，从对外援助资金中拿出一部分支持这类平台机构的发展。为此，建议政府鼓励和支持走出去的社会组织成立支持型的平台机构，搭建政府与走出去 NGO 之间的桥梁与纽带，以及行业之间的沟通交流平台，以相互分享和交流经验，促进海外项目合作。支持型平台机构的另外一个功能就是形成扶贫类、健康类、教育类、救灾类、生态环境类、妇女儿童类等不同类型的细分网络，并制定各类社会组织走出去的行业标准和项目评估标准，包括为社会组织参与全球突发公共卫生事件提供专业的行为准则和行动指南。同时，也可以为走出去的社会组织提供能力建设培训，特别是为参与海外突发事件的社会组织开展援助工作提供技术支撑，协助社会组织了解国际救灾工作的标准化程序、技术和行动指南，为中国社会组织参与全球突发公共卫生事件等国际援助提供保障。

第二，积极融入和使用现有的国际援助体系。"一带一路"倡议为中国社会组织走出去参与国际援助提供了机遇和平台，在这一背景下，中国社会组织应该积极学会和利用现有的国际通用话语体系，并与国际援外体系积极融合，加快参与体系内交流与对话，促进国际社会对中国的理解和认识。在融入的基础上，一方面，可以积极构建社会组织多元化、多层级的合作网络，协助建立区域性或当地社会组织的合作网络等；另一方面，可以根据中国实际情况和特色，以及"一带一路"参与国的实际情况和特色，促进现有国际援助体系的变革和创新。最终目的是增进各国，尤其是"一带一路"参与国对中国社会组织的理解和认识，也提高中国社会组织对国际通用规则的认知和应用能力。

第三，提高透明度与公信力，自觉接受政府、社会的监督。社会组织参与国际援助，既要赢得援助国政府和社会的信任与支持，也要赢得受援国政府和社会的信任与支持，而要实现这一目标，最关键的是参与国际援助的社会组织要提高透明度、问责性和公信力。一方面，可以参考国外对外援助重大项目监督检查机制，加强政府、行业组织、社会舆论对社会组织的监督管理；另一方面，社会组织自身也要不断提升透明度，加强自我评估，提高对外援助工作的规范性、效率与效果，不断提高中国社会组织参与全球治理的影响力。

第四，加快走出去的社会组织从"四无"到"四有"的转变。从国际经验看，社会组织参与全球突发公共卫生事件，一个可以依托的重要力量就是在海外设立的国别项目办公室或分支机构。以此为基点，不仅可以第一时间开展需求评估、提升对外援助的精准性，而且可以大大提升项目实施的可行性，提升项目的效果和影响力。因此，中国社会组织需要尽快提升自身的能力，加快实现从无常设机构、无稳定经费、无固定人员、无经常性项目到有常设机构、有稳定经费、有固定人员、有经常性项目的转变。

第五，提升自身的专业能力和品牌建设。从国际经验看，NGO参与全球治理，并形成自己的话语权和影响力，最关键还在于自身的专业能力，能够设计、实施具有创新性、有效性、可复制、可推广的项目，并形成有影响力的品牌。因此，中国社会组织要积极参与国际援助，首先要提升自身的专业化程度，形成自身的项目品牌，在此基础之上，才可能在海外援助过程中打造中国的公益品牌，讲好中国故事，为全球实现可持续发展目标贡献中国智慧、中国方案。

后　　记

　　21 世纪以来，中国社会组织参与国际援助大致经历了两个阶段。第一阶段是萌芽期，主要是一些社会组织在国际遇到大的自然灾害时捐款捐物。这一阶段的特点是社会组织自发、零星参与国际援助，且以单一的物资或资金捐赠为主，属于不出国门的国际援助，在国际社会的影响非常小。第二阶段以 2015 年为标志，中国社会组织参与国际援助从萌芽期进入到发展期。2015 年，中国国家主席习近平在纽约联合国总部出席联合国发展峰会，发表了题为《谋共同永续发展 做合作共赢伙伴》的重要讲话。习近平主席在讲话中宣布，中国将设立"南南合作援助基金"，首期提供 20 亿美元，支持发展中国家落实 2015 年后发展议程。南南合作援助基金的主要运作方式就是与联合国体系、国际红十字会等国际组织、智库、中国及受援国民间组织开展合作，实施民生项目。2016 年，中共中央办公厅、国务院办公厅印发的《关于改革社会组织管理制度促进社会组织健康有序发展的意见》明确提出，要"引导社会组织有序开展对外交流……发挥社会组织在对外经济、文化、科技、体育、环保等交流中的辅助配合作用，在民间对外交往中的重要平台作用"。这标志着中国社会组织从自发、零散参与国际援助阶段进入到政府鼓励引导和社会组织自发参与相结合的新阶段。在这一背景下，中国社会组织参与国际援助取得了实质性的进展。2015 年尼泊尔地震时，中国一些社会组织首次在国际舞台集体亮相。同年，中国扶贫基金会在缅甸设立国际办公室，标志着中国社会组织从参与国际援助的无常设机构、无稳定经费、无固定人员、无经常性项目的"四无"状态向"四有"状态转变。2021 年，国家国际发展合作署、外交部和商务部颁布了《对外援助管理办法》，首次将社会组织列入对外援助项目的实施主体范围，为中国社会组织参与对外援助、提供志愿服务提供了重要的政策依据，这预示着中国社会组织参与对外援助将成为新的趋势。

然而，总的来说，中国社会组织参与国际援助尚处于起步阶段，还缺乏走出去的经验和理论与政策体系的支撑。在这方面，发达国家 NGO 参与国际援助起步早、经验丰富。特别是 20 世纪 80 年代以来，OECD 国家加大了 NGO 参与官方发展援助的扶持力度，不断提高 NGO 参与官方发展援助的资金比例，甚至一些发达国家的 NGO，其国际援助资金主要来源于政府官方发展援助资金。在这一背景下，一些国家形成了一整套政府扶持 NGO 参与国际援助的政策体系及 NGO 参与国际援助的组织管理与运作体系，这些扶持政策和管理制度反过来又进一步提升了发达国家 NGO 参与国际援助的能力及在全球治理中的话语权与影响力。

它山之石，可以攻玉。我们需要认真吸取和借鉴发达国家 NGO 参与国际援助的经验与教训，既要避免发达国家走过的弯路，又要吸取其经验做法。在此基础上，结合中国国情，构建中国社会组织参与国际援助的体制机制。为此，课题组前往英国、德国、日本、韩国调研，了解这些国家 NGO 参与官方发展援助的扶持政策和监管体制。课题组不仅拜访了相关政府部门，也拜访了一些 INGO 和中介咨询公司。原计划的美国调研，由于疫情未能成行。所幸课题组有成员正好在美国访学，也借此机会访谈了美国的相关机构。

新冠肺炎疫情的暴发，凸显了 NGO 在参与国际突发公共卫生事件中的作用。这可能也是未来中国社会组织参与全球治理，构建人类命运共同体可以发挥作用的重要领域之一。随着"一带一路"倡议的提出，中国社会组织理应积极参与到健康丝路的建设之中，为全球突发公共卫生事件的应对贡献中国智慧、中国方案。于是，课题组申请了项目延期，在研究国外 NGO 参与官方发展援助的基础上，进一步对国外 NGO 参与国际突发公共卫生事件进行了案例研究，作为对 NGO 参与官方发展援助体制与机制部分的内容补充。在此，要特别感谢相关机构给我们前往多国调研提供资助，使我们获得大量一手的研究资料与案例素材，这为课题组今后继续开展有关 NGO 参与国际援助的研究奠定了坚实的基础。

另外，我要感谢课题组所有成员，他们不仅参与了课题的讨论、参与了线下与线上的访谈、组织了多次沙龙活动和研讨会，而且反反复复对文稿进行了修改。全书的具体分工是：

第一章　宋天琪（美国印第安纳大学慈善学院博士研究生）

第二章　南方（北京市社会科学院助理研究员）

第三章　王杨（北京科技大学副教授）、贾龙慧子（北京师范大学中国公益研究院研究助理）、朱绍明（清华大学公共管理学院助理研究员）

第四章　王猛（青岛大学政治与公共管理学院副教授）

第五章　杨义凤（华东政法大学副教授）、陈子真（清华大学公共管理学院博士后）

第六章　邓国胜（清华大学公共管理学院教授）、宋天琪

第七章　王杨、吴月（北京科技大学研究生）、张娣（北京科技大学研究生）、李阳阳（清华大学公共管理学院博士生）、高静华（德国海德堡大学社会投资与社会创新中心博士后）

第八章　南方

第九章　王猛

第十章　邓国胜、宋天琪、孙梦婷（清华大学公共管理学院博士生）

第十一章　邓国胜、朱绍明、魏冰玲（清华大学公共管理学院博士后）

我还要感谢所有接受我们调研的机构和个人，他们的热情、无私分享是书稿得以完成的关键。在整个课题进行期间，我们前后拜访了数十家国内外 NGO、相关政府部门、中介咨询机构，没有他们的支持与配合，我们是不可能完成调研报告和书稿的。在此向他们表示诚挚的谢意。

最后，我还要感谢北京大学出版社的支持，感谢责任编辑的辛勤付出。没有他们的敬业与认真细致的工作，本书也难以顺利出版。

由于时间仓促和疫情影响，本书在写作过程中还有许多疏漏之处，恳请读者批评指正。

邓国胜

2021 年 10 月 29 日